틀린 것을 배우는 아이들

검정 『국어』 교과서 〈문법〉 내용 영역 비판

박성호 지음

지은이 박 성 호

• 경성대학교 국어국문학과 졸업(1999)
• 경성대학교 교육대학원 국어교육전공 교육학 석사(2001)
• 경성대학교 대학원 국어국문학과 박사 과정 수료(2009)
• 양산 원동중학교(2003~2005)
• 김해분성여자고등학교(2006~2010)
• 김해경원고등학교(2011~2013)

틀린 것을 배우는 아이들

2013년 2월 1일 초판1쇄 인쇄
2013년 2월 5일 초판1쇄 발행

지은이 | 박성호
펴낸이 | 임순재

한올출판사
등록 | 제11-403호
주소 | (121-849) 서울시 마포구 성산동 133-3 한올빌딩 3층
전화 | (02) 376-4298 (대표)
FAX | (02) 302-8073
홈페이지 | www.hanol.co.kr
전자메일 | hanol@hanol.co.kr
정가 18,000원

• ISBN 978-89-98636-01-2

검정 『국어』교과서 〈문법〉 내용 영역 비판

틀린 것을 배우는 아이들

책을 펴내며

16종 검정『국어』교과서를 분석한 지 2년이 넘었다. 처음에는 호기심으로 시작한 것이 이렇게 책으로 내게 되었다. 그 동안 도움을 주신 분들이 많다. 먼저 경성대학교 국어국문학과 나찬연 교수님께 깊은 감사의 말씀을 드린다. 그리고 2년 동안 함께 공부해 주신 동인고등학교 권영환 선생님과 부산대학교의 김문기 선생님께 감사드린다. 이 책이 나올 수 있게 도와주신 동주대학교 전시이벤트연출학과 권의웅 교수님과 한올출판사 임순재 사장님과 황남수 부장님께도 감사의 말씀을 드린다. 끝으로 아내와 서영, 서윤 두 딸에게도 고마움을 전한다.

차 례

제 1 장 머리말

제 2 장 2007 개정 교육과정 <문법>내용영역 분석

제 3 장 검정『국어』교과서 <문법>내용영역 분석

제 4 장 글을 마치며

부 록

제1장

머리말

제1장

머리말

지난 2011년 2007 개정 국어과 교육과정(이하 2007 개정 교육과정)에 따른 16종의 고등학교용 검정 『국어』 교과서가 일선 학교에서 사용되었고, 올해도 사용되고 있다. 더 나아가 변화하는 시대에 부응하기 위해 교육과정이 수시 개정 체제로 전환되어 교육과정이 개정될 때마다 새로운 검정 교과서가 편찬·간행되어야 한다. 이에 따라 교과서에 대한 관심이 높아지고 있는 현실이다.

교과서는 넓게 보면 교재의 일종이다. 교재(敎材)의 사전적 의미는 학문이나 기예 따위를 가르치거나 배우는 데 필요한 여러 가지 재료이다. 국어교육학사전(1997:90)에서는 교수·학습 활동에서 일정한 지식과 기능을 습득시키기 위해 매개물로 이용하는 모든 재료(자료)를 교재라고 한다. 이 교재의 중심에 교과서가 있다. 이 책에서 말하는 교과서란 2010년 5월 4일 일부 개정된 '교과용도서에 관한 규정'에서 말하는 교과서이다. 이 규정에 의하면 '교과용 도서'란 교과서 및 지도서이며, '교과서'는 학교에서 학생들의 교육을 위하여 사용되는 학생용의 서책 · 음반 · 영상 및 전자저작물 등이다. 교과서는 교육 내용을 체계적 · 포괄적으로 균형 있게 담고 있는 공식화된 교수·학습의 자료이다. 따라서 교과서에는 교육과정에서 언급하고 있는 교육 목표 및 내용 차원과 교수·학습 방법 및 평가 차원에서 교재보다 구체성과 체계성을 지니며 법적으로 구속력을 지니고 있다. 이러한 교과서의 정의를 참고할 때, 국어 교과서는 국어 교육 목표에 따라 학습자의 언어 발달 단계를 고려하여, 국어 능력을 신장할 수 있도록 일정한 방침에 의거하여, 편집·간행된 교과용 도서로 정의할 수 있다.

교과서가 법적 구속력을 지닌다는 것은 교과서가 법령에 의해 편찬·간행된다는 것만 보아도 알 수 있다. 교과서와 관련된 법령에는 다음과 같은 것들이 있다. 첫째, 초중등교육법 제29조인 교과용 도서 사용에 관한 규정이다. 동법 제29조 제1항은 학교에서 사용해야 하는 교과서에 대한 규정으로, 학교에서는 국가가 저작권을 가지고 있거나 교육과학기술부장관이 검정 또는 인정한 교과용 도서를 사용할 것을 명시하고 있다. 제2항에서는 교과용 도서의 범위 · 저작 · 검정 · 인정 · 발행 · 공급 · 선정 및 가격사정에 관한 필요한 사항은 대통령령으로 정함을 명시하고 있다.

둘째는 초중등교육법 제29조 제2항에 따라 2010년 5월 4일 일부 개정된 '교과용도서에 관한 규정'이다. '교과용도서에 관한 규정'에서 검정도서와 관련된 사항을 정리하면 다음과 같다. '교과용도서에 관한 규정'에서는 교과용 도서를 교육과학기술부가 저작권을 가진 '국정도서'와 교육과학기술부장관의 검정을 받은 '검정도서'로 나눈다. 각 급 학교의 장은 국정도서가 있을 때에는 이를 사용하여야 하고, 국정도서가 없을 때에는 검정도서를 선정 · 사용하여야 한다. 검정도서를 선정할 때에는 해당 학교 학교운영위원회의 심의를 거치는 것이 원칙이다. 검정도서는 교육과학기술부장관이 정하여 고시하는 교과목의 교과용 도서로 하는데, 교육과학기술부장관은 검정을 실시하고자 할 때에는 적어도 그 검정도서의 최초 사용 학년도 개시 1년 6월 이전에 공고하여야 한다. 검정 심사는 기초 조사와 본심사로 구분하여 실시하는데, 기초 조사는 대상 도서의 내용 오류, 표기 · 표현 오류 등을 조사하며, 검정 기준에 따라 교과용 도서로서의 적합성 여부를 심사한다.

셋째, 교과서를 편찬·간행할 때는 '국어기본법'을 따라야 한다. '교과용도서에 관한 규정' 제4장, 제26조 제3항에서는 교과용 도서를 편찬하거나 발행하는 자는 국어기본법 제18조에 따른 어문규범을 준수해야 한다고 규정한다.

이처럼 교과서는 법적 구속력을 지니며, 교수·학습에서 중요한 역할을 하므로 검정 교과서의 집필과 검정은 공정하고 엄정해야 한다. 왜냐하면 아무리 훌

륭한 교육과정이라도 교과서가 이를 제대로 구현하지 못한다면 아무런 의미가 없기 때문이다. 그렇다면 2007 개정 교육과정에 따른 16종의 고등학교용 검정 『국어』 교과서들은 엄정하게 집필되고 검정되었을까? 〈문법〉 내용 영역에 한정한다면 '아니다'이다.

01 분석 목적

최현섭 외(2005:98-99)에서는 국어 교재의 기능을 관점 반영 기능과 내용 제공 및 재해석 기능, 교수·학습 자료 제공 기능, 교수·학습 방법 제시 기능, 학습 동기 유발 기능, 연습을 통한 기능 정착 기능, 평가 자료 제공 기능으로 구분한다. 이삼형 외(2007:359)에서는 이 견해를 인용하여 국어 교과서가 갖추어야 할 기능을 관점 반영, 내용 제공 및 구체화, 학습 동기 유발, 교수·학습 자료와 방법 제공, 평가 자료 제공, 연습을 통한 기능 정착 등으로 나눈다.

이 책의 목적은 10학년용 16종의 검정 『국어』 교과서들이 2007 개정 교육과정의 〈문법〉 내용 영역을 적절하게 반영하고, 교수·학습 자료를 제공하면서 평가 자료로서의 기능을 하는지를 살피는 것이다. 즉, 이 책에서는 검정 교과서가 국어 교과서로서 갖추어야 할 기능 중, 교수·학습 자료 제공 기능과 평가 자료로서의 기능을 제대로 갖추고 있는지를 알아볼 것이다. 그런데 이 두 기능은 독립적으로 존재하는 것이 아니다. 왜냐하면 일반적으로 평가 자료는 교수·학습 자료 중에서 선정하기 때문이다.

교과서가 갖추어야 교수·학습 자료 제공 기능과 평가 자료로서의 기능은 우리나라의 대학 입시 제도를 생각한다면 더욱 중요해진다. 우리나라의 경우 대학 입시를 위해 학교 단위로 내신 평가를 실시하고, 국가 단위에서는 대학수학능력시험(이하 수능)을 실시한다. 이 수능을 위해 전국 단위의 모의 평가를 치르고 있다. 그런데 검정 교과서에 따라 내용에 오류가 있고 교과서에 따라 배우는 내용이 다른 경우가 있다면, 어떻게 수능이나 모의고사와 같은 국가 단위의 평가를 출제할지 의문이다. 물론 2014년에 시행되는 수능은 2009 개정 국어과 교육과정에 따른 심화선택 과목을 중심으로 출제된다. "2014학년도 대학수학능력시험 세부 시행방안(2011.12.22)"에 따르면 기존의 언어 영역은 '국어'로 바뀌었다. 이는 학교에서 가르치는 내용과 수능의 출제내용을 일치시키기 위해서이다. 또한 '국어'의 경우 A형은 '화법과 작문Ⅰ', '독서와 문법Ⅰ', '문학Ⅰ' 과목에서 출제하고 B형은 '화법과 작문Ⅱ', '독서와 문법Ⅱ', '문학Ⅱ' 과목에서 출제한다. 출제는 교육과정의 과목에 기초하되 다양한 소재의 지문과 자료를 활용한다.

그러나 2014학년도 수능을 치르는 학생들은 10학년에서 국민 공통 기본 교과인 '국어' 과목을 학습한 후, 심화 과목을 선택하여 학습하게 되어 있다. 즉, '국어' 과목을 학습한 학습자가 자신의 흥미와 적성, 능력에 따라 심화 과목을 선택하기에 '국어' 과목에서의 학습 경험이 심화 과목 선택에 영향을 미칠 것은 자명하다. 더군다나 학교 단위에서의 내신 시험은 검정 교과서의 내용과 언어 자료로 이루어지는 것이 일반적이다. 만약 검정 교과서의 내용이나 언어 자료에 문제가 있다면 문제는 심각해진다.

따라서 이 책에서는 검정 교과서가 교수·학습 자료로서의 기능과 평가 자료로서의 기능을 갖추고 있는지를 알아보기 위해 검정 교과서에 반영된 2007 개정 교육과정의 '내용 요소의 예'와 언어 자료를 분석할 것이다. '내용 요소의 예'를 분석하는 이유는 성취 기준과의 관련성 때문이다. 2007 개정 교육과정에서 성취 기준은 학습자가 국어 수업을 통해 도달해야 할 국어 능력의 내적·외적 특성으로서 평가 내용의 근거가 된다. 그러나 이것은 평가 장면에서 직접적인 평가 내용으로 활용하기에는 포괄적이다. 그래서 성취 기준을 구체화한 내용 요소를 마련했다. 즉, 내용 요소는 성취 기준에 도달하기 위해서 학습자가 세부적으로 배우고 익혀야 할 세부 내용을 지식, 기능, 맥락 범주에서 추출, 선정한 것이다. 그래서 평가 내용을 선정할 때에는 성취 기준을 구체화한 내용 요소들을 고려할 필요가 있다. 따라서 교육과정에 제시된 '내용 요소의 예'를 검정 교과서는 정확하게 반영하고 있어야 교수·학습 자료로서의 기능과 평가 자료로서의 기능을 제대로 수행할 수 있다. 물론 2007 개정 교육과정에서는 "내용 요소는 하나의 예시로서 교실 단위의 교수·학습 장면에서 구체화, 상세화, 간략화할 수 있으며 교체·통합·변형이 가능하다."라고 한다. 하지만 특정 교과서에만 교육과정에 명시된 '내용 요소의 예'가 빠져 있다면 국가 수준의 성취도 평가에서 문제가 될 수 있다.

2007 개정 교육과정의 '담화(또는 글, 언어 자료, 작품)의 수준과 범위'는 해당 성취 기준에 도달하기 위해서 어떤 수준과 범위를 지닌 언어 자료를 국어 수업에서 다루어야 하는지에 대한 정보이다. 2007 개정 교육과정 해설(2007:9)에서는 '텍스트'라는 용어를 의사소통 기능을 지닌 최소 발화 단위라는 의미로 사용하고자 했지만 그 개념의 모호성, 외래어 사용 등의 문제로 공식적으로 사용하지 않는다. 대신 영역에 따라 텍스트란 용어를 달리 사용한다. 즉, 〈듣기·말하기〉 영역에서는 '담화', 〈읽기·쓰기〉 영역에서는 '글', 〈문법〉 영역에서는 '언어 자료', 〈문학〉 영역에서는 '작품'이라는 용어를 사용한다.

이처럼 언어 자료 역시 성취 기준과 관련이 있으며, 교수·학습 자료와 평가 자료와도 관련이 있다. 교육과정에서 언어 자료는 학습자가 성취 기준에 도달한 결과 수용·생산할 수 있는 언어 자료와 성취 기준에 도달하기 위하여 학습 과정에서 다루어야 하는 언어 자료를 의미한다. 그러나 이 책에서는 성취 기준에 도달하기 위하여 학습 과정에서 다루어야 하는 언어 자료로 그 의미를 제한한다. 또한 해당 언어 자료가 해당 성취 기준에 도달하기에 적절한지를 평가하지는 않는다. 그 이유는 그러한 적절성에 대한 평가가 다분히 주관적이기 때문이다. 여기서는 그 언어 자료가 정확한지를 평가할 것이다. 일선 학교에서는 검정 도서를 선정할 때는 '검정 도서 선정기준 평가표'를 사용한다. 이것은 평가 영역과 평가 내용으로 이루어져 있는데, '학습 내용 선정'이라는 평가 내용의 하나는 "개념 및 이론이 정확하고 출처가 명확한 검증된 자료 사용" 여부이다. 그래서 언어 자료에 나타나는 개념 및 이론의 정확성과 출처의 명확성을 검토할 필요가 있다. 이 언어 자료가 정확하고 명확하다는 것이 전제가 될 때, 교수·학습이 이루어지고 이를 바탕으로 평가가 가능하다. 또한 검정 교과서에 언어 자료로 제시된 학교 문법(이하 문법)의 내용을 비교할 것이다. 만약 검정 교과서에서 다루는 문법 내용에 차이가 있는 경우 국가 단위의 평가에 문제가 있을 수 있다. 이처럼 '내용 요소의 예'와 언어 자료는 성취 기준을 달성하기 위한 교수·학습 자료의 기능을 하는 동시에 성취 기준 달성 여부를 평가하는 자료라고 할 수 있다.

이 책은 검정 체제라는 현 교과서 정책에 대한 비판이기도 하다. 검정 체제에서는 검정심의회의 검정을 통과한 검정 교과서를 단위 학교에서 검토하여 학교운영위원회의 심의를 거쳐 선정한다. 국정 교과서 체제에서는 혹시 틀린 내용일지라도 전체 학생이 틀린 것을 배우기 때문에 형평성의 문제가 생기지 않는다. 하지만 각 학교에서 선정한 검정 교과서에 문제가 있거나 교과서에 따라 다른 내용이 있다면 그 파장은 엄청날 것이다. 차차 밝혀지겠지만 검정 교과서마다 내용에 오류가 있고, 교과서에 따라 내용에 차이가 있는 경우가 많다.

02 분석 대상 및 범위

이 책의 분석 대상과 범위는 다음과 같다. 먼저 분석 대상 교과서는 고등학교용 16종 검정 『국어』 교과서의 '전시본'이다. '전시본'을 대상으로 하는 이유는 앞에서 말한 현행 검정 체제에 대한 비판과 관련이 있다. 검정심의회의 심의를 거친 고등학교용 16종 『국어』 교과서는 '전시본'의 형태로 일선 학교에 배포되었고, 이를 토대로 학교운영위원회에서 심의한 후, 교과서를 선정했다. 교과서 검정 이후 교육과정평가원의 자료실에 '검정 본심사 적합본 수정·보완 대조표'가 탑재되었다. 또 '교육과학기술부 교육과정·교과서 정보 서비스'에서는 교과서의 오류 사항을 최소화하고자 2010년 4월부터 교과서의 수정·보완사항을 매월 단위로 학교에 안내하고 있다. 그리고 '한국 검정 교과서'의 'e-자료실'에는 매년 3월 1일을 기준으로 교육과학기술부로부터 수정·보완이 승인된 내역을 확인할 수 있는 '수정보완보고서(결과)'와 '수정보완보고서(계획)'가 있어 검정 교과서 내용 중 정정된 내용과 정정 예정인 내용을 확인할 수 있다. 그러나 수정·보완 내용들은 교과서 검정 과정에서 걸러야 하는 것들이다. 교과서 발행 후에 수정·보완이 된다는 것은 교과서에 대한 신뢰도 문제도 있지만 일부 학습자들이 틀린 것을 배울 가능성은 여전히 남아 있다. 그리고 앞으로 살펴보겠지만 수정·보완 내용의 수준이 높은 것도 아니다.

또한 앞 시기 교육과정에 따른 국정 교과서와 『문법』 교과서 등도 분석할 것이다. 그 이유는 2007 개정 교육과정의 성취 기준이 제7차 국어과 교육과정의 '내용'과 유사한 경우가 많으며, 앞 시기 국어과 교육과정의 『국어』나 『문법』 교과서에 실린 언어 자료나 학습 활동은 다수의 검정 교과서에도 실려 있기 때문이다. 한편, 교과서에 딸린 자습서나 교사용 지도서도 살펴볼 필요가 있다. 하지만 학교에서는 교과서를 도구로 해서 교육과정을 학습하기에 교과서에 맞게 자습서나 교사용 지도서가 제작된다. 따라서 자습서나 교사용 지도서는 필요한 경우에 한해서만 살펴본다.

분석의 범위는 2007 개정 교육과정의 10학년 '국어' 과목의 〈문법〉 내용 영역을 반영하고 있는 검정 교과서 단원으로 한정한다. 10학년 '국어' 과목으로 한정하는 이유는 국어과 선택 과목과의 관련 때문이다. 2007 개정 교육과정에서 10학년 '국어'는 모든 학생이 이수해야 하는 마지막 국어과 교육과정이다. 11학년부터는 자신의 흥미나 적성과 능력에 따라 심화 과목을 선택할 수 있다. 그런데 10학년 '국어'의 학습 내용이나 학습 경험이 이후 심화 과목을 선택하는 데 많은 영향을 미친다는 것은 쉽게 짐작할 수 있다. 나아가 10학년 '국어'에서의 학습 내용이나 학습 경험이 선택 과목을 학습하는 기초가 된다.

2007 개정 교육과정은 제7차 교육과정과 같이 국어 교육의 궁극적 목표인 국어 능력 신장에 기여한다는 관점에 따라 '국어' 교과의 내용 영역을 듣기, 말하기, 읽기, 쓰기, 문법, 문학의 여섯 영역으로 구분하였다. 제7차 교육과정에서는 '국어 지식'이라는 영역 이름이 사용되었는데, 2007 개정 교육과정에서는 이를 '문법'으로 바꾸었다. 그 이유는 첫째 '국어 지식'에서 '국어'가 너무 포괄적이기 때문이다. 즉, '국어'는 듣기, 말하기, 읽기, 쓰기, 문학 모든 영역을 지시한다. 둘째는 '지식'이라는 말이 '쓰임과 활용'까지를 포괄하지 못한다는 점 때문

이다.(교육과학기술부, 2008:19)

한편, 송현정(2004)에서는 '문법 교과서에서 다루는 내용' 또는 '국어과 교육과정의 국어지식 영역과 관련되는 내용' 즉, 교과와 교과의 내용 영역으로서의 〈문법〉의 개념을 구별하고 있다. 제7차 국어과 교육과정에서 〈국어 지식〉 영역의 명칭은 2007 개정 교육과정에서 〈문법〉으로 바뀌었기 때문에 이 구별을 그대로 적용할 수 있을 것이다. 국어과의 내용 영역으로서의 〈문법〉은 국어 교육의 궁극적 목표인 국어 능력 신장에 기여한다는 관점에 따라 체계화된 여섯 가지 내용 영역 중의 하나이다. 이에 비해 교과로서의 '문법'은 국어과의 내용 영역 중 〈문법〉 내용을 심화·발전시킨 과목이기에 구분해야 한다.(2004:164) 따라서 내용 영역으로서의 〈문법〉 영역의 교육과정과 국어과 선택 중심 교육과정의 '문법' 교과의 교육과정은 구분되어야 한다. '문법' 교육과정은 제7차 교육과정의 '문법' 교육과정, 2007 개정 교육과정의 심화 선택 과목인 '문법'의 교육과정과 2009 개정 교육과정의 '독서와 문법 Ⅰ, Ⅱ'의 내용 체계 중 '문법'의 교육과정을 가리키는 용어로 사용한다. '국어' 과목의 내용 범주인 〈문법〉의 교육과정과는 구별하기로 한다. 이 책의 분석 범위는 국어과의 〈문법〉 영역으로 한정한다. 그 이유는 두 가지이다. 첫째는 〈문법〉 영역이 국어과의 다른 내용 영역보다는 좀 더 객관적으로 분석하고 평가할 수 있기 때문이다. 이것은 2007 개정 교육과정의 성취기준들 중에는 학교 문법이나 각종 어문 규정으로 규범화된 것들이 많은 것만 보아도 알 수 있다. 둘째, 중세 국어와 관련된 언어 자료에 한정되는 말이지만 그 언어 자료의 정확성을 확인하기가 쉽기 때문이다.

제 2 장

2007 개정 교육과정

<문법> 내용 영역 분석

제2장

2007 개정 교육과정

<문법> 내용 영역 분석

먼저 2007 개정 교육과정에 대해서 간략히 살펴보도록 하자. 2007 개정 교육과정은 수준별 교육과정에서 수준별 수업으로의 전환과 언어 환경의 변화, 제7차 국어과 교육과정의 내적 문제 개선 등을 개정 배경으로 한다. 제7차 국어과 교육과정의 내적 문제로는 첫째는 개별적이고 단편적인 내용 요소 중심의 교육 내용으로 인해 담화와 글의 수용·생산 능력으로서의 국어 능력 신장에 초점을 두지 못한 점이다. 둘째는 담화와 글의 수용·생산 활동에 작용하는 맥락에 대한 무관심이다. 셋째는 교육 내용의 타당성, 적정성, 연계성이 부족했다는 인식이다. 넷째는 교육과정에 대한 정확하고 원활한 소통을 돕는 정보의 부족이며, 다섯째는 실제와 내용 간, 내용(지식, 기능)과 내용 간의 분절성이다.

이런 문제의식에서 출발한 2007 개정 교육과정의 중점 개정 사항은 다음과 같이 정리할 수 있다. 첫째, 담화와 글의 수용·생산 중심의 국어 교육 지향이다. 이를 위해 담화와 글의 수용과 생산 활동인 실제 범주가 상위 범주가 되어 내용 요소 범주를 규정하도록 구성했다. 또한 학습자가 국어 수업을 통하여 도달해야 할 '성취 기준'은 실제 범주에서 선정했으며, 성취 기준에 도달하기 위하여 익혀야 할 '내용 요소의 예'는 내용 요소의 범주에서 선정했다.

둘째, 실제와 내용 요소 간의 관련성 및 내용 요소 간의 통합성을 강조했다. 이처럼 실제를 중심에 놓음으로써 구체적인 담화와 글을 수용하고 생산하는 활동 속에서 다양한 지식, 기능, 맥락이 서로 통합되고 교섭할 수 있도록 구성했다.

셋째, 학교 수준에서의 수준별 교육을 지향했다. 이를 위해 담화와 글의 내용, 범위, 수준 등을 종합적으로 고려하여, 학년별, 영역별 '담화(또는 글, 언어 자료, 작품)의 수준과 범위'를 제시했으며, 수준별 수업을 위한 사항을 '4. 교수·학습 방법' 항의 '교수·학습 계획', '교수·학습 운용'에 체계화하여 제시했다.

넷째, 담화와 글의 생산·수용 활동에 작용하는 맥락을 강조했다. 신설된 맥락 범주에는 상황 맥락과 사회·문학적 맥락이 있다. 상황 맥락은 담화와 글의 수용, 생산 활동에 직접적으로 개입하는 맥락으로 언어 행위 주체(화자, 필자, 청자, 독자), 주제, 목적 등을 포함한다. 사회·문학적 맥락은 담화와 글의 수용, 생산 활동에 간접적으로 작용하는 맥락으로 역사적, 사회적 상황, 이데올로기, 공동체의 가치, 신념 등을 포함한다.

다섯째, 교육 내용의 타당성·적정성·연계성을 강화했는데, 특히 학년 내 영역 간의 연계성을 담화와 글의 차원에서 강화했다.

여섯째, 교육과정을 둘러싼 주체 간의 의사소통이 가능하도록 다양한 정보 제공의 중요성을 강화했다. 2007 개정 교육과정의 소통성은 '담화(또는 글, 언어 자료, 작품)의 수준과 범위', '내용 요소의 예'를 통해 높였다. '담화(또는 글, 언어 자료, 작품)의 수준과 범위'는 해당 성취 기준에 도달하기 위해서 어떤 수준과 범위를 지닌 담화 또는 글을 국어 수업에서 다루어야 하는지에 대한 정보이다. '내용 요소의 예'는 해당 성취 기준에 도달하기 위해서 어떤 세부적인 지식, 기능, 맥락을 학습해야 하는지에 대한 정보이다. 이처럼 2007 개정 교육과정은 이전 시기 교육과정보다는 구체성이 강한 것이 특징이다. 이렇게 교육과정의 구체성이 강화될수록 교육과정 실행 주체의 재량권이 감소할 수 있기에 이는 지침의 성격이 아닌 하나의 예로 제시했다. 즉, 2007 개정 교육과정에서 제시한 '담화, 글, 언어 자료, 작품의 수준과 범위', '내용 요소의 예'는 국어과 교육과정 실행 주체에 의해 적극적이고 능동적으로 해석되고 추가, 변형될 수 있는 성격이다.

마지막은 언어 환경 변화에 따른 매체 관련 내용의 확대이다. 이는 언어 사용 환경의 변화를 교육 내용 선정에 반영한 것으로 특히, 매체 담화·글의 창의적, 비판적 수용을 강조했다. 다음은 2007 개정 교육과정 10학년 〈문법〉 영역의 성취 기준과 '내용 요소의 예'이다.

| 표 1 | 2007 개정 교육과정 10학년 <문법> 영역의 성취 기준과 '내용 요소의 예'

성취 기준	내용 요소의 예
(1) 국어의 역사를 이해한다.	• 옛말과 현재의 말 비교하기 • 국어의 역사에 대한 지식을 바탕으로 글의 내용 이해하기 • 국어의 역사적 변천 과정 이해하기
(2) 국어의 음운 규칙을 안다.	• 두음법칙, 모음조화, 구개음화, 설측음화, 경음화, 탈락 현상 등의 음운 규칙 이해하기 • 국어의 음운 체계와 변동 규칙에 따라 바르게 읽기 • 음운 규칙과 표준 발음, 표기의 관계 이해하기
(3) 장면에 따른 표현 방식을 안다.	• 담화에서 장면에 따라 심리적 태도 등의 표현이 달라진 부분 찾기 • 원근 표현, 부정 표현 등 심리적 태도와 관련된 다양한 표현 방식 이해하기 • 담화에 따라 심리적 태도를 표현하는 방식이 달라지는 이유 설명하기
(4) 국어의 로마자 표기법과 외래어 표기법을 알고 정확하게 사용한다.	• 국어의 로마자 표기법과 외래어 표기법 알기 • 국어의 로마자 표기법과 외래어 표기법에 맞게 사용하기 • 국어를 정확하게 표기하려는 태도 기르기
(5) 한글의 창제 원리와 한글의 독창성을 안다.	• 한글의 창제 원리 이해하기 • 한글의 독창성 이해하기 • 국어를 가꾸고 발전시키고자 하는 태도 기르기

01 성취 기준 [10-문법-(1)]의 내용 요소 및 언어 자료

여기서는 2007 개정 교육과정의 성취 기준 [10-문법-(1)]을 성취 기준 설정 이유, 지도상의 유의점, 활동, 내용별 연계, 언어 자료의 수준과 범위로 나누어 살펴본다. 그 후, 제7차 국어과 교육과정의 '국어'와 '문법' 과목과의 관련성을 살펴볼 것이다.

성취 기준 [10-문법-(1)]의 설정 이유는 국어의 역사에 대한 이해를 바탕으로 국어 의식을 기르고 국어 생활 문화를 이해하기 위해서이다. 국어의 과거에 대한 이러한 이해를 바탕으로 현재의 국어를 진단하고 국어의 미래를 예측할 수 있는 통찰력을 기르는 데 중점을 둔다.

이 성취 기준을 지도할 때는 몇 가지 유의점이 있다. 첫째, 당대의 실제 자료를 읽고 당대 국어의 특성을 이해할 수 있도록 지도해야 한다. 둘째, 국어 생활 과정에서 국어가 어떤 방식으로 기여하고 작용했는지를 미시적, 거시적 측면에서 고찰하면서 국어 그 자체를 하나의 동적 실체로 인식할 수 있도록 지도한다. 셋째, 궁극적으로는 살아 있는 동적 실체로서의 국어가 우리의 국어 생활 속에서 어떻게 성장 및 발전하고 있는지를 구체적으로 실례를 들어 설명할 수 있도록 지도한다.

이 성취 기준을 위한 활동에는 옛 자료의 내용을 현재의 말로 바꾸어 보거나 현재의 말을 옛말로 바꾸어 보는 활동이나 국어가 역사적, 사회적 변화 과정 속에서 어떻게 성장 및 발전해 왔는지를 구체적인 실례를 중심으로 이해할 수 있는 활동 등이다. 이를 통해 학생들이 국어를 자신과 일정한 거리를 갖고 있는 객관적인 대상으로 인식하여 이를 분석할 수 있는 능력을 기를 수 있도록 할 뿐만 아니라 국어를 자신의 구체적인 삶 속에서 역동적으로 살아 숨 쉬는 인격적 실체로 이해할 수 있도록 지도한다.

이 성취 기준은 성취 기준 [10-문법-(5)] '한글 창제의 원리와 한글의 독창성을 안다.'와 성취 기준 [9-문법-(1)] '언어의 규칙성, 사회성, 역사성, 기호성, 창조성 등을 이해한다.'와 연계하여 지도할 수 있다.

성취 기준 [10-문법-(1)]의 언어 자료의 수준과 범위는 국어의 역사를 보여 주는 언어 자료인데, 국어 생활의 변화를 유도한 사회적, 역사적 사건이 있었던 시기의 언어 자료를 선택하도록 한다. 그 대표적인 예는 훈민정음 창제 시기와 국문 소설이나 언간 등에서 한글의 사용이 확대되던 시기의 자료, 한글의 공식적인 문자 언어로 인정받게 된 개화기의 자료 등이다.

1. 제7차 교육과정 '국어' 과목과의 연관성

비록 2012학년도로 제7차 교육과정 시기는 끝나지만 2007 개정 교육과정의 성취 기준 [10-문법-(1)]을 구현하고 있는 다수의 검정 교과서의 언어 자료나 학습 활동, 학습 내용 등은 제7차 국어과 교육과정의 국민 기본 공통 과목인 『국어』 교과서나 심화 선택 과목인 『문법』 교과서의 많은 부분을 수용했다. 그러나 제7차 교육과정에 따른 국정 교과서에 문제가 있는 부분을 무비판적으로 수용했다는 문제점이 있다. 따라서 제7차 국어과 교육과정 시기의 '국어'나 '문법' 과목의 교과서에 수록된 언어 자료나 내용의 문제점을 살펴보는 것도 의미가 있다.

1) 성취 기준 [10-문법-(1)]과 국민 기본 공통 과목 '국어'

제7차 국어과 교육과정의 '내용' [10-국-(1)]은 10학년 『국어(하)』 '1. 국어가 걸어온 길'에서 학습한다. 제7차 국어과 교육과정의 '내용'인 [10-국-(1)]과 관련된 『국어(하)』 교과서의 문제점으로는 다음과 같은 것들이 있다.

첫째, 국어사의 시기 구분의 문제인데, 교과서(2010:10)의 설명을 보자.

> '고대 국어'에서는 통일 신라 시기까지의 국어의 모습을, '중세 국어'에서는 10세기에서 16세기에 이르는 시기의 국어의 모습을, '근대 국어'에서는 17세기에서 19세기의 이르는 시기의 국어의 모습을 각각 알아본다.

교과서의 서술을 보면 고대 국어의 상한(上限)을 설정하지 않은 것 같다. 그런데 '단원의 마무리'(2010:44)에서는 삼국 시대부터 통일 신라 시대까지의 국어를 고대 국어라고 하면서, 시대 구분의 상한을 설정하고 있다. 중세 국어 시기 역시 교과서의 다른 곳(2010:34, 44)에서는 고려 건국부터 16세기 말까지의 국어라고 달리 표현하고 있다. 중세 국어는 다시 전기와 후기로 나누기도 하는데, 훈민정음이 창제되어 한글로 적은 문헌 자료가 많이 나온 시기가 후기에 해당하고, 그 이전 시기가 전기에 해당한다. 근대 국어 역시 '단원의 마무리'에서 임진왜란 직후부터 19세기 말까지의 국어라고 바꾸어 표현한다. 국어사 시기 구분에서 국가의 건국이나 전쟁과 같은 특정한 사건을 기준으로 하는 것은 문제가 있다. 그것은 언어의 변화가 특정한 사건을 계기로 일어나는 것이 아니라 서서히 진행되는 과정이기 때문이다. 실제 검정 교과서 중 '금성'의 교과서(하:66)에서는 "근대 국어는 임진왜란(1592년) 이후부터 갑오개혁(1894년) 이전까지로 17세기 초부터 19세기 말까지의 국어"라고 설명한다. 그리고 근대 국어 시기의 자료로 1896년에 나온 〈독립신문 창간사〉를 언어 자료로 제시하고 있다. 따라서 〈독립신문 창간사〉는 근대 국어 자료가 아니다.

제7차 국어과 교육과정 『국어(하)』의 교사용 지도서(2010:58)에서는 이러한 국어사 시대 구분이 절대적인 것이 아니라고 한다. 국어사 시대 구분과 관련된 교사용 지도서의 가장 큰 특징은 개화기 국어를 설정한다는 것이다. 교과서에서는 근대 국어 시기를 17세기 또는 임진왜란 직후부터 19세기 말까지의 국어라고 한다. 교과서의 근대 국어의 특징을 설명하는 곳에서 "개화기에 이르러 한글 사용이 확대되면서 문장의 구성 방식이 현대의 그것과 거의 비슷하게" 바뀌었다고 한다. 그러나 개화기 국어라는 용어를 명확하게 사용한 것은 아니다. 그리고 교과서의 설명에 따르면 개화기는 근대 국어의 특정 시기에 포함된다. 그런데 교사용 지도서에서는 다음과 같이 개화기 국어라는 용어를 사용한다.

ㄱ. 이 단원의 제재인 '동명일기'와 '독립 신문 창간사'는 근대 국어와 개화기 국어 시기의 국어의 특징을 보여 주는 자료이다.(2010:80)

ㄴ. '독립 신문 창간사'의 교수·학습 방안
개화기 국어가 근대 국어의 모습 및 현대 국어의 모습을 공유하고 있음을 이해시키고 이를 구체적인 자료 속에서……(2010:85)

ㄷ. 개화기 시기의 국어는 표기에 있어서나 어법에 있어서 현대 국어와 가장 근접한 특징을 보여 주지만……(2010:88)

2007 개정 교육과정에 따른 검정 교과서 중 '금성', '신사고', '지학[박]', '천재[김종]' 등도 개화기 국어를 설정하고 있다.

둘째, 중세 국어의 특징에 대한 교과서 설명의 문제이다. 교과서나 교사용 지도서에서 중세 국어의 특징을 알 수 있는 부분이 몇 군데 있다. 먼저 교과서(2010:34)에서는 중세 국어의 특징을 다음과 같이 정리한다.

첫째, 된소리가 등장하기 시작하였다.

둘째, 모음 조화 현상이 잘 지켜졌으나, 후기에는 부분적으로 지켜지지 않았다.

셋째, 성조(聲調)가 있었고, 그것은 방점(傍點)으로 표기되었다.

넷째, 중세 특유의 주체 높임법, 객체 높임법, 상대 높임법 등이 있었다.

다섯째, 고유어와 한자어의 경쟁이 계속되었고, 앞 시기에 비해서 한자어의 쓰임이 증가하였다. 그리고 말할 때는 우리말을 사용하면서 쓸 때는 한자로 쓰는 언문 불일치(言文不一致)가 계속되었고, 한글 문체는 아직 일반화되지 못하였다.

여섯째, 이웃 나라와 접촉하는 과정에서 중국어, 몽골 어, 여진어 등의 외래어가 들어오기도 하였다.

또한 학습 활동(2010:29) 중 〈세종 어제 훈민정음〉의 표기를 현대 국어와 비교하여, 음운상의 차이점과 문법상의 차이점을 알아보는 활동과 단어의 의미를 현대 국어와 비교하는 활동이 있다. 이에 대한 교사용 지도서(2010:73)의 내용을 통해 중세 국어의 특징을 알 수 있다.

| 표 2 |　제7차 교육과정 『국어(하)』 교사용 지도서의 중세 국어의 특징

중세 국어	현대 국어	음운상의 차이점
니르·고·져	이르고자 (말하고자)	어두의 i, y에 선행하는 'ㄴ' 탈락의 영향으로 어두의 'ㄴ'이 'ㅇ'으로 바뀌었다. 어미 '-고져'가 '고자'로 바뀐 것은 근대 국어 시기에 일어난 어미 모음의 양성화 경향을 따른 것이다.
·ᄠᅳ·들	뜻을	중세 국어 시기에 존재하는 어두 자음군이 소실되어 된소리로 바뀌어 'ㅳ'이 'ㄸ'이 된 것이다.
펴·디	펴지	근대 국어 시기에 모음 i, y 앞에서 'ㄷ, ㅌ, ㄸ' 등의 'ㅈ, ㅊ, ㅉ'으로 변하는 구개음화의 영향으로 '-디'가 '-지'로 바뀌었다.
스·믈	스물	근대 국어 시기에 순음 'ㅁ, ㅂ, ㅍ' 등이 아래에서 모음 'ㅡ'가 'ㅜ'로 바뀌는 원순 모음화의 영향으로 '스믈'이 '스물'로 바뀌었다.
중세 국어	현대 국어	문법상의 차이점
듀ᇰ·귁·에	중국과	중세 국어에는 비교나 기준을 나타내는 부사격 조사 '에'가 있었다.
중세 국어	현대 국어	의미상의 차이점
어·린	나이가 적은	중세 국어에서는 '어리석은'의 뜻이었으나 현대 국어에서는 '나이가 적은'의 뜻이다.
:어엿·비	어여쁘게	중세 국어에서는 '가련하게, 불쌍하게'의 뜻이었으나 현대 국어에서는 '예쁘게, 어여쁘게'의 뜻이다.
·노·미	놈이	중세 국어에서는 '보통 사람'의 뜻이었으나 현대 국어에서는 남자를 낮추어 가리킨다.

이런 교사용 지도서의 설명을 볼 때, 중세 국어의 특징으로 구개음화나 원순 모음화가 없었다는 사실을 알 수 있다. 그런데 교사용 지도서의 표현에는 몇 가지 문제가 있다. 먼저, "어미 '-고져'가 '고자'로 바뀐 것"은 "어미 '-고져'가 '-고자'로 바뀐 것"이 되어야 할 것이다. 구개음화를 설명하는 부분도 "근대 국어 시기에 모음 i나 반모음 y 앞에서 'ㄷ, ㅌ, ㄸ' 등이 'ㅈ, ㅊ, ㅉ'으로 변하는 구개음화의 영향으로 '-디'가 '-지'로 바뀌었다."가 되어야 한다. 또한 원순 모음화를 설명하는 부분도 "근대 국어 시기에 순음 'ㅁ, ㅂ, ㅍ' 등의 아래에서

모음 'ㅡ'가 'ㅜ'로 바뀌는 원순 모음화의 영향으로 '스믈'이 '스물'로 바뀌었다."가 되어야 한다.

약 140년 정도 시차가 있는 언어 자료인 〈훈민정음〉과 〈소학언해〉를 비교하는 활동을 통해서도 중세 국어의 특징을 알 수 있다. 이 활동에 대한 예시 답안을 보면 〈소학언해〉에 나타난 음운상의 특징에는 'ㅸ' 소실, 모음 조화 파괴, 방점 혼란, 'ㅿ' 소실 등이다. 문법상의 특징으로는 명사형 어미 '-옴/-움'의 혼란, 명사형 어미 '-기'의 쓰임, 'ㄹㅇ'형 활용형이 'ㄹㄹ'로 나타나는 현상 등이다. 표기법상의 특징으로 각자 병서가 사라진 사실과 분철(끊어적기)의 확대, 'ㆆ'의 안 쓰임 등이다. 이 예시 답안의 문제점은 먼저, 'ㆆ'이 안 쓰인 것을 문법상의 특징으로 들고 있는데 비해 'ㅸ'과 'ㅿ'의 소실은 음운상의 특징으로 들고 있다는 점이다. 또한, 〈소학언해〉 간행 시기의 음운상의 특징인 모음 조화 파괴의 예로 '비르소미오'를 제시하고, 문법상의 특징인 명사형 어미 '-옴/-움'의 혼란의 예로 '비르소미라'를 제시하고 있다. 그런데 제시된 〈소학언해〉에는 교사용 지도서의 예로 제시된 '비르소미라'의 어형은 없다.

셋째, 근대 국어를 설명하는 부분의 문제점이다. 교과서에서는 근대 국어의 특징으로 방점의 소실과 'ㆁ', 'ㆆ', 'ㅿ' 등의 문자 소실, 음운 'ㆍ(아래 아)'의 완전 소실, 한글 사용 폭의 확대, 개화기에 이르러 한글 사용이 확대되면서 문장의 구성 방식이 현대의 그것과 거의 비슷하게 바뀐 것을 들고 있다. 이런 근대 국어의 특징을 〈동명일긔〉를 통해서 학습한다. 여기에는 〈동명일긔〉와 중세 국어의 차이점을 알아보는 활동이 있다. 교사용 지도서(2010:83-84)의 내용을 정리하면 다음과 같다.

| 표 3 | 제7차 교육과정 『국어(하)』 교사용 지도서의 근대 국어의 특징

	달라진 점
음 운	'ㅿ' 소멸, 성조 소실, 모음 조화 파괴, 'ㄴ' 첨가 현상
문 법	명사형 어미 '-기'의 활발한 사용
어 휘	감각이나 색채 어휘, 순 한글 어휘 확대
표기법	끊어적기 확대, 거듭적기, 어중의 'ㄹㄹ'이 'ㄹㄴ'으로 표기, 'ㆁ'의 소실, 재음소화 표기

여기서도 문제가 되는 것들이 있다. 먼저 'ㅿ'의 소멸은 중세 국어 시기의 자료인 〈소학언해〉와 〈훈민정음〉을 비교한 학습 활동에서 이미 언급된 것이다. 그리고 'ㆁ'의 소실이 표기법상으로 달라진 점이라면 'ㅿ' 소멸 역시 표기법상으로 달라진 점이 되거나 반대가 되어야 한다. 또한 근대 국어라는 국어사 한 시기의 모습을 〈동명일긔〉라는 작품을 통해 파악하는 학습 활동은 무리가 있다. 교사용 지도서에서는 〈동명일긔〉를 통해 본 근대 국어 어휘의 특징으로 감각이나 색채 어휘를 들고 있지만 이는 〈동명일긔〉의 특징이다. 이것을 근대 국어의 특징으로 설명하는 것은 문제가 있다. 2007 개정 교육과정에 따른 검정 교과서 중에서 '천재[김종]'과 '천재[박]' 교과서 등은 제7차 교육과정의 『국어(하)』 교과서의 이 내용을 수록하고 있다.

2) 성취 기준 [10-문법-(1)]과 심화 선택 과목 '문법'

2007 개정 교육과정의 성취 기준 [10-문법-(1)]은 제7차 국어과 교육과정의 심화 선택 과목 '문법'의 '내용'인 [(1) 언어와 국어-(다) 국어와 국어 문화-②]와 관련이 있다. 『문법』 교과서에서는 이 '내용'을 [부록]에서 다루고 있는데, [부록]은 '국어의 옛 모습'과 '국어의 변화'로 구성되어 있다.

먼저 국어사 시기 구분에 대한 교과서(2010:277)의 설명을 보자.

> 역사 시대 이후 한반도와 만주 일대에 터전을 잡게 된 우리 민족의 언어는 부여(夫餘)계 언어와 남방의 한(韓)계 언어로 나뉘어 있었던 것으로 보인다. 삼국 시대에 들어와 이 언어들은 고구려어, 백제어, 신라어로 각각 발전되었을 것인데, 이들 사이에는 공통점과 차이점이 있었을 것으로 보인다. …… 그 뒤 신라가 삼국을 통일하면서부터 신라어를 중심으로 언어가 통일되는 양상을 보였을 것으로 추정될 뿐이다. 이 시기의 국어를 고대 국어라고 부른다.

이에 비해 중세 국어는 고려의 건국부터 16세기 말까지의 국어인데, 훈민정음이 창제되어 한글로 적은 문헌 자료가 많이 나온 시기를 기준으로 전기와 후기로 나눈다. 근대 국어는 17세기 초기부터 19세기 말까지 약 300년에 걸친 시기이다. 그리고 20세기 이후의 국어를 현대 국어라고 한다.

이를 볼 때, 『문법』 교과서에서는 국어사의 시기를 고대 국어, 전기 중세 국어, 후기 중세 국어, 근대 국어, 현대 국어로 나누고 있다. 그런데 고대 국어 시기가 명확하지 않다. 교과서의 '고대 국어, 중세 국어, 근대 국어, 현대 국어 흐름도'(2010:278)라는 그림을 볼 때에는 시대 구분의 상한이 없는 것 같다. 그러나 "신라가 삼국을 통일하면서부터 신라어를 중심으로 언어가 통일되는 양상을 보였을 것으로 추정될 뿐이다. 이 시기의 국어를 고대 국어라고 한다."라는 교과서의 내용을 볼 때는 삼국 시대에서 통일 신라 시대까지의 국어가 고대 국어이다. 따라서 국민 기본 공통 과목인 '국어'의 국어사 시기 구분과 거의 일치한다. 하지만 '국어' 과목의 교사용 지도서에 설명된 '개화기 국어'라는 용어는 보이지 않는다.

그런데 국정 체제인 고등학교 『문법』 교과서에도 몇 가지 문제가 있다. 이런 문제들은 2007 개정 교육과정의 성취 기준과 관련된 것도 있지만 관련이 없는 문제들도 있다. 따라서 여기서는 2007 개정 교육과정의 성취 기준 [10-문법-(1)]과 성취 기준 [10-문법-(5)]와 관련된 것은 '중세 국어와 관련된 문제점'으로 살펴볼 것이다. 그리고 2007 개정 교육과정의 10학년 〈문법〉 영역의 성취 기준과 관련이 없는 문제점들은 편의상 '현대 국어와 관련된 문제점'으로 모아서 살펴볼 것이다. 나머지 문제점들은 해당 성취 기준을 이야기하는 자리에서 살펴볼 것이다.

(1) 중세 국어와 관련된 문제점

중세 국어와 관련된 문제로는 첫째, 중세 국어 사이시옷의 의미 기능에 대한 설명이다. 고등학교 『문법』 교과서(2010:288)에서는 사이시옷이 관형격으로 쓰였다고 하면서 보통 높임의 명사와 무정 명사에 붙는다고 한다.

> 狄人ㅅ·서리·예·가샤 狄人·이 ᄀᆞᆯ·외어·늘
> 野人ㅅ·서리·예·가샤 野人·이 ᄀᆞᆯ·외어·늘 [용비어천가 제3장]

그러나 위의 밑줄 친 부분의 '적인(狄人)'이나 '야인(野人)'은 높임의 대상이

되지도 않으며, 무정 명사도 아니기에 예외로 처리해야 한다.

둘째, '믈읫'의 품사 처리이다. 교과서(2010:285)에서는 "믈읫 字ㅣ 모로매 어우러ᅀᅡ 소리 이ᄂᆞ니"의 '믈읫'을 관형사로 처리하고 있다. 그런데 '믈읫'은 문법서나 문법 학자에 따라 관형사, 부사, 품사 통용 등으로 처리된다. 먼저, 부사로 처리하는 입장은 박덕유(2009:112)와 한글 학회의 〈우리말 큰사전-4. 옛말과 이두〉, 남광우의 〈고어사전〉, 유창순의 〈이조어사전〉, 〈표준국어대사전〉 등이다. 이에 비해 허웅(1975:980)에서는 관형사로 처리한다. 고영근(2011:65)에서는 관형사로 처리하고 다른 곳(2011:170)에서는 부사와 품사 통용하는 것으로 처리한다.

ㄱ. <u>믈읫</u> 字ㅣ 모로매 어우러ᅀᅡ 소리 이ᄂᆞ니 [훈민정음 언해:13]
ㄴ. <u>믈읫</u> 됴티 몯ᄒᆞᆫ 이리 다 업서 [월인석보 9:43]
ㄷ. <u>믈읫</u> 有情이 貪ᄒᆞ고 새옴 ᄇᆞᆯ라 제 모ᄆᆞᆯ 기리고 [석보상절 9:15]

즉, (ㄱ)처럼 명사를 꾸미면 관형사가 되고, (ㄴ)처럼 문장 전체를 꾸미면 부사가 되는 것으로 처리하고 있다. 또한 나찬연(2010ㄴ:199, 204)에서도 (ㄱ)처럼 '모든'의 뜻일 때는 관형사로 처리하고 (ㄷ)처럼 대략적인 추측을 나타낼 때는 부사로 처리한다.

셋째, 〈용비어천가〉 제35장의 주체에 대해 잘못 설명하고 있다. 이 문제는 박덕유(2009:112)에서 이미 지적되었다.

ㄱ. (이성계) …… 모딘 도ᄌᆞᄀᆞᆯ 믈리시니이다 [용비어천가 35장]
ㄴ. 스ᄀᆞᄫᆡᆺ 軍馬ᄅᆞᆯ 이길ᄊᆡ ᄒᆞᄫᆞᅀᅡ 믈리조치샤 모딘 도ᄌᆞᄀᆞᆯ ᄌᆞᄇᆞ시니이다 [용비어천가 35장]

고등학교『문법』교과서에서는 〈용비어천가〉 제35장의 선사와 후사를 각각 다른 부분에 싣고 있다. (ㄱ)은 〈용비어천가〉 제35장의 선사에 해당하는 부분인데, 이때의 주체는 '당 태종'인데도 교과서(2010:300)에서는 '이성계'라고 기술하고 있다. 그런데 후사인 (ㄴ)을 설명하고 있는 교과서의 다른 곳(2010:304)에서는 뒤의 높임 활용형들의 주어는 '이성계'라고 한다.

넷째, 중세 국어의 문법 형태 '돗'의 처리이다. 이 문제는 박정규 외(2007:270)에서 지적되었다. 교과서(2010:294)에서는 '-돗-'은 느낌의 선어말 어미라 하고 그 예로 'ᄒᆞ도소이다, ᄒᆞ도소녀, ᄒᆞ도다' 등을 제시한다. 이 '-돗-'은 매개 모음을 취하는 어미 앞에서 나타나고, '-도-'는 자음 어미 앞에서 나타난다고 한다. 그런데 같은 예인 'ᄒᆞ도다, ᄒᆞ도소이다'는 문장 종결 표현을 설명하는 곳(2010:294)에서는 감탄형 종결 어미로 설명한다. 한편, 문장 종결 표현을 설명하는 곳에서는 중세 국어의 감탄문은 느낌의 어말 어미에 기대기도 하는데, '-ㄹ쎠', '-ㄴ뎌' 정도를 들 수 있다고 한다.

다섯째, 높임 표현을 설명하는 부분(2010:300)에서의 용어 문제다.

> 중세 국어의 상대 높임법의 대표적인 것은 '하라체'와 'ᄒᆞ쇼셔체'이고, 이 밖에 반말체가 있다.
>
> 소리ᄲᅮᆫ 듣노라 [석보상절 6, 15]
> 洛水예 山行 가 이셔 하나빌 미드니잇가 [용비어천가 125장]
> 열ᄫᅳᆫ 어르믈 하ᄂᆞᆯ히 노기시니 [용비어천가 30장]
> 聖人 神力을 어ᄂᆞ 다 ᄉᆞᆯᄫᆞ리 [용비어천가 87장]
>
> 각각 ᄒᆞ라체, ᄒᆞ쇼셔체, 반말이다. '용비어천가'에서는 청자가 일반 백성일 때에는 반말을 썼다.

앞에서는 '반말체'라는 용어를 사용하지만 그 뒤의 설명에서는 '반말'이라는 용어를 사용하고 있다. 반말이라는 용어는 '반말의 명령문'(2010:300)에서도 발견된다. 반말의 상대 높임 표현은 〈용비어천가〉와 같은 운문에서 자주 등장하는 높임 표현으로 '-으니'나 '-으리'로 문장을 끝맺는 높임 표현이다. 고등학교 『문법』과 같은 견해를 취하는 경우는 고영근(2011:326)이다. 고영근에서는 반말을 말하는 이가 듣는 이를 낮추기도 어렵고 높이기도 어려울 때 쓰이는 말씨라고 한다. 〈용비어천가〉는 일반 백성과 왕손을 청자로 하는데, 일반 백성을 청자로 할 때는 노래의 끝이 [i]가 되어 있고 왕손을 대상으로 할 때는 'ᄒᆞ쇼셔체'로 끝나 있다고 한다. 즉, 위의 예문은 백성 전체를 대상으로 하기 때문에 높낮이를 분명히 하기 어려워 반말 어미인 '-니'를 썼다고 한다. 이에 비해 허웅(1975:662)에서는 〈용비어천가〉는 신하가 임금에게 올리는 글이고, 〈월인천강지곡〉은 세종이 돌아가신 왕후에게 올리는 글이다. 따라서 상대 높임을 해야 하는 문체이다. 그런데 〈용비어천가〉 각 장마다 '-이다'를 사용하는 것은 너무 단조롭기 때문에 대부분 이것을 생략했다고 한다. 그리고 일부 장에는 '-이다'를 사용하여 상대 높임을 나타내면서 노래의 단조로움을 깨뜨린다고 설명한다. 또한 나찬연(2010ㄴ:287-289)에서도 반말의 높임 표현을 부정한다.

여섯째, 훈민정음 제자 원리에 대한 설명이 『문법』 교과서 내에서 차이가 있다. 교과서(2010:41-43)에서는 훈민정음 초성 글자의 제자 원리로 상형, 가획, 병서, 연서의 원리를 들고 있다. 모음 글자의 제자 원리로는 상형, 합성, 합용의 원리를 들고 있다. 그런데 『문법』 교과서의 '옛말의 문법'(2010:279)에서는 이어쓰기(병서, 連書), 나란히쓰기(병서, 竝書)는 제자 원리가 아니라 글자 운용에 대한 부대 규정이라고 한다.

일곱째, 원문의 표기 오류나 출처에 문제가 있는 부분들이 있는데, 이를 정리하면 다음과 같다.

| 표 4 | 제7차 교육과정 『문법』 교과서의 표기 및 출처 오류

교과서(교과서 페이지)	원문
德이여 福이라 ᄒᆞᄂᆞᆯ 나ᄋᆞ라 오소이다(294)	德이여 福이라 ᄒᆞᄂᆞᆯ 나ᅀᆞ라 오소이다
이 比丘ㅣ……닐오ᄃᆡ 내 너희ᄃᆞᆯᄒᆞᆯ 업시우디 아니ᄒᆞ노니 …… '석보상절 19, 37' (297)	'석보상절 19, 30'
스승니미 엇던 사ᄅᆞ미시관ᄃᆡ……(298)	스ᄉᆼ니미 엇던 사ᄅᆞ미시관ᄃᆡ……
열본 어르믈 하ᄂᆞᆯ히 노기시니(300)	열본 어르믈 하ᄂᆞᆯ히 구티시니
내 오ᄂᆞᆯ 實로 無情호라(301)	내 오ᄂᆞᆯ 實로 無情호리
ᄉᆡ미 기픈 므른 ᄀᆞᄆᆞ래 (284) ᄉᆡ미 기픈 믈은 ᄀᆞᄆᆞ래 (308)	ᄉᆡ미 기픈 므른 ᄀᆞᄆᆞ래
우리 始祖ㅣ 慶興에 사ᄅᆞ샤 (287) 우리 始祖ㅣ 慶興에 사ᄅᆞ셔 (308)	우리 始祖ㅣ 慶興에 사ᄅᆞ샤
出家ᄒᆞᆫ 사ᄅᆞᆷᄆᆞᆫ 쇼히 ᄀᆞᆮ디 아니ᄒᆞ니 (308)	出家ᄒᆞᆫ 사ᄅᆞᄆᆞᆫ 쇼히 ᄀᆞᆮ디 아니ᄒᆞ니

‘나ᄉᆞ라’의 문제는 나찬연(2010ㄷ:196)에서 이미 지적되었다. 나찬연에서는 15세기 국어의 문법 이론을 다룬 허웅(1975:954), 이관규(2002:411), 임지룡 외(2005:442), 고영근(2010:155) 등의 문법서에서는 〈악학궤범〉의 〈동동(動動)〉에 실린 이 문장의 ‘나ᄉᆞ라’를 ‘나ᄋᆞ라’로 잘못 표기하고 있다고 한다. “열븐 어르믈 하ᄂᆞᆯ히 노기시니”에 대한 문제는 박덕유(2009:112)에서 지적되었다. 한편, “내 오ᄂᆞᆯ 實로 無情호라”는 허웅(1975:732), 고영근(2010:272) 등에도 잘못 표기되어 있다.

이러한 제7차 『문법』 교과서의 문제점의 일부는 옛말의 문법이 교과서에 반영된 제5차 교육과정 이후부터 계속 반복되어 온 문제이다. 이 중에서 ‘반말체’와 ‘반말’의 혼란은 제7차 교육과정에서 새롭게 생긴 문제이다. 또한 제5차 교육과정과 제6차 교육과정에서는 감탄형 어미를 설정하지 않고 있다. ‘스ᄼᅌ니미’의 표기 오류도 제5차 교육과정(1993:218)과 제6차 교육과정(1998:216)의 『문법』 교과서에서는 나타나지 않는다. 위에서 살펴본 제7차 『문법』 교과서의 문제점을 제5차 교육과정과 제6차 교육과정에 따른 『문법』 교과서와 비교해 보면 아래와 같다.

| 표 5 | 시기별 국정 『문법』 교과서의 오류 비교

내용	제5차 교육과정(1993)	제6차 교육과정(1998)
‘ㅅ’의 기능	변동 없음(201)	변동 없음(208)
‘ᄆᆞᆯ읫’의 품사	관형사(198)	관형사(205)
〈용비어천가〉 제35장의 주체	이성계(213)	이성계(217)
‘나ᄋᆞ라’의 표기	‘나ᄋᆞ라’(208)	‘나ᄋᆞ라’(213)
‘노기시니’의 표기	‘노기시니’(214)	‘노기시니’(218)
‘無情호라’의 표기	‘無情호라’(211)	‘無情호라’(218)

(2) 현대 국어 문법과 관련된 문제점

현대 국어 문법과 관련된 『문법』 교과서의 문제점으로는 첫째, 수사(數詞)에 대한 설명이다. 이 문제는 박정규 외(2007:253)에서도 지적되었다. 다음은 수사에 대한 제7차 『문법』 교과서의 '탐구 활동'(2010:95)과 이 활동에 대한 교사용 지도서(2010:128)의 설명이다.

> **탐구 활동 2**
>
> 국어에는 분야에 따라 특별한 수사들이 발달하여 있다. 다음에 해당하는 수사들을 찾아 열거하여 보자.
>
> ○ 가축의 나이 : 하릅, 두습, 사릅, 나릅, 다습, 여습, 이롭, 여듭, 구릅, 열릅
>
> ○ 날짜 이름 : ____________
>
> ○ 달 이름 : ____________

> 2. 분야에 따른 특별한 수사 알아보기
>
> ○ 날짜 이름 : 하루, 이틀, 사흘, 나흘, 닷새, 엿새, 이레, 여드레, 아흐레, 열흘, 보름, 그믐
>
> ○ 달 이름 : ① 1월 : 정월, 맹춘(孟春), 초춘(初春), 인월(寅月)
> ② 2월 : 중춘(仲春), 정춘(正春), 묘월(卯月)
> ③ 3월 : 계춘(季春), 만춘(晩春), 진월(辰月)
> 〈중략〉
> ⑫ 12월 : 섣달, 계동(季冬), 만동(晩冬), 축월(丑月)

그런데 '하루, 이틀, 사흘, 나흘, 닷새, 엿새, 이레' 등은 수사가 아니라 명사이다. 또한 『문법』 교과서의 '탐구 1'에서는 수사의 예로 '다섯 시 오십오 분 십이 초'를 들고 있는데, 이때의 '다섯, 오십오, 십이'는 수사가 아니라 관형사이다. 더군다나 2007학년도 5월 경기도 교육청의 3학년 모의고사 '언어 영역' 11번 문항에 수사와 관련된 문제가 출제된 적이 있다.

11. 〈보기〉의 ㉠에 해당하는 것은?

〈 보 기 〉

수사(數詞)는 사물의 수량이나 순서를 가리키는 품사로 정의되고 있다. 그러나 수량과 순서를 의미한다고 하여 모두 수사가 되는 것은 아니다. 수량과 순서에 관계되는 말이기는 하나 ㉠ 특정한 대상에 대한 이름의 경우에는 명사로 처리해야 한다. 수사는 모든 사물의 수량을 두루 가리키는 보편적 지시 특성을 띠고 있다.

① 나는 사과 하나를 사 왔다.
② 우리는 둘이서 산길을 걸었다.
③ 여덟에 하나를 더하면 아홉이다.
④ 시골 할머니 댁에서 하루를 보냈다.
⑤ 입상자 가운데서 첫째가 철수이고 둘째가 민수이다.

이 문제의 정답은 ④이다. 수사는 모의고사의 〈보기〉처럼 모든 사물의 수량이나 순서를 두루 가리키는 보편적 지시 특성이 있어야 하며, 그 의미가 형식적이라는 것이 특징이다. '하루'와 '이틀'과 같이 특정한 대상의 이름을 나타내는 경우는 명사로 처리된다. 따라서 제7차 교육과정에 따른 『문법』 교사용 지도서 내용에 의하면 이 문제의 정답은 없다.

둘째, 『문법』 교과서에서는 인용격 조사라는 용어를 사용하고 있다. 『문법』 교과서(2010:96)에서 격조사의 종류를 설정할 때는 인용격 조사를 따로 설정하지 않는다. 교사용 지도서(2010:129)에서도 인용격 조사는 없다. 그러나 인용절을 안은 문장을 설명하는 곳(2010:165)에서는 인용격 조사라는 용어를 사용한다. 교사용 지도서(2010:203)에서는 '직접 인용 조사'라고 표현하고 있다. 한편, 교과서 부록의 '옛말의 문법'(2010:297)에서는 인용의 부사격 조사라는 용어를 사용한다.

02 성취 기준 [10-문법-(2)]의 내용 요소 및 언어 자료

성취 기준 [10-문법-(2)]는 '국어의 음운 규칙을 안다.'이다. 이 성취 기준은 국어의 음운 규칙에 대한 이해를 바탕으로 국어 의식을 기르고 올바르게 발음할 수 있는 능력을 기르기 위해 설정했다. 이 성취 기준을 지도할 때는 국어의 음운 체계, 음운 규칙, 표준 발음법 등을 그 원리를 바탕으로 이해할 수 있도록 지도한다. 특히, 표준 발음의 필요성과 중요성을 인식할 수 있도록 하는 데 지도에 중점을 둔다.

'내용 요소의 예'로는 두음법칙, 모음조화, 구개음화, 설측음화, 경음화, 탈락 현상 등의 음운 규칙 이해하기와 국어의 음운 체계와 변동 규칙에 따라 바르게 읽기, 음운 규칙과 표준 발음, 표기의 관계 이해하기 등이다. 이 성취 기준의 지도상의 유의점으로는 비음화, ㄴ 첨가, 음절의 끝소리 규칙 등도 함께 지도하되 음운 규칙을 단순히 암기하는 것이 아니라 그 원리를 이해할 수 있도록 지도하며, 표준 발음(법)의 필요성과 중요성, 의의 등을 이해하고 발화 시 표준 발음(법)에 따라 정확히 발음할 수 있도록 지도하는 것 등이 있다. 이 성취 기준은 [10-문법-(4)] '국어의 로마자 표기법과 외래어 표기법을 알고 정확하게 사용한다.'와 [9-문법-(2)] '국어의 음운 체계를 이해한다.'와 연계하여 지도한다. 언어 자료의 수준과 범위는 일상생활에서 잘못 발음하는 단어들, 국어의 음운 규칙, 표준 발음법의 원리를 소개하는 설명문, 텔레비전이나 라디오의 뉴스 담화 등이다.

2007 개정 교육과정의 성취 기준 [10-문법-(2)]는 제7차 국어과 교육과정의 심화 선택 과목 '문법'의 '내용' 중 [(2) 국어 알기-(가) 음운의 체계와 변동-① 음성과 음운에 대하여 이해한다. ② 국어의 음운과 그 체계를 이해한다. ③ 국어의 음운 변동 규칙을 이해한다.]와 관련이 있다. 다음은 제7차 교육과정 『문법』 교과서의 음운 변동 현상의 유형을 정리한 것이다.

| 표 6 |　제7차 교육과정 『문법』 교과서의 음운 변동 현상

<table>
<tr><th>유형</th><th>정의</th><th colspan="2">하위분류</th><th>비고</th></tr>
<tr><td>교체</td><td>어떤 음운이 형태소의 끝에서 다른 음운으로 바뀌는 현상</td><td colspan="2">음절의 끝소리 규칙</td><td></td></tr>
<tr><td rowspan="6">동화</td><td rowspan="6">한쪽의 음운이 다른 쪽 음운의 성질을 닮아 가는 현상</td><td rowspan="2">자음 동화</td><td>비음화</td><td>'ㄹ'의 비음화 포함</td></tr>
<tr><td>유음화</td><td></td></tr>
<tr><td>구개음화</td><td></td><td></td></tr>
<tr><td rowspan="2">모음 동화</td><td>전설 모음화</td><td></td></tr>
<tr><td>[ㅓ, ㅗ]→ [ㅕ, ㅛ]/ ㅣ의 뒤</td><td></td></tr>
<tr><td>모음 조화</td><td></td><td></td></tr>
<tr><td rowspan="2">축약</td><td rowspan="2">두 음운이 하나의 음운으로 줄어드는 현상</td><td>자음 축약</td><td>거센소리되기</td><td></td></tr>
<tr><td>모음 축약</td><td></td><td></td></tr>
<tr><td rowspan="4">탈락</td><td rowspan="4">두 음운 중에서 어느 하나가 없어지는 현상</td><td rowspan="2">자음 탈락</td><td>'ㄹ' 탈락</td><td>용언의 활용과 합성어, 파생어 형성 과정</td></tr>
<tr><td>'ㅎ' 탈락</td><td></td></tr>
<tr><td rowspan="2">모음 탈락</td><td>'ㅡ' 탈락</td><td></td></tr>
<tr><td>동일 모음 탈락</td><td></td></tr>
<tr><td rowspan="3">첨가</td><td rowspan="3">형태소가 합성될 때에 그 사이에 음운이 덧붙는 현상</td><td rowspan="3">사잇소리 현상</td><td>된소리</td><td rowspan="3"></td></tr>
<tr><td>'ㄴ' 첨가</td></tr>
<tr><td>'ㄴㄴ' 첨가</td></tr>
</table>

2007 개정 교육과정과 제7차 교육과정의 '문법' 과목의 '내용' 중 음운의 변동과 관련하여 달라진 점은 네 가지 정도이다. 첫째는 제7차 교육과정과 달리 개정 교육과정에서는 설측음화라는 용어를 사용한다. 제7차 교육과정의 『문법』 교과서에서는 유음화라는 용어를 사용한다. 제5차 교육과정과 제6차 교육과정의 『문법』 교과서에서는 자음 동화라고만 하지 특별한 용어를 사용하지

않았다. 그러나 설측음화라는 용어에 대한 반대 의견이 많다. 배주채(2003:215)에서는 유음화가 일어난 후의 유음은 음성학적으로 설측음인 [l]이 되는 것은 사실이지만 음운론적으로는 유음이므로 유음화가 옳은 용어라고 한다. 이진호(2005:123, 2009:506)에서도 설측음화보다는 유음화라는 용어가 더 적절하다고 한다. 그 이유는 유음화의 적용을 받아서 나는 소리는 'ㄹ'의 변이음 중 설측음에 해당하기 때문에 설측음화라는 용어를 사용하지만 국어에서는 자음이 설측음인지 아닌지에 따라 음소적으로 구별되는 경우가 없기 때문이다. 즉, 설측음은 음성학적 차원의 분류에서만 의미를 가질 뿐 음운론적 차원의 분류에서는 별다른 의미가 없다는 것이다. 김무림·김옥영(2009:415)에서도 유음화 현상의 핵심은 비음이 음운론적 차원에서 의미가 있는 유음으로 바뀌는 것이기에 설측음화라는 용어보다는 유음화라는 용어가 적절하다고 한다.

둘째, 사잇소리 현상에 대한 설명이 다르다. 제7차 교육과정에서는 첨가 현상으로 사잇소리 현상으로 제시하고 있다. 『문법』 교과서(2010:73)에서는 국어 단어 중에는 두 개의 형태소 또는 단어가 합쳐져서 합성어가 될 때, 뒤의 예사소리가 된소리로 변하는 일이 있는데, 이러한 현상을 사잇소리 현상이라고 한다. 이를 표시하기 위하여 합성어의 앞의 말이 모음으로 끝났을 때에는 받침으로 사이시옷을 적어야 한다. 또한 합성어를 이룰 때, 앞의 말이 모음으로 끝나고 뒤의 말이 'ㅁ, ㄴ'으로 시작되면 'ㄴ' 소리가 첨가되고, 앞의 말의 음운과 상관없이 뒤의 말이 모음 'ㅣ'나 반모음 'ǐ'로 시작될 때는 'ㄴ'이 하나 혹은 둘이 첨가되는 일이 있는데, 이러한 현상도 사잇소리 현상의 하나로 처리한다. 그런데 2007 개정 교육과정의 '내용 요소의 예'에는 'ㄴ' 첨가 현상만을 제시하고 있다.

셋째, 제7차 교육과정의 '문법'에서 다루지 않았던 경음화(된소리되기)와 두음 법칙이 2007 개정 교육과정의 '내용 요소의 예'로 제시되어 있다. 제5차 교육과정의 '문법'에서는 안울림소리 뒤에 안울림 예사소리가 오면 그 예사소리가 된소리로 발음되는 현상을 된소리되기로 다루었다. 또한 제6차 교육과정의 '문법'에서는 안울림 예사소리 뒤의 된소리되기 현상뿐만 아니라 'ㄴ, ㅁ'으로 끝나는 용언의 어간 뒤에 예사소리로 시작하는 어미가 된소리로 발음되는 현상까지 다루고 있다. 제7차 교육과정의 『문법』 교과서(2010:73)에서는 사이시옷을 설명하면서 예사소리가 된소리로 변하는 경우가 있다고는 하지만 된소리되기를 하나의 음운 변동 현상으로 분류하지 않는다.

넷째, 2007 개정 교육과정에서는 음운 변동 현상을 나열하고 있지 제7차 교육과정처럼 음운 변동 현상의 유형을 분류하지 않는다. 앞으로 살펴보겠지만 그 결과 검정 교과서에 따라 음운 변동 현상의 유형 분류가 다르다.

제7차 교육과정의 심화 선택 과목인 '문법'의 음운 변동 현상에 대한 연구는 많이 이루어져 왔다. 대표적으로 임지룡 외(2006)와 양순임(2011), 이문규(2011) 등이다. 임지룡 외와 이문규의 견해는 유사한데, 먼저 '문법' 과목의 음운 변동 현상의 분류 체계 기준이 일관적이지 않다는 점을 지적한다. 즉, 음절의 끝소리 규칙이나 사잇소리 현상은 동화, 축약, 탈락 등과 대등한 층위로 분류할 성질이 아니며, 동화 역시 축약이나 탈락 등과는 다른 기준에 의한 분류 결과라고 한다. 둘째, 음절의 끝소리 규칙은 변동의 이름으로서 적절하지 않다고 하면서, '음절의 끝소리되기' 또는 '평파열음화'라는 용어를 제안한다. 셋째, 고등학교 '문법'에서는 'ㅣ' 모음 뒤의 'ㅓ, ㅗ'가 'ㅕ, ㅛ'로 발음되는 현상을 동화의 일종인 이중 모음화로 본다. 그러나 이는 동화가 아닌 모음 충돌 회피를 위한 반모음 'ǐ'의 첨가로 본다. 넷째, 고등학교 '문법'에서는 'ㅅ' 첨가 및 'ㄴ' 첨가와 관련된 현상을 사잇소리 현상으로 다루고 있다. 그런데 임지룡 외(2006:128)에서는 이 둘을 음운 첨가의 일종으로 보고 그 안에 'ㅅ' 첨가와 'ㄴ' 첨가를 구분하는 것이 옳다고 한다. 특히, '잇몸[인몸]', '콧날[콘날]'을 다른 'ㄴ' 첨가 자료와 함께 다룬 것은 사잇소리 현상의 음운론적 본질을 명확하게 인식하지 못한 것이라고 한다.

양순임(2011:175-176)에서도 제7차 교육과정의 '문법'에서 음운 변동 현상의 분류가 변동이 일어나는 원인, 변동의 결과, 개별 음운 현상이 함께 섞여 있다고 한다. 그리고 제7차 교육과정의 '문법'에서는 겹자음 탈락 규칙을 음절의 끝소리 규칙에 포함시키고 있지만, 음절 끝소리 규칙은 음소 교체이며, 겹자음 탈락은 음소 탈락이라는 점에서 구분하고 있다. 또한 'ㅣ' 모음 뒤에서 [ㅓ, ㅗ]가 [ㅕ, ㅛ]로 바뀌는 현상을 동화가 아닌 첨가로 보고 있다. 제7차 교육과정의 사잇소리 현상을 'ㅅ' 첨가와 'ㄴ' 첨가를 구분하고 있지만 양순임에서는 'ㄴ' 첨가는 일정한 음운론적, 형태론적 조건이 충족되면 적용되는 변동 규칙이라는 점에서 'ㅅ' 첨가와 구분한다.

한편, 실제 교과서로 개발되지는 않았지만 2007 국어과 선택 중심 교육과정의 '문법' 과목의 음운 변동 유형은 다음과 같다.

| 표 7 | 2007 국어과 선택 중심 교육과정의 '문법' 의 음운 변동 유형

<table>
<tr><th>유형</th><th colspan="2">종류</th></tr>
<tr><td rowspan="5">교체</td><td>받침 규칙</td><td></td></tr>
<tr><td rowspan="2">동화</td><td>비음화</td></tr>
<tr><td>유음화</td></tr>
<tr><td>된소리되기</td><td></td></tr>
<tr><td>구개음화</td><td></td></tr>
<tr><td rowspan="3">탈락</td><td>자음군 단순화</td><td></td></tr>
<tr><td rowspan="2">'ㄹ' 탈락</td><td>합성어·파생어 형성 과정</td></tr>
<tr><td>용언의 활용 과정</td></tr>
<tr><td rowspan="2">축약</td><td colspan="2">거센소리되기</td></tr>
<tr><td colspan="2">음절 축약</td></tr>
<tr><td rowspan="3">첨가</td><td colspan="2">'ㄷ' 첨가</td></tr>
<tr><td colspan="2">후두음(ʔ) 첨가</td></tr>
<tr><td colspan="2">'ㄴ' 첨가</td></tr>
</table>

03 성취 기준 [10-문법-(3)]의 내용 요소 및 언어 자료

성취 기준 [10-문법-(3)]은 '장면에 따른 표현 방식을 안다.'이다. 이 성취 기준은 장면에 따른 표현 방식의 차이에 대한 이해를 바탕으로 의사소통 상황을 고려하여 효과적으로 의사소통할 수 있는 능력을 신장하기 위해 설정했다. 이 성취 기준을 지도할 때는 구체적인 상황 맥락에서 어떤 발화가 어떤 기능을 드러내는지를, 특히 심리적 태도에 초점을 두어 분석해 봄으로써 구체적인 국어 생활 속에서 언어가 기능하는 방식을 이해할 수 있도록 하는 데에 중점을 둔다.

'내용 요소의 예'로는 담화에서 장면에 따라 심리적 태도 등의 표현이 달라진 부분 찾기, 원근 표현, 부정 표현 등 심리적 태도와 관련된 다양한 표현 방식 이해하기, 담화에 따라 심리적 태도를 표현하는 방식이 달라지는 이유 설명하기 등이다. 이 성취 기준을 교수·학습하기 위해서는 다음과 같은 것들에 유의해야 한다. 먼저 장면에 대한 개념이다. 여기서 장면이란 의사소통이 이루어지는 구체적인 시·공간으로 상황 맥락에 대응하며, 화자(필자), 청자(독자), 시·공간을 포함한다. 그리고 심리적 태도가 있는데, 이는 구체적인 장면에서 화자가 일이나 사태 등을 어떤 방식으로 파악하고 있는지와 관련된 다양한 표현이다. 또한 피동 및 사동 표현, 높임 표현 등을 포함하여 지도해야 한다. 원근 표현은 지시 표현에 대한 지도를 통해 수행하며, 물리적 거리뿐만 아니라 심리적 거리도 고려하여 지도한다. 부정 표현, 피동 및 사동 표현은 사태를 해석하는 화자의 관점과 관련하여 지도하며, 높임 표현은 상대와의 심리적 거리 등에 초점을 두어 지도한다. 발화의 의미를 구체적인 상황 맥락과 관련시켜 분석하고, 화자(필자)의 심리적 태도가 무엇인지를 정확히 파악하도록 지도한다.

이 성취 기준의 교수·학습 계획은 심리적 태도를 전체 담화의 화제나 주제와 관련시켜 이해할 수 있도록 수립한다. 이 성취 기준은 성취 기준 [3-문법

-(3)] '의도에 따라 여러 종류의 문장으로 표현할 수 있음을 설명한다.'의 표현 의도 개념과 성취 기준 [5-문법-(4)] '말하는 이, 듣는 이, 상황, 매체 등에 따라 언어 사용 방식이 달라짐을 안다.'와 연계하여 지도할 수 있다. 또한 성취 기준 [7-문법-(4)]인 '표현 의도에 따라 사동·피동 표현이 달리 사용됨을 안다.'와 성취 기준 [9-문법-(4)]인 '담화 또는 글 구성의 기본 개념을 이해한다.'와도 관련이 있다.

이 성취 기준을 학습하기 위한 언어 자료의 수준과 범위는 첫째, 장면에 따른 표현 방식의 차이를 이해시킬 수 있는 구어, 문어 자료이다. 둘째는 신문의 정치, 경제, 사회 영역의 언어 표현과 스포츠, 문화 영역의 언어 표현을 비교할 수 있는 자료이다. 셋째는 심리적 태도가 잘 드러나는 소설의 대화 장면이다. 넷째는 실제 학생들의 구어 의사소통 자료이다.

2007 개정 교육과정의 성취 기준 [10-문법-(3)]은 제7차 교육과정의 '내용' [10-국-(3)] '문법 요소들의 기능을 안다.'와 관련이 있다. 이 '내용'에는 높임 표현, 피동 및 사동 표현 등을 포함하고 있다. 또한 제7차 교육과정의 [10-국-(5)] '장면에 따른 표현 방식을 안다.'와 관련이 있다. 제7차 교육과정 '문법' 과목의 경우 [(2) 국어 알기-(라) 문장의 구성 요소와 짜임새-②국어 문법 요소의 기능과 그 의미를 이해한다.]와 [(2) 국어 알기-(바) 문장과 담화-②담화의 표현 및 이해에 작용하는 요소를 이해한다.]가 2007 개정 교육과정의 성취 기준 [10-문법-(3)]과 관련이 있다.

2007 개정 교육과정의 성취 기준 [10-문법-(3)]과 관련된 제7차 교육과정의 '내용' [10-국-(3)]은 『국어(하)』 '3. 함께 하는 언어 생활'에서 학습한다. 이 단원의 '알아두기'에는 높임 표현, 부정 표현, 피동 표현, 사동 표현 등을 설명하고 있다. 또한 제7차 교육과정의 '내용' [10-국-(5)]는 『국어(상)』 '3. 다양한 표현과 이해'에서 학습한다. 교과서에서는 '알아두기'를 통해 장면의 개념을 설명하고, 장면에 따른 다양한 표현 방식으로 지시 표현, 심리적 태도 표현, 높임 표현 등을 들고 있다.

2007 개정 교육과정의 성취 기준 [10-문법-(3)]과 관련된 제7차 교육과정의 『국어』와 『문법』 교과서의 주요 개념을 정리하면 다음과 같다. 먼저 발화란

추상적인 생각인 말이 문장 단위로 실현된 것이며, 이 발화의 통일체가 이야기이다. 발화는 단순한 정보를 전달하기도 하지만 대부분의 발화는 행위와 관련된다. 행위와 관련된 표현 방법에는 직접적인 방법과 간접적인 방법이 있다. 직접적인 방법은 듣는 이에게 직접 요청하는 형식으로 정보를 요구하는 것으로 이러한 발화를 직접적인 발화라고 한다. 간접적인 방법은 요청의 형식을 사용하지 않고도 듣는 이가 말하는 이의 요구를 알아차리도록 말하는 것으로 간접적인 발화라고 한다. 간접적인 발화의 경우 해당 발화의 구체적인 의미는 장면에 따라 결정된다.

발화의 통일체인 이야기는 듣는 이, 말하는 이, 내용, 장면 등으로 구성된다. 내용은 말하는 이와 듣는 이가 주고받는 정보로 주로 발화로 실현되며, 말하는 이의 느낌, 생각, 믿음 등이 포함되어 있다. 그리고 장면이란 말하는 이와 듣는 이를 위한 시간적, 공간적 상황으로 이야기의 흐름이나 의미 해석에 결정적인 역할을 한다. 이런 이야기의 표현과 이해에 작용하는 요소로는 지시 표현, 높임 표현, 심리적 태도, 생략 표현 등이다. 지시 표현은 주로 지시체의 정체를 한정하는 한정적 표현으로 여기에는 지시 대명사, 지시 관형사, 지시 부사, 지시 형용사 등이 있다. 높임 표현은 주로 상하 관계 및 친소 관계에 따라 구별하여 쓰이지만 상황에 따라 다양하게 실현된다. 심리적 태도란 말하는 이가 가지고 있는 다양하고 섬세한 의미를 전달하는 표현이다. 동일한 정보를 가지고도 다양한 심리적 태도를 드러낼 수 있는데, 주로 용언의 어미로 심리적 태도가 드러난다. 생략은 문장의 표면 구조에서 일정한 성분이 누락되는 현상인데, 생략된 문장 성분은 맥락을 참고하여 복구할 수 있다.

2007 개정 교육과정의 성취 기준 [10-문법-(3)]과 관련된 제7차 교육과정의 '국어'나 '문법' 교과의 '내용' 중에서 달라진 점은 크게 두 가지 정도이다. 즉, 제7차 교육과정의 '국어'나 '문법' 교과에는 지시 표현과 생략 표현이 있지만 2007 개정 교육과정의 성취 기준 [10-문법-(3)]에서는 지시 표현이 아닌 원근 표현을 '내용 요소의 예'로 제시하고 있으며, 생략 표현은 삭제되었다.

04 성취 기준 [10-문법-(4)]의 내용 요소 및 언어 자료

성취 기준 [10-문법-(4)]는 '국어의 로마자 표기법과 외래어 표기법을 알고 정확하게 사용한다.'이다. 이 성취 기준을 설정한 이유는 국어의 로마자 표기법과 외래어 표기법에 대한 이해를 바탕으로 국어 규범의 중요성을 재인식하고 정확하게 의사소통하는 능력을 기르기 위해서이다. 이 성취 기준은 국어의 로마자 표기법과 외래어 표기법이 제대로 지켜지지 않는 국어 현실을 비판적으로 인식하고 국어를 정확하게 표기하려는 태도를 기르는 데 중점을 두어 지도한다. '내용 요소의 예'에는 국어의 로마자 표기법과 외래어 표기법 알기, 국어의 로마자 표기법과 외래어 표기법에 맞게 사용하기, 국어를 정확하게 표기하려는 태도 기르기 등이 있다.

이 성취 기준을 지도할 때는 다음과 같은 사항에 유의한다. 첫째, 규범적 국어 의식으로 규범을 지키는 것이 왜 중요한지를 구체적인 활동을 통해 이해할 수 있게 지도한다. 둘째, 창조적 국어 의식으로 국어를 창조적으로 사용하기 위해 필요한 지식과 국어를 창조적으로 사용하려는 태도를 가질 수 있게 지도한다. 그리고 규범적 국어 의식과 창조적 국어 의식의 조화에 대한 토의 및 토론도 가능하다. 셋째, 국어의 로마자 표기법과 외래어 표기법과 관련된 여러 논쟁을 소개하여 두 규정이 갖는 특징을 이해할 수 있게 지도한다. 넷째, '외래어 표기 용례집'을 활용하여 실제 생활에서 자주 사용하는 외래어의 정확한 표기법을 지도한다.

이 성취 기준에 대한 교수·학습 계획은 국어의 로마자 표기법과 외래어 표기법의 기본 원리를 이해하고 이를 구체적인 실제 사례에 적용할 수 있도록 수립한다. 이 성취 기준은 [10-문법-(2)]의 성취 기준인 '국어의 음운 규칙을 안다.'와 연계하여 지도할 수 있다. 이 성취 기준을 학습하기 위한 언어 자료는 규범을 지키지 않은 실제 언어 자료나 규범에 관련된 여러 논쟁점을 소개한 글에서부터 학생들이 쉽게 접하는 단어를 자료로 하여 규범에 적용할 수 있는 자료, 학생들 자신의 이름, 주소, 학교 이름 등을 국어의 로마자 표기법에 따라 표기할 수 있는 자료, 혼란스럽게 사용되는 외래어를 중심으로 외래어 표기법에 맞게 표기할 수 있는 자료 등이다.

이 성취 기준은 제7차 교육과정의 『문법』 교과서의 '8. 국어의 규범, 03 외래어 표기법과 국어의 로마자 표기법'과 관련이 있다. 교과서에서는 외래어 표기법 '제1장 표기의 기본 원칙' 제1항~제5항을 설명하고 있다. 또한 제3장 표기 세칙 제1절 영어의 표기 '제3항 2), 3)'을 설명하고 있다. '탐구 활동'에는 제4장 제2절 '동양의 인명, 지명 표기'가 제시되어 있다. 제7차 교육과정의 『문법』 교과서의 외래어 표기법에 대한 내용 중에서 문제가 되는 것은 발음에 대한 정보 없이 외래어를 표기하는 학습 활동이 있다는 점이다. 외래어를 우리말로 표기할 때는 최대한 원지음에 가깝게 표기해야 하므로 발음에 대한 정보 없이는 외래어 표기는 불가능하다.

국어의 로마자 표기법의 경우 국어를 로마자로 적는 두 방법인 전자법과 전음법의 장단점을 설명한다. 또한 국어의 로마자 표기법 제1장 표기의 기본 원칙을 설명하고 있다. 제7차 교육과정의 『문법』 교과서의 국어의 로마자 표기법에 대한 내용 중에서 문제가 되는 것이 있다. 첫째, '독립문'의 전자법 표기인데, 이는 성취 기준 [10-문법-(4)]에 대한 검정 교과서의 내용을 분석하는 자리에서 살펴볼 것이다. 둘째, 교과서(2002:269)에서는 로마자에 없는 우리말 모음을 표기하는 로마자 표기에 대해 잘못 설명하고 있다. 2002년판 『문법』 교과서에서는 "국어의 단모음 'ㅓ, ㅡ, ㅐ, ㅚ, ㅟ'를 적을 로마자 모음이 없으므로 'eo, eu, ae, we, wi' 로 각각 대응시켜 적도록 하고 있다."라고 한다. 그러나 'ㅚ'에 대응하는 로마자는 'we'가 아니라 'oe'이다. 이후 판본에서는 'oe'로 수정되었다.

05 성취 기준 [10-문법-(5)]의 내용 요소 및 언어 자료

성취 기준 [10-문법-(5)]는 '한글의 창제 원리와 한글의 독창성을 안다.'이다. 이 성취 기준은 한글 창제 원리와 한글의 독창성에 대한 이해를 바탕으로 민족적 자긍심을 고취하여 국어 의식을 강화하여 국어에 대한 관심과 사랑을 높이기 위해 설정했다. 또한 〈문법〉 영역에 대한 학습을 통해 배우고 깨닫게 된 국어에 대한 인식을 토대로, 한글 창제의 원리와 한글의 독창성을 이해하여 국어에 대한 지식과 올바른 태도를 함양시키는 것도 성취 기준 설정의 이유이다.

이 성취 기준을 지도할 때는 학생들이 한글의 우수성과 독창성을 구체적으로 설명할 수 있도록 지도하여 국어를 가꾸고 발전시키고자 하는 태도를 기르게 하는 데 중점을 둔다. '내용 요소의 예'에는 한글의 창제 원리 이해하기, 한글의 독창성 이해하기, 국어를 가꾸고 발전시키고자 하는 태도 기르기 등을 제시하고 있다. 이 성취 기준을 지도할 때는 한글이라는 문자 체계가 갖고 있는 특징을 다른 문자 체계와 비교하여 한글의 특성을 명확히 인식할 수 있도록 지도하며, 한글의 우수성과 독창성을 살릴 수 있는 방법을 학생들이 오늘날의 국어 현실과 관련시켜 탐색할 수 있는 기회를 제공한다. 교수·학습 계획을 수립할 때는 〈훈민정음 해례본〉과 〈훈민정음 언해본〉을 바탕으로 하여 한글 창제의 원리를 구체적으로 탐구할 수 있도록 한다.

이 성취 기준은 [6-문법-(4)]의 '한글의 의의를 알고 우수성을 설명한다.'와 [10-문법-(1)] '국어의 역사를 이해한다.'와 연계성을 가진다. 언어 자료의 수준과 범위는 〈훈민정음 해례본〉과 〈훈민정음 언해본〉, 훈민정음 창제와 관련된 옛글, 외국의 언어학자 등이 한글에 대해 평가한 글, 한글의 우수성과 독창성을 소개하는 현대 언어 자료 등이다.

2007 개정 교육과정의 성취 기준 [10-문법-(5)]는 제7차 교육과정의 '문법' 과목의 '내용'인 [(1) 언어와 국어-(다) 국어와 국어 문화-③ 한글의 가치를 이해한

다.]와 관련이 있다. 고등학교 『문법』 교과서의 대단원 '3 국어와 한글'의 소단원 '2 위대한 문화 유산, 한글'에서 한글의 우수성과 한글의 제자 원리를 설명하고 있다. 고등학교 『문법』 교과서(2010:41-43)에서는 자음 글자의 제자 원리로 상형과 가획, 병서, 연서의 원리를 들고 있다. 모음 글자의 경우 상형, 합성, 합용의 원리를 들고 있다. 그런데 앞에서 살펴보았듯이 교과서 [부록]의 '옛말의 문법'의 설명과는 차이가 있다. 한편, 국민 기본 공통 교양 과목인 '국어'에도 한글 창제 원리에 대한 설명이 있다. 『국어(하)』 교과서에서는 자음 글자는 상형, 가획, 병서의 원리를 적용해서 만들었고, 모음 글자는 상형, 초출, 재출, 합용의 원리를 적용하여 만들었다고 한다.

제3장

검정 『국어』 교과서

<문법> 내용 영역 분석

제3장

검정 『국어』 교과서

<문법> 내용 영역 분석

2007 개정 교육과정에 따른 검정 교과서는 교육과학기술부의 위탁을 받아 한국교육과정평가원에서 검정 심사를 했다. 심사를 통과한 교과서들을 오름차순으로 정리하고, 그것을 설명의 편의를 위해 약어(略語)로 나타내면 〈표 1〉과 같다.

| 표 1 | 검정 『국어』 교과서 목록과 약어

발행 회사	저자	약어	비고
(주) 교학사	조남현 외 7	교학	
(주) 금성 출판사	윤희원 외 11	금성	
두산 동아 (주)	우한용 외 20	두산	
(주) 도서출판 디딤돌	이삼형 외 7	디딤돌	
(주) 미래엔컬처그룹	윤여탁 외 12	미래	(구) 대한교과서
(주) 비상교육	한철우 외 11	비상	(구) 비유와 상징
(주) 좋은책 신사고	민현식 외 11	신사고	
(주) 유웨이 중앙교육	박호영 외 7	중앙	
(주) 지학사	박갑수 외 7	지학[박]	
(주) 지학사	방민호 외 7	지학[방]	
(주) 창비	문영진 외 7	창비	
(주) 천재교육	김대행 외 8	천재[김대]	
(주) 천재교육	김종철 외 9	천재[김종]	
(주) 천재교육	박영목 외 10	천재[박]	
(주) 더텍스트	김병권 외 11	텍스트	
(주) 해냄에듀	오세영 외 8	해냄	

01 성취 기준 [10-문법-(1)] 관련 검정 교과서의 문제

여기서는 성취 기준 [10-문법-(1)]과 관련된 검정 교과서의 문제를 크게 국어사 시기 구분 문제, 내용 문제, 언어 자료의 문제 등으로 나누어 살펴본다. 성취 기준 [10-문법-(1)]의 내용 문제를 다룰 때에는 옛말의 형태소 분석이 필요한데, 이때는 나찬연(2010ㄷ:9)의 내용에 따라 다음과 같은 몇 가지 기호와 약호를 사용하기로 한다.

| 표 2 | 부호의 기능 및 용례

부호	기능	용례
#	어절의 경계 표시	철수가#국밥을#먹었다.
+	한 단어 또는 어절 내에서의 형태소 경계 표시	철수+-가
( )	언어 단위의 문법 명칭과 기능 설명	-가(주격 조사)
[ ]	파생어 내부의 짜임새 표시	먹[먹(먹다)-+-이-(사동 접사)]-
	합성어 내부의 짜임새 표시	국밥[국(국)+밥(밥)]
-a	a의 앞에 다른 말이 실현되어야 함.	-은, -는
a-	a의 뒤에 다른 말이 실현되어야 함.	먹(먹다)-
-a-	a의 앞뒤에 다른 말이 실현되어야 함.	-었-, -겠-, -는-
a(←A)	기본 형태 A가 변이 형태 a로 변함.	지(←짓다, ㅅ불규칙)
∅	무형의 형태소	예쁘-+-∅(현재 시제 선어말 어미)

먼저 검정 교과서의 성취 기준 [10-문법-(1)]의 단원 구성을 살펴보면, 〈표 3〉과 같이 주로 성취 기준 [10-문법-(5)]와 함께 학습하도록 되어 있다. 이는 2007 개정 교육과정에서 제시한 내용별 연계성과 두 성취 기준에서 다루어야 할 언어 자료의 성격 때문인 것으로 생각된다. 다만, '신사고', '지학[방]', '천재[김대]'의 교과서는 성취 기준 [10-문법-(1)]을 하나의 대단원으로 구성한 것처럼 보이지만 성취 기준 [10-문법-(5)]를 성취 기준 [10-문법-(1)]을 학습하는 과정에서

학습하도록 구성되어 있다. 이에 비해 '금성'의 교과서는 성취 기준 [10-문법-(1)]을 하나의 독립된 단원으로 구성하고 있다.

한편, '텍스트' 교과서의 소단원 '3. 옛말의 향기'에 수록된 언어 자료는 중간본 〈두시언해〉, 〈등악양루〉와 〈동명일긔〉, 〈만흥〉 등이다. 그런데 소단원의 학습 활동은 성취 기준 [10-문법-(1)]과 관련이 있기에 여기서 다룬다. 〈등악양루〉의 '생각 다듬기'에는 〈두시언해〉 중간본과 초간본에 나타난 언어의 차이가 제시되어 있다. 〈동명일긔〉에 대한 '생각 다듬기'에도 음운, 문법, 어휘, 표기법의 측면에서 중세 국어와 달라진 점을 써 보는 활동이 있다. 이것은 학년 내 영역 간의 연계성을 담화와 글의 차원에서 강화한다는 2007 개정 교육과정의 취지와 부합되는 면이 있다. 그러나 이 소단원의 〈학습 목표〉는 문제가 있다. 소단원의 〈학습 목표〉는 "고전 시가 작품을 감상하면서 인간의 보편적인 삶의 정서를 이해할 수 있다."이다. 그런데 〈동명일긔〉는 고전 시가로 분류되지 않는다.

| 표 3 | 성취 기준 [10-문법-(1)]의 단원 구성

교과서	단원 구성
교학(하)	'1, 국어의 역사', '(1) 우리말이 걸어온 길'
금성(하)	'2. 우리말의 역사', '(1) 국어의 시대별 특징', '(2) 국어의 시대별 모습'
두산(하)	'4. 우리말이 걸어온 길' , '(1) 국어의 역사'
디딤돌(하)	'5. 우리말이 걸어온 길', '1. 고대 국어', '2. 중세 국어', '3. 근대 국어'
미래(상)	'3. 우리말 우리글', '(1) 우리말의 역사'
비상(상)	'5. 우리의 말과 글', '(1) 국어의 흐름과 모습'
신사고(하)	'6. 국어가 걸어온 길', '(1) 국어의 탄생', '(2) 국어의 성장과 발전'
중앙(하)	'4. 우리말 우리글', '1. 우리말이 걸어온 길'
지학[박](하)	'7. 말의 길, 글의 힘', '(1) 우리말이 걸어온 길'
지학[방](하)	'1. 우리말의 발자취', '1. 고대 국어', '2. 중세 국어', '3. 근대 국어'
창비(하)	'5. 우리말이 걸어온 길', '[2] 국어의 역사'
천재[김대](하)	'5. 국어 생활의 역사적 흐름', '01 고대의 국어 생활', '02 중세의 국어 생활', '03 근대의 국어 생활'
천재[김종](하)	'2. 국어의 옛 모습', '(1) 국어의 역사'
천재[박](상)	'3. 우리말과 글의 역사', '(1) 국어의 역사'
텍스트(하)	'Ⅱ. 우리말 우리글', '01 우리말이 걸어온 길', '03 옛말의 향기'
해냄(하)	'6. 우리의 말과 글', '(2) 국어가 걸어온 길'

1. 국어사 시대 구분과 관련된 문제

| 표 4 | 검정 교과서의 국어사 시기 구분

교과서 \ 시대	고조선 이전	삼국 시대	통일 신라	고려 건국 (10C)	조선 건국 (14C)	훈민정음 창제(15C)	임진 왜란	임진왜란 이후 (17C)	19C말	개화기	20C 이후
교학	고대 국어			중세 국어				근대 국어			
		고대 국어									
금성			고대 국어	전기 중세 국어		후기 중세 국어		근대 국어 19세기 말 갑오개혁 이전		개화기 국어	현대 국어
	고대 국어										
두산	고대 국어										
		고대 국어		전기 중세 국어 (10C 초-14C)	후기 중세 국어 (15C-16C 말)			근대 국어 (17C 초-19C 말)			
디딤돌	고대 국어			전기 중세 국어		후기 중세 국어		근대 국어			
미래	고대 국어			중세 국어				근대 국어		현대 국어	
		고대 국어									
비상	고대 국어			전기 중세 국어	후기 중세 국어			근대 국어			
신사고	고대 국어				조선 전기의 중세국어(15-16)			조선 후기의 근대 국어(17-19)		개화기 국어	현대 국어
				전기 중세 국어: 고려 시대의 국어(10-14C)	후기 중세 국어: 조선 전기의 국어(15-16C)						
중앙	고대 국어			중세 국어				근대 국어			
지학[박]			고대 국어	전기 중세 국어		후기 중세 국어 15세기 국어		근대 국어 17세기 국어		개화기 국어	
지학[방]		고대 국어		전기 중세 국어		후기 중세 국어		근대 국어			
창비	시기 언급 없음			중세 국어				근대 국어			
천재[김대]		고대 국어 (1C-9C)		중세 국어				근대 국어			
천재[김종]	고조선 시대-통일 신라			전기 중세 국어		후기 중세 국어		근대 국어		개화기 국어	현대 국어
		고대 국어									
천재[박]	고대 국어			전기 중세 국어		후기 중세 국어		근대 국어 (임진왜란-갑오경장)			
텍스트			고대 국어	전기 중세 국어		후기 중세 국어		근대 국어			
해냄			고대 국어	전기 중세 국어		후기 중세 국어		근대 국어		현대 국어	

앞에서도 살펴보았듯이 제7차 교육과정에 따른 '국어'나 '문법' 과목의 국어사 시대 구분도 조금씩 차이가 있었다. 제7차 교육과정의 『국어(하)』 교사용 지도서(2010:58)에서는 이러한 국어사의 시대 구분이 절대적인 것이 아니라고 한다. 하지만 학교 문법은 교육을 위한 것이므로 적절한 기준을 제시할 필요가 있다. 16종의 고등학교용 검정 교과서들의 국어사 시대 구분을 정리하면 〈표 4〉와 같다.

'교학' 교과서(하:16)에서는 중세 국어를 전기와 후기로 나누어 그 특징을 서술하지만 전기 중세 국어와 후기 중세 국어를 나누는 기준을 명확하게 밝히지 않는다. '금성'의 교과서(하:63)에서는 "신라의 삼국 통일 이후에는 경주를 중심으로 언어가 통일되면서 신라어가 중앙어로 자리잡게[1] 되는데, 이 시기의 언어가 오늘날 국어의 근간이 되는 고대 국어"라고 설명한다. '지학[박]'의 교과서(하:216)와 '해냄'(하:233)의 교과서는 신라가 삼국을 통일하면서부터는 경주를 중심으로 언어가 통일되는 양상을 보였으며, 이 시기를 고대 국어라고 부른다. '창비'의 교과서는 중세 국어와 근대 국어의 시기는 밝히고 있지만 고대 국어의 상한이나 하한을 설명하지 않고 있다. '천재[김종]'의 교과서(하:75)에서는 "고려 건국 이전의 국어를 통틀어 고대 국어라고 한다."라고 되어 있기에 통일 신라 시기까지를 고대 국어로 잡을 수 있다. '텍스트'의 교과서 내에는 고대 국어 시기에 명확한 설명은 없다. 다만, '생각 보태기'(하:60)의 그림에서 고대 국어는 '삼국 통일'과 '고려 건국'의 사이에 있다. 후기 중세 국어 역시 '생각 보태기'의 내용을 참조한 것이다.

이처럼 16종의 검정 교과서의 국어사 시대 구분 문제는 다양하기보다는 혼란스럽다. 이 문제를 고대 국어의 상한(上限) 설정 여부, 전기 중세 국어와 후기 중세 국어의 구분 여부 및 구분 시기, 개화기 국어 설정 여부, 경덕왕 시대에 대한 설명, 몽골 어 유입 시기, 구개음화 발생 시기를 중심으로 살펴보자.

---

1) '자리 잡게'로 띄어 쓰는 것이 맞는데, 제7차 『국어(하)』 (2010:19)에서는 붙여 쓴다. 이에 비해 검정 교과서 중, 두산(하:147), 중앙(하:167), 창비(하:96) 교과서 등에서는 띄어 쓴다.

1) 고대 국어의 상한 설정 여부

'교학' 교과서의 고대 국어 시기에 대한 설명은 다음과 같다.

> 1. 국어는 먼 옛날, 우리 조상들이 한반도와 그 일대에 뿌리를 내리고 살기 시작한 때부터 형성되어 왔다.(하:13)
> 2. '고대 국어(통일 신라까지)', '중세 국어(10세기-16세기)', '근대 국어(17세기-19세기)'(하:14)
> 3. 고대 국어는 삼국 시대부터 통일 신라 시대까지의 언어를 말한다.(하:16)

1과 2의 서술을 종합해 보면 고대 국어는 먼 옛날, 우리 조상들이 한반도와 그 일대에 뿌리를 내리고 살기 시작한 때부터 통일 신라까지의 시기이다. 그런데 3에서는 삼국 시대가 상한이다.

'금성' 교과서의 고대 국어 시기에 대한 설명은 다음과 같다.

> 우리 민족의 언어는 만주와 한반도 일대를 배경으로 북방의 부여계 언어와 남방의 한계 언어로 나뉘어 발달하다가, 부여계 언어는 고구려어로, 한계 언어는 백제·신라어로 분화된 것으로 추정된다. <u>신라의 삼국 통일 이후에는 경주를 중심으로 언어가 통일되면서 신라어가 중앙어로 자리잡게 되는데, 이 시기의 언어가 오늘날 국어의 근간이 되는 고대 국어</u>이다.(하 : 63)

교과서의 이런 설명은 신라가 삼국을 통일한 이후부터 고대 국어 시기라는 의미로 해석될 수 있다. 그런데 단원의 마무리(하:80)에서는 고대 국어 시기를 '고대~통일 신라'까지라고 한다.

'두산' 교과서의 고대 국어 시기 구분도 혼란스럽다. 교과서(하:142)에서는 "한글이 창제되기 이전인 고대 국어"라는 표현이 나온다. 그런데 교과서의 다른 곳(하 : 147)에서는 "삼국 시대의 언어로부터 통일 신라의 언어까지를 하나의 시대로 묶어 고대 국어로 간주한다."라고 되어 있다.

'미래'의 교과서도 고대 국어의 상한 설정 여부가 혼란스럽다.

(가) 우리 조상들은 아주 먼 옛날부터 한반도와 만주 지역에 뿌리를 내리고 살면서 우리말을 사용해 왔으며, 점차 고구려어, 백제어, 신라어로 분화되어 공통점과 차이점을 가진 언어로 발전했다. 신라가 삼국을 통일하게 되자 경주(慶州) 지방의 말을 중심으로 언어가 통일되기에 이르렀다. 이 시기까지의 우리말을 고대 국어라 한다.(상:89)

(나) '정리하기', '1. 우리말의 역사'(상:120)
우리말은 삼국 시대부터 통일 신라 시대까지의 고대 국어……근대 국어로 시대 구분을 하는 것이 보통이다.

(가)에서는 '이 시기까지의 우리말'이라고 표현된 것으로 보아 시대 구분의 상한(上限)이 없으며, 고대 국어 시기는 신라가 삼국을 통일한 시기까지의 국어가 된다. 그런데 (나)를 보면 삼국 시대라는 상한을 설정하고 있어 고대 국어의 정확한 상한이 있는지 혼란스럽다.

'신사고' 교과서도 고대 국어의 시기를 명확하게 구분하지 않고 있다. '(1) 국어의 탄생'의 '이 단원의 목표'(하:219)를 보면 "이 단원에서는 한글이 창제되기 전 조상들의 국어 생활의 모습을 살펴본 후"라는 설명이 있다. 그리고 '활동 1'에는 "국어는 한반도와 만주 일대에 흩어져 살던 한민족의 언어로 아득히 먼 옛날부터 쓰였다."(하:220)는 내용이 있다. 따라서 아득히 먼 옛날부터 한글 창제 이전의 시기로 이해할 가능성이 있다.

'천재[김종]' 교과서의 국어사 시대 구분은 교과서 내의 진술이 서로 다르다. 교과서(하:75)에서는 고대 국어를 "고조선 시대부터 통일 신라 시대까지의 국어, 즉 고려 건국 이전의 국어"라고 했다. 그런데 '대단원 마무리'의 '내용 정리하기'(하:104)에서는 "삼국 시대부터 통일 신라 시대까지의 국어"라고 한다.

'천재[박]' 교과서의 국어사 시대 구분도 학습 활동과 교과서 내의 진술이 일치하지 않는다. 학습 활동(상:130)에 제시된 내용과 '단원의 마무리'의 정리 내용이 서로 다른데, 학습 활동 중 '내용 학습'을 살펴보자.

시기	구분	특징
삼국 시대 •		• 성조를 방점으로 나타냄.
통일 신라 시대 •	• 고대 국어 •	• 한글 사용이 늘어남.
고려 시대 •		• 'ㅿ, ㆁ, ㆆ' 등이 사라짐.
훈민정음 창제 •	• 중세 국어 •	• 모음 조화 현상이 파괴되기 시작함.
17C •		• 거듭 적기의 방법이 쓰이기 시작함.
갑오경장 •	• 근대 국어 •	• 주로 이어 적기의 방법이 쓰임.

이 활동에서 고대 국어는 삼국 시대에서 통일 신라 시대로 묶일 수밖에 없고, 중세 국어는 고려 시대에서 훈민정음 창제까지, 근대 국어는 17세기에서 갑오경장까지의 시기로 묶인다. 그런데 '단원의 마무리'(상:147)에서는 "고대 국어는 선사 시대부터 통일 신라 시대까지의 국어"라고 한다. '쉼터'의 '우리말과 글의 역사 한눈에 보기'에서도 고대 국어의 상한을 설정하지 않고 있다. 또한 중세 국어의 시기를 훈민정음 창제를 기준으로 전기와 후기로 구분하는 것을 '단원의 마무리'에서 밝히지만 '내용 학습'에 제시된 활동은 전기 중세 국어 시기이다. 따라서 시기별 특징과 정확히 일치하지 않을 수 있다. 또한 이 학습 활동에는 고대 국어의 특징이 제시되어 있지 않다.

고대 국어 시기의 상한 설정 여부에 따라 검정 교과서들을 분류하면 다음 표와 같다. 단, '창비'의 교과서는 고대 국어의 특징은 설명되어 있지만 구체적인 시기가 없기에 제외했다.

| 표 5 | 검정 교과서의 고대 국어 상한 설정 여부

	교과서
상한 설정	지학[박], 지학[방], 텍스트, 해냄, 천재[김대]
상한 미설정	디딤돌, 비상, 신사고, 중앙, 천재[박]
혼란	교학, 금성, 두산, 미래, 천재[김종]

2) 중세 국어의 구분 및 시기 문제

제7차 교육과정에 따른 『국어』와 『문법』 교과서는 중세 국어 시기를 훈민정음 창제를 기준으로 전기와 후기를 구분한다. 그런데 검정 교과서 중에는 중세 국어의 시기를 구분하지 않는 경우도 있고, 시기 구분의 기준이 다른 경우도 있다.

'교학'의 교과서는 중세 국어 시기를 전기와 후기로 나누는 명확한 기준은 없지만 '활동 전에'(하:16)에는 중세 국어의 특징을 전기와 후기로 나누어 설명하고 있다. '두산'의 교과서(하:152)에서는 중세 국어를 14세기를 기준으로 전기와 후기로 나눈다. '미래', '중앙', '창비' 등의 교과서는 중세 국어를 전기와 후기로 구분하지 않는다.

'신사고' 교과서의 국어사 시기 구분은 독특하다. 이 문제에 대해서는 '개화기 국어 설정 여부'에서 자세히 살펴보기로 하고, 여기서는 중세 국어 시기 구분에 대해서 살펴보자. 교과서 '이 단원의 목표'(하:235)에서는 "한글이 창제된 15세기부터 오늘날까지의 국어의 역사를 조선 전기의 중세 국어(15~16세기), 조선 후기의 근대 국어(17~19세기)" 등으로 나눈다. 그런데 '미리 알아두기'에서는 "고려 시대(10~14세기)의 국어를 전기 중세 국어라 하고, 조선 전기(15~16세기)의 국어를 후기 중세 국어라고 한다." 즉, 전기 중세 국어와 후기 중세 국어의 기준은 14세기가 된다. 또한 '이 단원의 목표'에서 중세 국어는 15~16세기이지만 '미리 알아두기'를 보면 10세기인 고려 시대까지 올라간다.

'지학[박]' 교과서의 국어사 시대 구분은 혼란스럽다. '국어사의 시대 구분'에서 국어사의 시대를 고대 국어, 전기 중세 국어, 후기 중세 국어, 근대 국어, 개화기 국어, 현대 국어로 구분하고 있다. 하지만 후기 중세 국어와 근대 국어의 특징을 설명하는 부분에서는 '15세기 국어'(하:220)와 '17세기 국어'(하:224)라는 용어를 사용한다. 교과서 '국어사의 시대 구분'에서는 고려의 건국부터 16세기 말까지를 중세 국어라 하고, 훈민정음 창제를 기준으로 전기와 후기를 구분한다. 따라서 후기 중세 국어는 15세기에서 16세기 말까지이다. 그런데 '후기 중세 국어의 특징'이라는 용어 대신 '15세기 국어의 특징'이라는 용어를 사용하고 있다. 또한 근대 국어는 17세기 초부터 19세기 말까지의 약 300년 동안의 국어이기에 '17세기 국어'라는 용어도 문제가 있다. '텍스트' 교과서는 '생각 보태기'(하:60)의 '국어의 역사'라는 그림을 통해서 중세 국어 시기를 훈민정음 창제를 기준으로 전기와 후기로 나눈다는 것을 알 수 있다. 지금까지 살펴본 것을 정리하면 다음과 같다.

| 표 6 | 검정 교과서 중세 국어 시기 구분

	교과서	비고
전·후기 구분	금성, 디딤돌, 비상, 지학[박], 지학[방], 천재[김종], 천재[박], 텍스트, 해냄	15세기 기준
	두산, 신사고	14세기 기준
전·후기 미구분	미래, 중앙, 창비, 천재[김대]	
시기 불명확	교학	

3) 개화기 국어 설정 여부

16종의 검정 교과서 중에서 개화기 국어를 설정하는 교과서는 '금성', '신사고', '지학[박]', '천재[김종]' 등이다.

이 중 '금성' 교과서는 개화기 국어를 설정함으로써 근대 국어 시기와의 구분이 모호해졌다. 교과서(하:62)에서는 근대 국어를 "임진왜란이 끝난 직후인 17세기 초부터 19세기 말까지의 국어"로 설명한다. 그런데 다른 부분(하:66)에서는 "근대 국어는 임진왜란(1592년) 이후부터 갑오개혁(1894년) 이전까지로 17세기 초부터 19세기 말까지의 국어"라고 설명한다. 이런 시대 구분에 의하면 1896년에 나온 〈독립신문 창간사〉는 근대 국어 자료가 아니다. 비록 2년의 차이이지만 문제가 있는 설명이다. 이런 설명 뒤에 개화기 국어라는 용어를 사용한다. 개화기 국어는 '(1) 국어의 시대별 특징'에서는 구분되지 않았고, 학습 활동의 '내용 다지기'에도 언급되지 않았다. 교과서(하:77, 81)에서는 〈독립신문 창간사〉가 개화기 국어의 특징을 잘 보여 주고 있다고 설명한다. 그러나 〈독립신문 창간사〉를 개화기 국어 자료로 보기도 어렵다. 교과서(하:78)의 '목표 다잡기'라는 학습 활동에서는 〈인선 왕후 어필 언간〉과 〈독립신문 창간사〉를 통해 근대 국어의 특징을 학습하기 때문이다.

'신사고' 교과서도 개화기 국어를 설정하고 있다. 먼저 교과서 내의 국어사 시대 구분과 관련된 진술을 정리하면 다음과 같다.

| 표 7 | '신사고' 교과서 내의 국어사 시대 구분

<table>
<tr><th>출 처</th><th colspan="3">내 용</th></tr>
<tr><td>소단원 한눈에(하:217)</td><td colspan="3">중세 국어와 근대 국어, 개화기 국어의 특징을 보여 주는…</td></tr>
<tr><td rowspan="3">(2) 국어의 성장과 발전
이 단원의 목표(하:235)</td><td colspan="3">조선 전기의 중세 국어(15~16세기)</td></tr>
<tr><td colspan="3">조선 후기의 근대 국어(17~19세기)</td></tr>
<tr><td colspan="3">개화기 및 현대 국어</td></tr>
<tr><td rowspan="4">(2) 국어의 성장과 발전
미리 알아 두기(하:235)</td><td rowspan="2">중세 국어</td><td>전기 중세 국어</td><td>고려 시대(10~14세기)</td></tr>
<tr><td>후기 중세 국어</td><td>조선 전기(15~16세기)</td></tr>
<tr><td>근대 국어</td><td colspan="2">임진왜란 이후 조선 후기(17~19세기)</td></tr>
<tr><td>현대 국어</td><td colspan="2">19세기 말 개화기, 일제 강점기를 거쳐 21세기 현재의 국어</td></tr>
<tr><td>도움 자료(하:239)</td><td colspan="3">중세 국어(조선 전기)의 특징</td></tr>
<tr><td>활동 1의 활동 다지기
(하:240, 241)</td><td colspan="3">이를 바탕으로 조선 전기 중세 국어의 특징을 알아보자.
조선 전기 국어 생활의 양상을 보여 주는 자료이다.</td></tr>
<tr><td>활동 2(하:242)</td><td colspan="3">이를 통해 근대 국어의 특징과 국어 생활을 탐구해 보자.</td></tr>
<tr><td>도움 자료(하:243)</td><td colspan="3">근대 국어(조선 후기)의 특징</td></tr>
<tr><td>활동 2의 활동 다지기
(하:244)</td><td colspan="3">이를 바탕으로 근대 국어의 특징을 알아보자.
조선 후기 국어 생활을 탐구해 보자.</td></tr>
<tr><td>활동 3(하:246)</td><td colspan="3">이를 통해 개화기 국어의 특징과 현대 국어의 발전 방향을 탐구해 보자.</td></tr>
<tr><td>도움 자료(하:247)</td><td colspan="3">개화기 국어의 특징</td></tr>
<tr><td>활동 3의 활동 다지기
(하:248)</td><td colspan="3">이를 바탕으로 개화기 국어의 특징을 알아보자.</td></tr>
<tr><td rowspan="3">단원의 마무리(하:250)
(2) 국어의 성장과 발전</td><td colspan="3">조선 전기 국어</td></tr>
<tr><td colspan="3">조선 후기 국어</td></tr>
<tr><td colspan="3">개화기 국어</td></tr>
</table>

'신사고' 교과서에서는 개화기 국어의 특징으로 '·' 음가는 소실되었지만 관습적 표기로 존재했으며, 표기상으로 이어적기와 끊어적기[2]의 공존, 띄어쓰기 등장, 신문물 어휘 등장, 한글 전용 표기 공존 등을 들고 있다. 그러나 위의 표에서 알 수 있듯이 개화기 국어는 교과서의 내부의 진술과도 모순된다. '이 단원의 목표'에서는 개화기 및 현대 국어로 나누지만 '미리 알아 두기'에서 근대 국어는 17세기에서 19세기 말의 국어이다. 그리고 현대 국어는 19세기 말과 개화기, 일제 강점기를 포함한다. 그런데 '단원의 마무리'에서는 개화기 국어가 다시 등장한다. '활동 3'에서 개화기 국어의 자료로 제시하는 〈독립신문 창간사〉는 19세기 말 자료이다. 한편 개화기 국어의 특징으로 지적하는 끊어적기의 증가는 '통합적으로 정리하기'에서 '조선 후기 국어'의 특징에도 나온다. 종합해 보면 개화기 국어는 근대 국어와 현대 국어 사이에 있다가 어느 때에는 근대 국어가 되고, 어느 때에는 현대 국어가 된다. 실제 교과서(하:235)의 현대 국어를 설명하는 자리에서 "개화기 국어는 근대 국어와 현대 국어를 잇는 교량을 역할"을 한 것으로 설명하고 있다.

'지학[박]'의 교과서(하:217)에서도 개화기 국어를 설정하고 있다. 교과서 본문의 읽기 자료의 설명은 다음과 같다.

> 개화기에는 어휘 면에서 커다란 변화가 일어났다. 이는 서구 신문명의 전래와 더불어 수많은 단어들이 도입되거나 만들어졌기 때문이다. 이와 같은 변화는 현대 국어에서도 계속되고 있다.

본문 내의 읽기 자료만 가지고 판단하면 개화기 국어라는 용어를 사용하고 있지는 않다. 본문에서는 고대 국어, 중세 국어, 근대 국어, 현대 국어라는 용어를 사용하기 때문이다. 그런데 〈독립신문 창간사〉를 언어 자료로 학습하는 부분(하:229)에서는 '개화기 국어의 특징'이라는 표현이 나온다. 한편, 대단원에서 학습한 내용을 정리하는 '내용 정리하기'(하:244)에서는 개화기 국어라는 용어를 사용하지 않는다.

---

2) '끊어적기(247)'와 '끊어 적기(250)'로 띄어쓰기가 다르다.

근대 국어는 전 시대와 비교할 때, 문자와 음운에서도 많은 차이를 보인다. 한편, 이 시기에 한글 사용 계층은 계속 확대되어, 개화기에는 마침내 한글이 공식 표기 수단의 지위를 얻게 되었다. 또한 개화기에는 외래 문물의 도입과 더불어 새로운 어휘들이 많이 등장하였다.

'천재[김종]의 교과서(하:89)에서도 개화기 국어를 설정하고 있다. 그런데 교과서(하:104)에서는 근대 국어 시기를 임진왜란 직후부터 19세기 말까지의 국어라고 규정한다. 그렇다면 1896년에 나온 〈독립신문 창간사〉는 근대 국어 자료가 된다. 그런데도 〈독립신문 창간사〉에 대한 학습 활동에는 개화기 국어의 특징을 정리하고 있다. 이미 '국어의 역사', '들어가기'(하:75)에서 개화기부터 현재까지의 국어를 현대 국어라고 설명한 점을 생각할 때 모순이다.

4) 경덕왕 시기에 대한 설명

'두산' 교과서(하:147)의 고대 국어를 설명하는 부분에는 "7세기 후반에 신라가 삼국을 통일하면서 언어도 경주를 중심으로 하여 통일되어 가는 양상을 보인다. 이는 '경덕왕'이 전국의 옛 지명들을 한자식으로 개명함으로써 지명의 통일을 꾀하였던 사실에서도 알 수 있다."라는 설명이 있다. 그런데 '두산' 교과서의 이러한 설명은 '경덕왕' 대의 역사적 사실을 언급하고 있는 다른 검정 교과서나 제7차 교육과정의 『국어(하)』(2010:21)의 설명과 다르다. 검정 교과서 중에서 '교학'(하:17)과 '천재[김종]'(하:76) 교과서 등이 경덕왕 시기의 한자 지명 통일을 설명하는데, '두산' 교과서의 설명과 다르다. 다음은 제7차 교육과정의 『국어(하)』의 경덕왕에 대한 설명이다.

경덕왕: 신라 제35대 왕. ?-765(재위 742~765). 경덕왕 대에는 관제를 정비하고 개혁하는 데 힘썼다. 이러한 조치의 일환으로 757년에는 지명(地名)을 한자(漢字)로 두 글자씩으로 된 중국식으로 바꾸었으며, 759년에는 중앙 관부의 관직 이름도 모두 중국식으로 바꾸었다.

'중앙' 교과서(하:165)의 학습 활동에는 "경덕왕이 지명을 개정한 것은 국어에 어떤 영향을 미쳤을지 친구들과 이야기해" 보는 활동이 있다. 그 〈보기〉는 '경덕왕'은 귀족 세력을 견제하고 왕권을 강화하기 위해 여러 가지 개혁을 단행했는데, 그 개혁 정책 중 하나가 757년부터 실시한 적극적인 한화 정책이라고 한다. '두산' 교과서(하:148)에도 '경덕왕'이 지명을 바꾼 이유가 부강한 국가 건설임을 알려주는 삽화가 있다. 그뿐만 아니라 신라의 삼국 통일은 7세기인 676년이고 '경덕왕'의 한자식 개명은 757년인 8세기이므로 '두산'의 교과서에서 설명하는 언어의 통일과 '경덕왕'의 한자식 개명은 관련이 없는 내용이다.

5) 몽골 어 유입 시기

우리말에 몽골 어[3]가 유입된 시기를 제7차『문법』교과서(2010:307)에서는 전기 중세 국어 시기라고 한다. 검정 교과서 중에서 모두 6종의 검정 교과서에서 우리말에 몽골 어가 유입된 시기를 언급하고 있다. '교학'(하:16), '금성'(하:64), '비상'(상:180) 등의 교과서에서는 전기 중세 국어 시기에 몽골 어가 유입되었다고 한다. 그런데 '교학' 교과서는 중세 국어를 전기와 후기를 구분하는 기준을 밝히지 않고 있다. '금성'의 교과서도 전기 중세 국어 시기라고 한다. '디딤돌'(하:243)과 '신사고'(하:239) 교과서에서는 중세 국어 시기라고 한다. '디딤돌' 교과서는 중세 국어 시기를 훈민정음 창제를 기준으로 전기와 후기로 구분하기에 좀 더 정확히 표현하자면 전기 중세 국어가 되어야 할 것이다. 앞에서 살펴보았듯이 '신사고' 교과서의 중세 국어 시기는 조선 전기의 중세 국어와 고려 시대의 전기 중세 국어가 있다. 이에 비해 '지학[방]'의 교과서(하:16)에서는 중세 국어라고 했다가 다른 곳(하:25)에서 근대 국어라고 해서 혼란스럽다. 그러나 원나라가 멸망한 것은 고려 말이기에 후기 중세 국어부터 몽골 어는 더 이상 유입되지 않았을 것이다.

3) '지학[방]'의 교과서(하:16, 25)만 '몽골어'로 붙여 쓰고 있고, 나머지 교과서는 '몽골 어'로 띄어 쓴다.

6) 구개음화 현상에 대한 설명 및 발생 시기

검정 교과서에서는 구개음화 발생 시기를 대체로 근대 국어 시기로 보는데, 그 설명은 교과서에 따라 약간의 차이가 있다. '교학'(하:16), '비상'(상:182), '지학[방]'(하:25), '해냄'(하:238) 등의 교과서에서는 근대 국어 시기에 구개음화 현상이 발생했다고 한다. 이에 비해 '두산'의 교과서(하:158)에서는 17세기 말경에 'ㄷ〉 ㅈ', 'ㅌ〉 ㅊ'의 구개음화 현상이 발생했다고 한다. 그리고 '신사고'의 교과서(하:243)에서는 18세기 전후로 구개음화가 나타났다고 한다. '중앙'의 교과서(하:172)에서는 17-18세기 교체기라고 한다. '천재[박]' 교과서(상:123)는 중세 국어의 특징으로 역행 동화가 일어나지 않았다는 점을 들고 있다. 교과서에서 말하는 역행동화란 "'ㅣ'계열 모음에 선행하는 'ㄷ'이 'ㅈ, ㅊ'으로" 바뀌는 현상이다. 즉, 구개음화 현상에 대한 설명이다. 굳이 역행 동화라고 할 이유가 없다. 역행 동화라는 용어는 2012학년도용 '검정도서 수정·대조표'에서는 구개음화로 수정되었다. 하지만 'ㄷ'이 'ㅈ', 'ㅊ'으로 바뀌는 것이 아니라 'ㄷ, ㅌ'이 각각 'ㅈ', 'ㅊ'으로 바뀌는 것이다. 구개음화 현상의 발생 시기에 대한 '텍스트' 교과서의 설명은 또 다르다. '텍스트'의 교과서 내의 읽기 자료인 '국어의 역사'(하:104)에서는 중세 국어의 문법적인 특징은 "설명이 워낙 복잡해서" 생략한다고 한다. 그래서 '단원의 마무리'에 있는 '국어의 변천 과정 이해하기'(하:104)를 참고로 했다.

	15세기	16세기	17세기	18세기	19-20세기
음운 변화		구개음화	──────	──────→	19세기 본격화

여기서 알 수 있듯이 '텍스트'의 교과서에는 구개음화라는 용어가 16세기에 있다. 따라서 16세기에 시작되어 19세기에 본격화된 것으로 해석할 수 있다.

국어사에서 구개음화는 두 단계를 거친다. 즉, 검정 교과서에서 설명하는 'ㄷ, ㅌ'의 구개음화는 'ㅈ, ㅊ'의 구개음화를 전제로 한다. 현대 국어의 구개음인 'ㅈ, ㅊ'은 훈민정음 창제 당시에는 치음이었기 때문이다. 허웅(1989:492)에서는 'ㄷ, ㅌ'의 구개음화는 18세기 초기에 완성된 것으로 본다. 한편, 김동소(2005:181)에서는 'ㅈ'의 구개음화는 15세기부터 일어나서 16세기에 확대되다가 18세기 무렵 완성되었다고 한다. 'ㄷ'의 구개음화는 김동소(2005:123)에서는 중세 시기 중앙어에서는 아직 일어나지 않았다고 한다.[4] 이기문(2010:208)에서는 구개음화가 17세기와 18세기 교체기에 일어났다고 본다. 이러한 국어사 관련 문법서들을 종합해 보면 '텍스트' 교과서의 설명은 'ㅈ'의 구개음화를 전제로 한 것으로 보인다.

2. 내용 문제

여기서는 검정 교과서에 기술된 성취 기준 [10-문법-(1)]과 관련된 내용의 문제점을 차자 표기법 문제, 주격 조사 '-가'의 문제, 문자 소실 시기, 문법 용어 문제, 중세 국어 문법 현상에 대한 설명의 문제 등으로 나누어 살펴본다.

1) 차자 표기법

'텍스트' 교과서의 차자 표기법에 대한 설명이 학교 문법이나 다른 검정 교과서들과 다르다. '텍스트' 교과서의 '생각 모으기'(하:66)를 살펴보자.

> 3. 보기를 참고하여 한자를 빌려 우리말을 표기하는 기본 원리를 정리해 보자.
> 善花公主主隱 他密只嫁良置古
> ①② ③④⑤⑥⑦⑧⑨
>
> ※ '善花公主'는 한자어 고유명사여서 한자로 표기한 것이므로 차자 표기로 볼 수 없다.

일단 '선화공주'의 한자 표기는 '善花'가 아니라 '善化'이다. 아래부터는 원문대로 표기한다. 또한 "※ '善化公主'는 한자어 고유명사여서 한자로 표기한 것

4) 그러나 다른 곳(2005:82)에서는 중앙어에서의 'ㄷ' 구개음화 완성은 〈동문 유해〉 이전인 17세기 말이라고 한다.

이므로 차자 표기로 볼 수 없다."라는 부분도 문제다. 차자(借字) 표기란 한자의 소리(音)나 뜻(訓)을 빌려서 우리말을 표기한 것이다. 그런데 이는 교과서 본문 내의 '생각 보태기'(하:57)와 완전히 모순된다. '생각 보태기'에서는 〈서동요〉 전문을 제시하여, 음차된 부분과 훈차된 부분을 색을 달리 하여 표시했다. 이것을 보면 '善化公主主隱'은 '선화 공주님'으로 해석되며 각각 '善(음차)化(음차)公(음차)主(음차)主(훈차)隱(음차)'라고 설명하고 있다. 그런데 '생각 모으기 3'에서는 차자 표기로 볼 수 없다고 기술한다.

한편, '디딤돌' 교과서(하:233)에서는 차자 표기법을 설명하면서 '차자 표기법'의 한자는 차자(借字)인데, '차자(借子)'로 표기하고 있다.

2) 중세 국어 주격 조사

중세 국어 시기 주격 조사의 실현 양상은 현대 국어와 많이 달랐다. 일부 검정 교과서는 이 점을 설명하고 있지만 몇 가지 문제가 있다. 첫째는 주격 조사 '-가'의 등장 시기에 대한 것이다. 둘째는 중세 국어 시기 주격 조사의 실현 양상에 대한 문제이다. 주격 조사 '-가'의 등장 시기는 국어사 시기와 관련된 문제이지만 주격 조사의 실현 양상에 대한 문제를 고려해서 내용 문제에서 다루었다.

(1) 주격 조사 '-가'의 등장 시기

먼저 주격 조사 '-가'의 등장 시기에 대한 검정 교과서의 설명을 살펴보자. 주격 조사 '-가'가 나타난 시기를 언급하고 있는 교과서 중에서 '교학'의 교과서(하:16)만이 그 시기를 후기 중세 국어 시기라고 한다. 앞에서도 살펴보았듯이 '교학'의 교과서는 전기 중세 국어와 후기 중세 국어의 정확한 시기를 밝히지 않고 있다. 이에 비해 제7차 『문법』 교과서(2010:44, 308)에서는 근대 이후 주격 조사 '-가'가 출현했다고 한다. 또한 검정 교과서 중에서 '두산'의 교과서(하:158)는 17세기 이후라 하고, '디딤돌'의 교과서(하:253)에서는 학습 활동을 통해 근대 국어 시기에 주격 조사 '-가'가 등장했다는 것을 알 수 있다. '비상'

(하:182), '중앙'(하:172), '지학[방]'(하:25), '천재[김종]'(하:87), '텍스트'(하:60) 등의 교과서에서도 근대 국어 시기에 주격 조사 '-가'가 출현했다고 한다.

주격 조사 '-가'의 등장 시기를 후기 중세 국어 시기인 16세기 말로 보는 견해는 이기문(2010:166)과 안병희·이광호(1996:164) 등이다. 이기문(2010:167)에서는 1572년에 쓰인 것으로 추정되는 '일서간(一書簡, 송강 정철 자당 안씨)'의 구절인 '촌 구드릭 자니 빅가 세니러셔 즈로 드니니'에 주격 조사 '-가'가 최초로 쓰였다고 한다. 그래서 적어도 16세기 후반 즉, 후기 중세 국어 시기에 주격 조사 '-가'가 존재했다고 본다. 이에 비해 허웅(1984:455)에서는 17세기 문헌에서부터 주격 조사 '-가'가 차차 나타나기 시작했다고 한다. 또한 김동소(2005:139)에서는 이기문이 예로 든 '빅가'의 의미가 명확하지 않으며, 이 자료의 시기가 너무 고립되어 있으므로 주격 조사 '-가'의 용례에서 제외하면서, 주격 조사 '-가'는 17세기 중반 이후의 문헌에 등장한다고 주장한다.

(2) 중세 국어 주격 조사의 실현 양상

다음으로 중세 국어 주격 조사의 실현 양상에 대한 검정 교과서의 설명을 살펴보자. '두산'의 교과서(하:153)는 "주격 조사는 자음 뒤에서는 '이', 모음 뒤에서는 'ㅣ'가 쓰였다."라고 설명한다. 그런데 '대단원 마무리하기'(하:180)에서는 "주격 조사로 '이'와 'ㅣ'만이" 쓰였다고 한다. '중앙'의 교과서(하:172)는 "주격 조사는 원래 '이'밖에 없었으나 차츰 '가'가 함께 사용되었다."라고 한다. 그런데 '이' 외에도 '-ㅣ'나 '-∅' 등이 더 있었다. '지학[방]'(하:17)에서는 "주격 조사로 'ㅣ'나 '이'가 쓰였"다고 한다.

'천재[김종]'의 교과서(하:82)는 "중세 국어의 조사는 체언의 끝소리의 종류에 따라 교체되었다. 주격 조사의 경우 체언 어간의 말음이 자음일 때에는 'ㅣ', 모음일 때에는 그 모음과 결합하여 사용되었다."라고 한다. 그런데 '천재[김종]' 교과서의 설명은 교과서 내에 제시된 '사르미, 부톄'를 보거나 중세 국어의 언어 자료인 〈세종 어제 훈민정음〉만 봐도 틀렸다는 것을 알 수 있다. 이 자료에 나타나는 주격 조사는 '말쓰미(말쏨+-이), 百빅姓셩이(빅셩+-이), 홇 배(홇 바

+ -ㅣ), 노미(놈+-이)'의 '-이'와 '-ㅣ'이다. 따라서 자음일 때는 '-이'가 오고 모음으로 끝날 때에는 '-ㅣ'가 온다. 또한 교과서에 기술된 '체언 어간 말음'은 무엇을 의미하는지도 궁금하다.

그런데 여기에 대한 교사용 지도서(하:147)의 설명은 다르다. 교사용 지도서에서는 "주격 조사 '이'는 자음 아래에, 'ㅣ'는 'i, y' 이외의 모음 아래에 사용되었다. 또한 'i, y'를 가진 체언 아래에서는 주격 조사가 생략되기도 한다."라고 설명하고 있다.

중세 국어 주격 조사에 대한 '천재[김종]' 교과서의 설명은 '텍스트' 교과서(하:60)의 설명과도 또 다르다. '텍스트' 교과서에서는 중세 국어에서는 받침이 있거나 없거나 주격 조사는 '이'였다고 한다.

제7차 『문법』 교과서(2010:287)에서는 주격 조사 '-이'는 자음 아래에 쓰이고, '-ㅣ'는 'ㅣ' 이 외의 모음 아래에 쓰이며, 'ㅣ' 모음 아래에서 주격 조사가 실현되지 않았을 경우에는 '-∅' 형태로 실현되었다고 한다. 나찬연(2010ㄴ:114)에서는 중세 국어의 주격 조사의 실현 양상을 다음과 같이 정리하고 있다. 아래의 '-∅'는 주격 조사가 형태 없이 실현되는 경우로 '무형의 변이 형태'이다.

| 표 8 | 중세 국어 주격 조사의 실현 양상

음운 환경	자음 뒤	모음 뒤	
		/ㅣ/, /j/ 이외의 모음 뒤	/ㅣ/, /j/의 뒤
형태	-이	-ㅣ	-∅

3) 문자 소실 시기

16종의 검정 교과서 중에는 훈민정음 28자 중 소실된 문자 'ㆆ, ㅿ, ㆁ, ㆍ'의 소실 시기를 밝히고 있는 교과서들이 있다. 그런데 몇몇 교과서만 어떤 글자가 어떤 시기에 사라졌다라고 설명하고, 대다수의 교과서는 어떤 시기의 국어의 특징으로 어떤 글자가 사라졌다고 기술하고 있다. 즉, '창비'의 교과서처럼 중세 국어의 특징으로 'ㅸ, ㅿ, ㆍ' 등의 문자가 있었고, 'ㆍ'가 사라진 것을 근대 국어의 특징으로 설명하는 식이다. 〈표 9〉는 검정 교과서에 설명된 문자 소실 시기를 정리한 것이다.

| 표 9 | 검정 교과서 문자 소실 시기 비교

<table>
<tr><th>소실 문자</th><th>소실 시기</th><th colspan="2">교과서</th></tr>
<tr><td rowspan="8">ㆆ</td><td>15세기 중엽</td><td colspan="2">금성(하:65), 텍스트(하:104)</td></tr>
<tr><td>15세기</td><td colspan="2">천재[김종](하:84), 천재[박](상:125)</td></tr>
<tr><td>16세기까지 쓰임</td><td colspan="2">두산(하:152)</td></tr>
<tr><td>근대 국어</td><td colspan="2">비상(상:182), 신사고(하:243)</td></tr>
<tr><td>17세기</td><td colspan="2">지학[박](하:224)</td></tr>
<tr><td rowspan="2">혼란</td><td>16세기</td><td>지학[방](하:17)</td></tr>
<tr><td>근대 국어</td><td>지학[방](하:25)</td></tr>
<tr><td>언급 없음</td><td colspan="2">교학, 디딤돌, 미래, 중앙, 창비, 천재[김대], 해냄</td></tr>
<tr><td rowspan="9">ㅿ</td><td>16세기까지 쓰임</td><td colspan="2">두산(하:152), 텍스트(하:104)</td></tr>
<tr><td>임진왜란 이후</td><td colspan="2">해냄(하:241)</td></tr>
<tr><td>근대 국어 이전</td><td colspan="2">중앙(하:172)</td></tr>
<tr><td>근대 국어</td><td colspan="2">교학(하:16), 금성(하:66), 디딤돌(하:251), 미래(상:98),비상(상:182), 신사고(하:243), 지학[방](하:25), 천재[김대](하:278), 천재[박](상:127)</td></tr>
<tr><td>17세기</td><td colspan="2">지학[박](하:224)</td></tr>
<tr><td rowspan="4">혼란</td><td>지학[방](하:17)</td><td>15세기</td></tr>
<tr><td>지학[방](하:25)</td><td>근대 국어</td></tr>
<tr><td>천재[김종](하:84)</td><td>15세기 후반에서 16세기 전반</td></tr>
<tr><td>천재[김종](하:87)</td><td>16세기 말까지는 근근이 유지되다가 17세기에 자취 감춤</td></tr>
<tr><td rowspan="7">ㆁ</td><td>16세기까지 쓰임</td><td colspan="2">두산(하:152)</td></tr>
<tr><td>근대 국어</td><td colspan="2">금성(하:66), 비상(하:182), 신사고(하:243)</td></tr>
<tr><td>17세기</td><td colspan="2">지학[박](하:224), 텍스트(하:104)</td></tr>
<tr><td>임진왜란 이후</td><td colspan="2">천재[김종](하:87)</td></tr>
<tr><td rowspan="2">혼란</td><td>지학[방](하:17)</td><td>15세기</td></tr>
<tr><td>지학[방](하:25)</td><td>근대 국어</td></tr>
<tr><td>언급 없음</td><td colspan="2">교학, 디딤돌, 미래, 중앙, 창비, 천재[김대], 천재[박], 텍스트, 해냄</td></tr>
</table>

ㆍ	근대 국어	교학(하:16), 금성(하:66), 두산(하:152, 158), 디딤돌(하:251), 미래(상:98), 비상(하:182), 신사고(하:243), 중앙(하:167, 172), 지학[방](하:25), 창비(하:87), 천재[김종](하:84, 87), 텍스트(하:60)
	17세기	지학[박](하:224)
	언급 없음	천재[김대], 천재[박], 해냄
ㅸ	15세기	금성(하:65), 두산(하:152), 중앙(하:167), 천재[김종](하:84), 천재[박](상:125), 텍스트(하:104)
	16세기	지학[방](하:17)
	근대 국어 이전	중앙(하:172)
	근대 국어	교학(하:16), 미래(상:98), 해냄(하:239), 디딤돌(하:256)
	언급 없음	비상, 신사고, 지학[박], 창비, 천재[김대]

먼저 'ㆆ'에 대해서 자세히 살펴보자. '신사고'와 '비상'의 교과서에서는 근대 국어 시기에 사라졌다고 한다. '지학[박]' 교과서(하:224)에서는 17세기 국어의 특징으로 'ㆆ'의 소실을 들고 있다. '지학[방]'의 교과서(하:17)에서는 16세기라고 했다가 다른 곳(하:25)에서는 근대 국어 시기에 완전히 소실됐다고 한다. '지학[방]' 교과서의 2012학년도용 '검정도서 수정·보완 대조표'에서는 'ㅿ'과 'ㆁ'은 16세기에, 'ㆆ'과 'ㅸ'은 15세기에 소멸한 것으로 수정했다. '천재[김종]' 교과서(하:84)와 '천재[박]' 교과서(상:125)의 경우에는 학습 활동에 'ㆆ'이 쓰인 〈세종 어제 훈민정음〉과 이것이 쓰이지 않은 〈소학언해〉를 비교하는 활동이 있는데, 이를 통해 'ㆆ'은 15세기에 소멸한 것으로 추측할 수 있다. '텍스트' 교과서에서는 'ㆆ'의 소실을 1460-1480으로 설명하기에 15세기 중엽에 소실된 것으로 추측할 수 있다. 한편, 허웅(1986:468), 임지룡 외(2006:405) 등에서는 'ㆆ'은 아주 제한된 범위에서만 쓰이다가 1465년에 간행된 〈원각경언해〉에서부터는 쓰이지 않았다고 한다.

'ㅿ'의 소실은 많은 교과서에서 근대 국어의 특징으로 설명하고 있다. 제7차 『문법』 교과서(2010:44, 306)에서는 15세기 말에서 16세기 초에 걸쳐 소멸하였다고 한다. 즉, 근대 국어 시기 전에 소멸한 것으로 본다. 그런데 검정 교과서의 설명은 근대 국어 시기에 소멸된 것인지 아니면 이미 소멸된 것인지가 명확하지 않다. '창비'의 교과서에서는 구체적으로 언급하지 않지만 중세 국어 시기에는 'ㅿ'은 있었다고 설명하고 있다. '중앙' 교과서(하:172)에서는 17세기에는 중세 국어에 있었던 'ㅿ'은 이미 없어졌다라고 하는 것으로 볼 때, 중세 국어 시기에 없어진 것으로 보인다. 한편, '미래' 교과서(하:99)에서는 "근대 국어에서 'ㅿ'이 사라졌다."라고 한다. '천재[김대]'의 교과서에서는 〈번역노걸대〉의 'ᄆᆞᅀᆞ매'와 〈노걸대언해〉의 'ᄆᆞ음애'를 비교하는 활동이 있는데, 이를 통해서 근대 국어 시기 전에 이미 사라졌다고 볼 수 있다. '천재[김종]'의 교과서(하:84)에서도 "15세기 후반에서 16세기 전반에 대체로 소실"되었다고 했다가, 다른 곳(하:87)에서는 16세기 말까지는 근근이 유지되다가 17세기에 자취를 감추었다고 한다. '해냄' 교과서에서는 학습 활동(하:241)에서 임진왜란 이후 완전히 소멸했다고 한다. '해냄' 교과서는 17세기 초부터 19세기 말까지를 근대 국어 시기로 보고 있기에 중세 국어 시기에 소멸한 것이다. 한편, 허웅(1986:468)에 따르면 'ㅿ'은 16세기 중엽부터 사용법에 혼란을 보이다가 16세기 말에 이르면 거의 나타나지 않았다고 한다. 김동소(2005:112-114)에서는 'ㅿ'은 보수적인 문어형 표기로만 쓰이다가 17세기가 끝나기 전에 완전히 쓰이지 않았다고 한다. 이기문(2010:141-142)에서는 'ㅿ'의 소실 과정은 15세기 후반에서 16세기 전반에 걸친 것으로 추정하면서 아무리 늦잡아도 16세기 전반까지는 'ㅿ'은 존속했다고 한다.

'ㆍ'의 소실 시기는 대체로 근대 국어 시기에 음가가 소멸되었지만 표기상으로 남아 있었다고 한다. 일부 교과서들은 16세기에 둘째 음절 이하에서 없어지기 시작해서 근대 국어 시기 또는 18세기에는 첫음절에서도 'ㅏ'로 바뀌었다고 기술한다. 이에 비해 '지학[박]'의 교과서(하:224)에서는 'ㆍ'의 소실을 17세기 국어의 특징으로 설명하고 있다. 한편, '텍스트' 교과서(하:104)의 '국어의 변천 과정 이해하기'라는 도표를 보면 'ㆍ'는 16세기 이후부터 "비어두 음절에서 'ㅡ'로 합류"되었다고 한다. 그러나 제7차 고등학교 『문법』(2010:306)에서는 'ㆍ'는 "16세기에는 둘째 음절 이하에서 /ㅡ/나 /ㅗ/, /ㅏ/로 바뀌었다."라고 설명한다. 그것은 'ᄇᆞᄅᆞᆷ(風)'이나 'ᄉᆞᄅᆞᆷ' 등을 통해서도 쉽게 확인할 수 있다.

'ㅸ'의 소실 시기는 대체로 15세기로 처리하고 있다. 제7차 『문법』 교과서

(2010:44, 306)에서는 15세기 중반부터 반모음 [w]로 바뀌기 시작했다고 한다. 그런데 그 시기는 조금씩 차이가 있다. '금성' 교과서(하:65)에서는 15세기 중엽 반모음 'ㅗ/ㅜ'로 바뀌었다고 한다. '천재[김종]' 교과서(하:84)에서도 15세기 중엽에 소실된 것으로 처리한다. 이에 비해 '두산' 교과서(하:152)에서는 15세기 후반에 'ㅗ/ㅜ'로 바뀌거나 탈락되었다고 한다. '중앙' 교과서(하:167)에서도 15세기 말에 이르러 반모음 'ㅗ/ㅜ'로 바뀌었다고 한다. '창비' 교과서(하:81)에서는 중세 국어의 특징으로 언급하고 있지만 사라진 시기에 대해서 구체적으로 언급하지 않고 있다. '천재[박]' 교과서(하:125)의 학습 활동에 'ㅸ'이 쓰인 〈세종 어제 훈민정음〉과 그것이 쓰이지 않는 〈소학언해〉를 비교하는 활동을 통해 'ㅸ'은 15세기에 소멸한 것으로 추측할 수 있다. '텍스트' 교과서(하:104)에서는 1460년에서 1480년 사이 즉, 15세기에 소실된 것으로 보고 있다. '해냄'의 교과서(하:172)에서는 근대 국어 시기에 'ㅸ'이 이미 없어졌다고 한다. 한편, 'ㅸ'의 소실 시기를 허웅(1986:466), 김동소(2005:112-114), 이기문(2010:141) 등에서는 15세기 중엽인 1450-1460년대로 본다.

4) 용어 문제

여기서는 16종 검정 교과서에서 잘못 사용되고 있는 용어의 문제를 살펴본다. 대체로 이 용어들은 문법 용어이지만 문법 용어가 아닌 것도 있기에 용어라는 말을 사용했다.

첫째, 몇몇 교과서에서는 단어라는 용어를 잘못 사용하고 있다. '교학' 교과서의 중세 국어의 특징을 학습하는 언어 자료인 초간본 〈두시언해〉의 〈춘망〉과 관련된 세 번째 활동(하:28)은 이어적기로 표기한 단어들을 끊어적기로 바꾸는 활동이다. 여기에 제시된 단어의 예는 'ᄀᆞᄅᆞ미', '비치', '보미', '나리' 등이다. 그러나 이 말들은 'ᄀᆞᄅᆞᆷ(江)+ -이(주격 조사)', '빛+ -이(주격 조사)', '봄 + -이(주격 조사)', '날(日) + -이(주격 조사)'로 분석되는 말들로 단어가 아니라 '체언+조사'로 된 어절이다. '금성' 교과서(하:74)에는 〈용비어천가〉 제2장과 〈소학언해〉에 쓰인 단어의 뜻을 적어 보는 활동이 있다. 그런데 여기에 제시된 '남곤'은 '낡+-ᄋᆞᆫ(보조사)'으로 분석되기에 역시 단어가 아니다. '지학[방]' 교과서(하:20)의 학습 활동 중에는 중세 국어 단어의 의미와 표기가 현대 국어와 달라진 점을 비교해 보는 활동이 있는데, 그 용례로 '·노·미', '·ᄠᅳ·들' 등을 들고 있다. 하지만 이 말 역시 '놈+-이(주격 조사)'와 'ᄠᅳᆮ+-을(목적격 조사)'로 분석되므로 단어가 아니다. '노미'를 단어의 예로 제시하고 있는 교과서로는 '창비'(하:91), '천재[김종]'(하:81), '해냄'(하:237) 등이 더 있다. '노미'의 경우는 제7차 교육과정의 『국어(하)』에서도 단어라고 한다.

둘째, '지학[방]'의 교과서(하:17)에서는 띄어쓰기와 이어적기라는 용어를 잘못 사용하고 있다. 교과서 사진 자료의 '·나ᄂᆞᆫ 소·리·ᄀᆞ·ᄐᆞ니·라'를 "띄어쓰기를 하지 않고 이어적기를 함."이라고 설명한다. 교과서의 설명도 "표기 면에서는 띄어쓰기를 하지 않고 모든 어절을 붙여 이어적기를" 하였다고 한다. 그러나 띄어쓰기와 이어적기는 완전히 다른 개념이다. 이어적기는 연철(連綴)이라고도 하는데, 한 음절의 종성을 다음 자의 초성으로 내려서 쓰는 것을 말한다. 제7차 고등학교 『문법』 교과서(2010:280)에서도 이어적기를 받침이 있는 체언이나 용언의 어간에 모음으로 시작되는 조사나 어미가 붙을 때 체언이나 용언 어간의 받침을 다음 자의 초성으로 쓰는 것이라고 설명하고 있다. 또한 '천재[김종]' 교과서(하:86)에서는 "끊어 적기(분철), 이어 적기(연철), 거듭 적기(중철)는 앞 형태소가 자음으로 끝나고 뒤 형태소가 모음으로 시작하는 경우에만 적용되는 표기 방식"이라고 설명한다. 이에 비해 띄어쓰기란 입말의 끊어짐(휴지)을 글말에서 사이띄기로 나타낸 것으로 그 반대 개념은 '이어적기'가 아니라 '붙여 쓰기' 정도일 것이다.

셋째, '주제격 조사'라는 용어를 사용하는 교과서가 있다. '텍스트'의 교과서(하:66)에서는 조사 '-은/-는'을 '주제격 조사'라고 한다. 차자 표기법을 설명하는 부분을 보면 "② 隱 : 주제격 조사 '은/는'을 나타냄."이라고 되어 있다. 그러나 현행 학교 문법에서 주제격 조사는 인정하지 않으며, '-은/-는'은 보조사로 처리된다. 검정 교과서 중에서 '미래' 교과서(하:139)에서도 '-은/-는'을 보조사로 처리한다.

넷째, 조사를 나타내는 방식이 교과서마다 다르며, 심지어 교과서 내에서도 차이가 있다. 현행 학교 문법에서 조사는 의존 형식이지만 단어로 처리되고 있어 붙임표(–)를 사용하지 않는 것 같다. 검정 교과서 중에서 '교학', '금성', '두산', '신사고', '중앙', '지학[박]', '지학[방]', '창비', '천재[김대]', '천재[박]', '텍스트' 등에서는 붙임표(–)를 사용하지 않고 있다. 이에 비해 '비상'의 교과서는 붙임표를 사용한다. 그런데 '디딤돌', '천재[김종]', '해냄' 등의 교과서는 붙임표 사용이 혼란스럽다. 한편, 제7차 교육과정 해설서(2001:55)에서는 조사를 '–조차', '–마저', '–까지'로 표시하며, 고등학교 『문법』 교사용 지도서(2010:223)에서도 '–에게'로 나타내는 등 조사 표기가 혼란스럽다. 이 글에서는 교과서에 표기된 대로 표기하는 것을 원칙으로 한다. 단, 조사는 학교 문법에서 단어로 처리하지만 의존 형식이기에 교과서 내용을 옮기는 경우 외에는 붙임표('–')를 사용하기로 한다.

| 표 10 | 검정 교과서의 조사 표기 방식

교과서	용례
디딤돌	조사 '이'나 '을'(상:223), 조사 '–올/을', '–애/에'(하:244)
천재[김종]	주격 조사 'ㅣ'(하:82), 조사 '–께'(상:177)
해냄	주격 조사 'ㅣ', 주격 조사 '가'(하:232), '–가'(하:238)

조사에 붙임표 사용 여부를 판단할 수 있는 자료가 있다. '금성'의 『국어(하)』에 대한 "검정 본심사 적합본 수정·보완 대조표"의 〈수정보완권고서에 의한 수정사항〉을 보면 '검정심의회'에서는 조사를 단어로 처리하는 제7차 교육과정의 『문법』 교과서처럼 붙임표를 사용하지 않는다는 관점을 취하고 있다.

다섯째, 접사나 어미를 나타내는 방식도 교과서마다 다르다. 조사와 달리 접사와 어미는 의존 형태소이므로 반드시 붙임표를 사용해야 한다. 그리고 선어말 어미의 경우에는 양쪽에 붙임표를 붙여야 한다. 그런데 제7차 교육과정의 『문법』 교과서(2010:281)에도 "관형사형 어미 'ㄹ' 아래"라고 기술된 부분이 있다. 검정 교과서 중에서도 접사나 어미 표기 방식이 다른 경우가 있는데, 이를 정리하면 다음과 같다.

| 표 11 |　검정 교과서 접사 및 어미 표기 방식

교과서	접사 및 어미 표기
금성	종결 어미 '다'(하:63)
디딤돌	'먹히다'의 '-히'(상:222), '이다'(하:240), '줍/즈ᄫ'(하:245)
지학[방]	접미사 '히'(상:141)
천재[김종]	명사형 어미 '옴/움', 명사형 어미 '-기'(하:84)
천재[박]	명사형 어미 '옴/움'(상:125), 명사형 어미 '-기'(상:127)
해냄	어미 '-(으)시'(하:43)

'텍스트' 교과서에는 의존 형식에 붙이는 '-' 사용 여부와 관련한 문제가 있다. 교과서 '생각 보태기'(하:57)에서는 '善化公主主隱'을 '선화 공주님은'으로 해석하고, '-님'을 다른 체언 뒤에 붙여 썼다. 그런데 '생각 모으기 3'(하:66)에서는 "① 主 : 의존 명사. 그 사람을 높여 이르는 말."과 같이 풀이한다. 이때 '-님'으로 풀이되는 '主'는 "직위나 신분을 나타내는 일부 명사 뒤에 붙어 '높임'의 뜻을 더하는 접미사"이다.

여섯째, '천재[박]' 교과서(상:123)의 역행 동화에 대한 설명이다. 교과서에서는 역행동화가 일어나지 않는 것이 중세 국어의 특징이라고 설명한다. 여기서 역행 동화는 "'ㅣ'계열 모음에 선행하는 'ㄷ'이 'ㅈ, ㅊ'으로" 바뀌는 현상이다. 즉, 구개음화 현상에 대한 설명이다. 굳이 역행 동화라고 할 이유가 없다. 또한 'ㄷ'이 'ㅈ, ㅊ'으로 바뀌는 것이 아니라 'ㄷ, ㅌ'이 각각 'ㅈ, ㅊ'으로 바뀌는 것으로 기술되어야 한다. '천재[박]' 교과서의 2012학년도용 '검정도서 수정·대조표'에서는 구개음화로 수정되었다.

일곱째, 음운과 문자를 구분하지 못하고 있다. 다음은 훈민정음 창제 당시 소실 문자에 대한 설명을 정리한 것이다.

| 표 12 |　검정 교과서의 소실 문자에 대한 설명

교과서	교과서 설명
교학(하:16)	'ㅸ, ㅿ' 같은 자음과 'ㆍ' 모음 등이 있었다.
금성(하:65)	'ㅸ, ㆆ, ㅿ, ㆆ, ㆍ' 등의 문자가 사용
두산(하:153)	'ㅸ, ㅿ, ㆁ, ㆆ'과 같은 글자들이 사용되었다.
디딤돌(하:243)	'ㅸ, ㅿ, ㆍ'와 같이 지금은 쓰이지 않는 몇몇 자음과 모음이 있었다.
미래(하:94)	'ㅸ, ㅿ, ㆍ' 등의 자음이나 모음이 있었다.
비상(상:182)	'ㅿ'과 'ㆆ'은 표기에서 사라졌고
신사고(하:243)	문자 'ㆆ, ㅿ'이 사라졌으며
중앙(하:167)	현대 국어와 달리 마찰음인 'ㅸ', 'ㅿ'과 같은 자음이 더 있었다.
지학[박](하:224)	" 'ㆆ', 'ㅿ', 'ㆁ' 등의 문자가" 소실되었다.
지학[방](하:25)	이 밖에 'ㆁ', 'ㆆ', 'ㅿ'도 완전히 소실되었다.
창비(하:81)	'ㅸ, ㅿ, ㆍ' 등으로 표기된 음운이 있었고
천재[김대](하:270)	이 밖에도 15세기 문헌에는 'ㆆ, ㅿ, ㆁ, ㅸ' 등의 글자들이 더 나타납니다.
천재[김종](하:84)	자음 'ㅸ', 'ㅿ'의 소실
천재[박](상:123)	'ㅸ, ㅿ, ㆆ' 등의 음운 소실
텍스트(하:104)	소실 문자 'ㅸ, ㆆ, ㆅ, ㆀ', 'ㅿ', 'ㆁ'
해냄(하:239)	자음 'ㅸ, ㅿ'이 소실되었다.

〈표 12〉에서 알 수 있는 것처럼 '교학', '디딤돌', '미래', '중앙', '천재[김종]', '천재[박]', '해냄' 등의 교과서는 문자와 음운을 구별하지 않은 채 기술하고 있다.

여덟째, '어법'이라는 용어를 사용하는 교과서가 있다. '교학'(하:36)과 '천재[박]' 교과서(상:129)에서는 근대 국어의 특징을 학습하기 위한 제재인 〈독립신문 창간사〉를 읽은 후에 이루어지는 학습 활동에서 '어법'이라는 말을 사용한다. '교학'의 교과서는 근대 국어와 현대 국어의 '어법' 차이의 예로 근대 국어에서는 종결 어미 '-라'가 주로 쓰였다고 한다. 이는 종결 어미의 변화이므로 문법이라고 부를 수 있다. '어법(語法)'의 사전적 의미는 '말의 일정한 법칙≒말법01'로 '문법'과 유사한 의미이다. 한편, 한글 맞춤법 총칙 제1항에도 '어법'이라는 용어를 사용한다. 『국어 어문 규정집』(2001:38)에서는 "어법(語法)이란 언어 조직의 법칙, 또는 언어 운용의 법칙"이라고 풀이한다. 연규동(1999:14-15)에서도 한글 맞춤법을 설명하는 곳에서, 한글 맞춤법은 글자를 운용하는 법칙이기에 말을 운용하는 법칙인 '문법'과는 다르기에 이 용어는 수정되어야 한다고 주장한다. 즉, 연규동은 '어법'을 말을 운용하는 법칙인 '문법'과 같은 것으로 보고 있다. 더군다나 앞에서는 국어사의 시기별 특징을 음운, 어휘, 문법, 표기 등으로 나누어 살펴보다가 이 부분에서 갑자기 '어법'이라는 용어를 사용하고 있다. 제7차 교육과정에 따른 고등학교 『국어(하)』 교과서(2010:42)에서도 '어법'과 '문법'이라는 용어를 동시에 사용하고 있다.

5) 옛말의 문법 현상에 대한 설명

16종 검정 교과서에 기술된 중세 국어 문법 현상에 대한 설명 중에서 학계의 일반적인 견해나 제7차 교육과정에 따른 『문법』 교과서와 다른 경우가 있는데, 여기서는 이 문제를 중세 국어 선어말 어미 '-오-/-우-', 체언의 형태 바꿈, 객체 높임의 선어말 어미 '-숩-'의 실현 환경, 의문형 종결 어미의 실현 양상, 종성부용초성 등으로 나누어 살펴보았다.

(1) 중세 국어 선어말 어미 '-오-/-우-'에 대한 설명

중세 국어 선어말 어미는 현대 국어와 많이 다르다. 특히, 중세 국어의 선어말 어미 '-오-/-우-'는 현대 국어에서 볼 수 없는 특수한 선어말 어미이다. 제7차 고등학교 『문법』(2010:293)에서는 중세 국어의 선어말 어미 '-오-/-우-'는 평서형 어미와 연결 어미에 주로 실현되어 그 문장의 주어가 화자임을 표시하거나 관형사형에 실현되어 관형사형이 꾸미는 명사가 관형사형에 나타나는 용언에 대하여 의미상의 목적어 또는 부사어임을 나타낸다고 한다. 이에 비해 나찬연(2010ㄴ:317-323)에서는 주어가 말하는 이 자신일 때, 서술어에 선어말 어미 '-오-/-우-'가 실현되는 문법 현상을 '인칭 표현'이라고 한다. 또한 관형절의 서술어와 그 중심어가 '대상-풀이'의 의미 관계에 있을 때, 관형절의 서술어에 '-오-/-우-'를 실현하는 문법 현상을 '대상 표현'이라고 한다.

검정 교과서 중에서 '두산' 교과서(하:153)가 중세 국어의 특징으로 "주어가 1인칭임을 나타내거나 명사형 어미 '-ㅁ' 앞에 쓰이는 '-오/우-' 등이 있었다." 라고 설명한다. 그런데 고영근(2011:141)과 제7차 교육과정의 고등학교 『문법』

교과서(2010:293)에서는 명사형 어미 '-옴'에 '오'가 있지만 '오'가 빠진 '-ㅁ'이 단독으로 나타나는 일이 없으므로 '오'를 형태소의 일부분으로 처리한다. 즉, '-옴/-움'을 하나의 명사형 어미로 처리한다. 제7차 교육과정의 고등학교 『국어(하)』 교사용 지도서(2010:79), '천재[김종]'(하:84)과 '천재[박]' 교과서(상:125) 등에서도 '-옴/-움'을 하나의 명사형 어미로 처리한다.

(2) 체언의 형태 바꿈

제7차 고등학교 『문법』 교과서(2010:288-289)에서는 중세 국어에는 체언이 조사와 결합할 때에 형태가 바뀌는 일이 많다고 하면서, 이런 현상을 '체언의 형태 바꿈'이라는 제목으로 다루고 있다. 그런데 일부 검정 교과서에서는 이를 격조사 변화의 특이한 것으로 처리하고 있다.

'신사고' 교과서(하:240)에서는 '남ᄀᆞᆫ, 내히, 우희, 님금하'라는 말을 통해 알 수 있는 중세 국어의 특징을 '격조사의 변화가 특이함'이라고 한다. 이 말들은 '낡+-ᄋᆞᆫ(보조사)', '내ㅎ+-ㅣ(주격 조사)', '우ㅎ+-ㅢ(부사격 조사)', '님금+-하(호격 조사)'로 분석된다. 먼저 '-ᄋᆞᆫ'은 격조사가 아니라서 잘못된 용례이다. 또한 '내히' 역시 격조사의 변화가 특이한 것이 아니라 'ㅎ'을 종성으로 가진 체언이 다른 말과 결합할 때 이어적기가 됨으로써 생긴 변화일 뿐이다. 특히, '남ᄀᆞᆫ'을 격조사의 변화가 특이한 용례로 제시한 것은 제7차 교육과정의 고등학교 『문법』 교과서(2010:289)나 고영근(2011:109)의 설명과 다르다. 『문법』 교과서에서는 "중세 국어의 '구무, 나모, 불무, 녀느' 등 '모/무'와 '느'로 끝난 체언이 모음으로 시작하는 조사와 결합되면 끝 모음이 떨어지고 대신 'ㄱ'이 덧생겨 '낡', '굵' 등으로 교체"된다고 설명한다. 또한 '비상' 교과서(하:180)는 "중세 국어에서는 체언도 조사와 결합하면서 형태가 바뀌는 경우(예 나모+도, 남ㄱ+ᄋᆞᆫ)"가 있다고 설명하고 있어 차이가 있다.

한편 '신사고' 교과서(하:239)에서는 "높임의 호격 조사(님금하)를 사용"했다고 한다. 그러나 정확하게 하면 "높임의 호격 조사(-하)를 사용"했다고 표현해야 한다.

(3) 객체 높임의 선어말 어미 '-ᄉᆞᆸ-'의 실현 환경

객체 높임에서 객체(客體)란 문장 내에서 동사의 행위가 미치는 대상을 말한다. 따라서 객체 높임이란 목적어나 부사어가 지시하는 대상인 서술의 객체를 높이는 문법적 방법이다. 현대 국어의 객체 높임법은 조사 '-께'를 사용하거나 '모시다', '드리다', '뵙다', '여쭈다' 등의 특수한 동사에 의해서 실현된다. 그런데 중세 국어의 객체 높임법은 선어말 어미 '-ᄉᆞᆸ-/-ᄌᆞᆸ-/-ᅀᆞᆸ-'에 의해 실현되었다. 중세 국어 객체 높임의 선어말 어미는 그 앞에 실현되는 어간의 끝소리뿐만 아니라 뒤에 실현되는 어미의 첫소리에 따라서 다양한 형태로 실현되었는데, 이를 정리하면 다음과 같다.

| 표 13 | 중세 국어 객체 높임의 선어말 어미 실현 양상

뒤의 소리 / 앞의 소리	자음	모음
ㄱ, ㅂ, ㅅ, (ㅎ)	-ᄉᆞᆸ-	-ᄉᆞᇦ-/-ᄉᆞᄫ-
ㄷ, ㅈ, ㅊ	-ᄌᆞᆸ-	-ᄌᆞᇦ-/-ᄌᆞᄫ-
모음. ㄴ, ㅁ, (ㄹ)	-ᅀᆞᆸ-	-ᅀᆞᇦ-/-ᅀᆞᄫ-

다양한 객체 높임의 선어말 어미 중에서 허웅(1975:694)은 '-ᄉᆞᄫ-'를 기본 형태로 잡는다. 고영근(2011:334)에서는 객체 높임법이라는 용어 대신 겸손법이라는 용어를 사용하면서 대표적 형태로 '-ᄉᆞᆸ-'을 설정한다. 고영근(2011:334)에서는 겸손법을 주어 명사구가 목적어 명사구나 부사어 명사구가 가리키는 인물보다 낮다고 생각될 때 실현되는 문법적 절차이며, 현행 학교 문법의 객체 높임법과 거의 일치한다고 한다. 이 '겸손법'은 '존경법'과 함께 '공대법'을 이룬다. 여기서는 현행 학교 문법의 용어에 따라 객체 높임법이라고 부르기로 한다. 객체 높임의 선어말 어미의 기본 형태를 고영근에서는 '-ᄉᆞᆸ-'으로 잡지만 이에 대한 특별한 설명이 없다. 이에 비해 허웅(1975:693~694)에서는 '-ᄉᆞᄫ-'를 기본 형태로 설정하면, 한 형태에서 다른 형태로의 변이에 대한 설명이 상대적으로 간편하고 합리적이라고 한다. 그러나 이 형태소는 역사적으로 'ᄉᆞᆲ-'

에 기원을 두고 있기 때문에 '-숩-'으로 사용하고 있다고 한다.

'중앙'의 교과서(하:171)에서는 중세 국어의 객체 높임의 선어말 어미 '-숩-'은 어간의 끝소리가 'ㄱ, ㅂ, ㅅ, ㅎ'일 때 나타난다고 한다. 허웅(1975:691), 김동소(2005:148), 나찬연(2010ㄴ:278)에서는 '-숩-'은 어간의 끝소리가 'ㄱ, ㅂ, ㅅ'일 때 실현된다고 한다. 이에 비해 제7차 고등학교 『문법』 교과서(2010:292), 이기문(2010:172), 고영근(2011:137)에서는 어간의 끝소리가 'ㄱ, ㅂ, ㅅ, ㅎ'일 때 '-숩-'이 실현된다고 한다. 중세 국어에서 'ㅇ'은 대체로 음가가 없는 글자였다. 고등학교 『문법』 교과서(2010:282)에서는 'ㅇ'은 음절 이루기 규정에 따라 글자의 모습을 갖추기 위하여 종성에 쓴 것으로 소릿값이 없지만, 특별한 경우 초성에 쓰인 'ㅇ'은 목구멍에서 나는 유성 마찰음이라고 한다. 따라서 '중앙' 교과서의 설명은 잘못되었다.

한편, '천재[김종]'의 교사용 지도서(2011:149)에도 중세 국어의 객체 높임 선어말 어미의 실현 양상을 설명하고 있다. 교사용 지도서에서는 '-숩-'은 'ㄱ, ㅂ, ㅅ, ㅎ' 뒤에서 실현되고, '-줍-'은 'ㄷ, ㅈ, ㅊ' 뒤에서 실현되며, 울림소리 뒤에서는 '-숩-'이 실현된다고 한다. 하지만 'ㄱ, ㅂ, ㅅ, ㅎ' 뒤에서 실현되는 객체 높임의 선어말 어미의 형태는 '-숩-'이다.

(4) 의문형 종결 어미의 실현 양상

중세 국어의 의문문은 현대 국어와 달리 복잡한 방식으로 실현되었다. 중세 국어에서 의문문은 의문형 종결 어미가 실현되어서 이루어지거나 의문 보조사가 실현되어서 이루어지며, 의문문 속에 의문사 실현 유무에 따라 설명 의문문과 판정 의문문으로 나누기도 한다. 또한 허웅(1975:495 이하)과 나찬연(2010ㄴ:254 이하)에 따르면 의문형 종결 어미를 통해 실현되는 의문문은 주어의 인칭과 관련하여 쓰이는 인칭 의문문과 주어의 인칭에 관련 없이 쓰이는 비인칭 의문문으로 구분하기도 한다.

'지학[방]' 교과서(하:25)에서는 근대 국어의 특징으로 " '-ㄴ가', '-ㄹ가'와 같은 판정 의문형 어미와 '-ㄴ가', '-ㄴ고'와 같은 설명 의문형 어미"의 구분이 사라진 점을 들고 있다. 판정 의문문은 의문사가 실현되지 않는 의문문이며, 설명 의문문은 의문사가 반드시 실현되는 의문문이다. 제7차 교육과정에 따른 고등학교 『문법』 교과서(2010:299)에서는 "중세 국어의 판정 의문문은 조사나 어미의 모음이 '-아, -어'이고, 설명 의문문의 조사나 어미의 모음은 '-오'"라고 기술하고 있다. 또 다른 곳(2010:309)에서는 "중세 국어에서는 의문문이 물음말이 있느냐 없느냐에 따라 '-ㄴ가', '-ㄹ가'와 같은 '-가' 형 어미와 '-ㄴ고', '-ㄹ고'와 같은 '-고' 형 어미로 달리 표현되었다."라고 설명한다. 또한 허웅(1975:495-496)에서는 물음말을 포함했을 때는 '-고'가 쓰이고 물음말을 포함하지 않을 경우에는 '-가'가 쓰인다고 한다. 나찬연(2010ㄴ:252-253)에서도 판정 의문문에 실현되는 의문형 어미는 /아, 어/의 형태이며, 설명 의문문에서는 의문형 어미가 /오/의 형태로 실현된다고 한다. 따라서 '지학[방]' 교과서의 '-ㄴ가', '-ㄴ고'는 '-ㄴ고', '-ㄹ고'로 기술되어야 한다.

(5) 종성부용초성(終聲復用初聲)

'중앙'의 교과서(하:170)에서는 〈훈민정음 예의〉에 나오는 '종성부용초성'을 내용으로 다음과 같은 학습 활동을 구성하고 있다.

> (2) '보기'를 참고하여 '용비어천가'의 표기법상 특징을 말해 보자.
>
> '훈민정음 해례본'에 '종성은 초성을 다시 쓴다.'는 규정이 있기는 하지만, 일반적으로 중세어에서는 현대어와 달리 'ㄱ, ㆁ, ㄷ, ㄴ, ㅂ, ㅁ, ㅅ, ㄹ'이 종성으로 쓰였다.

'지학[방]'의 교과서(하:17)에서도 중세 국어의 특징을 설명하는 자리에서 "받침 표기는 초성에 쓰던 자를 종성에도 쓸 수 있게 하던 데에서 8자만 쓰게 하는 8종성 표기법으로 바뀌었다."라고 한다. '지학[방]' 교과서는 2012학년도용 '검정도서 수정·보완 대조표'에서 이 부분을 "받침 표기는 종성에 여덟 자의 자음만을 쓰게 하는 8종성 표기법이 적용되었다."라고 수정했다.

하지만 두 교과서의 이러한 설명은 제7차 『문법』 교과서나 중세 국어 문법서 및 2007 개정 교육과정에 따른 다른 검정 교과서와는 다르다. 먼저 제6차 교육과정의 『국어(하)』(1996:196)에서는 '종성부용초성'을 "받침으로 사용되는 문자를 별도로 만들지 않고 첫소리에 사용하였던 자음을 다시 사용한다는 규정"이라고 설명한다. 제7차 교육과정의 『문법』 교과서(2010:42)에서도 "우리가 요즘 받침이라고 부르는 종성을 적는 글자는 따로 만들지 않아다."라고 하면서 그 이유를 "종성은 초성과 같이 자음에 속하기 때문"이라고 한다. 다른 곳(2010:279)에서도 '종성부용초성'을 "종성 글자는 따로 만들지 않았다."라고 설명한다.

중세 국어 문법서 중, 고영근(2011:7)에서는 '종성부용초성'을 글자 만드는 원리로 설명하고 있다. 여기에 대한 각주를 보면 "이 규정은 종래 초성에 쓰인 글자는 모두 받침으로 쓸 수 있다고 생각되기도 하였다."인데, 이 규정이 종래에는 표기법으로 잘못 이해되었음을 지적하고 있다. 임지룡 외(2006:398)에서도 이 규정을 종성 글자는 따로 만들지 않는다고 함으로써 제자 원리로 설명한다. 나찬연(2010ㄴ:16)에서는 "이는 초성이나 종성이 음절 속에서 실현되는 위치만 다를 뿐이지 둘 다 자음으로서 동일한 소리이기 때문"에 종성 글자는 따로 만들지 않고, 초성의 글자를 다시 사용한 것으로 본다. 이관규(2007:383)에서는 "종성 글자에 대해서는 글자 수에 대한 언급은 전혀 없고 단지 '(3)'-여기서는 종성부용초성-과 같은 규정만 나타나 있다. 이 규정은 주시경(1910) 이래 얼마 전까지도 '모든 초성은 받침으로 쓸 수 있다'라고 해석하여 왔다. 그러나 〈훈민정음 해례본〉에 있는 '종성은 8자로 충분하다'는 규정에 따라 종성 글자는 따로 만들지 않고, 초성을 그대로 가져다 쓴다고 해석하게 되었다."라고 한다.

2007 개정 교육과정에 따른 검정 교과서 중 '교학'의 교과서(하:40)에서는 "종성자(終聲字)는 따로 만들지 않고 초성자를 썼다."라고 한다. '천재[박]'의 교과서(상:135)에서도 성취 기준 [10-문법-(5)]를 학습하는 부분에서 "초성과 중성은 구분하여 따로 글자를 만들었으나 종성을 적는 글자는 따로 만들지 않았다."라고 설명한다. 한편, '중앙' 교과서(하:184)는 성취 기준 [10-문법-(5)]를 학습하기 위한 언어 자료로 현대어로 된 〈훈민정은 예의〉와 이것의 원문이 학습 보조 자

료(하:201)로 제시되어 있다. '중앙' 교과서의 〈훈민정음 예의〉에 대한 현대어 풀이에서는 '종성부용초성'을 "나중 소리는 다시 첫소리를 쓴다."라고 하는데, 이는 종성 글자를 따로 만들지 않았다는 의미이다.

3. 언어 자료의 문제

2007 개정 교육과정에서 '담화(또는 글, 언어 자료, 작품)의 수준과 범위'는 각 성취 기준에 제시된 담화·글을 수준과 범위의 측면에서 한 단계 구체화하여 진술한 것으로 담화·글의 유형은 정보 전달, 설득, 사회적 상호 작용, 정서 표현이라는 언어활동의 목적에서 각각 선정했다. 여기서 말하는 담화와 글은 학습자가 성취 기준에 도달한 결과 수용·생산할 수 있는 담화·글과 성취 기준에 도달하기 위하여 학습 과정에서 다루어야 하는 담화·글이다. 따라서 각 '담화(또는 글, 언어 자료, 작품)의 수준과 범위'는 성취 기준과 차례대로 대응한다. 교육과정에서는 성취 기준에 제시된 담화와 글은 하나의 예시이므로 교실 상황에서 다른 담화나 글을 다룰 수 있다고 한다. 그러나 검정 교과서에 수록된 언어 자료는 원문의 내용을 충실히 반영해야 할 것이다. 특히, 교육과정에서는 이 성취 기준을 지도할 때에는 당대의 실제 자료를 읽고 당대 국어의 특성을 이해할 수 있도록 해야 한다고 명시하고 있다. 따라서 교과서에서는 당대의 언어 자료를 있는 그대로 반영해야 한다. 하지만 16종의 검정 교과서에 실린 성취 기준 [10-문법-(1)]과 관련된 언어 자료는 교과서에 수록되는 과정에서 원문과 다른 경우가 많으며, 원문 판독에 문제가 있는 교과서도 있다. 또한 옛말 언어 자료의 현대어 풀이도 교과서에 따라 차이가 있다.

1) 원문 내용의 문제점 및 오류

2007 개정 교육과정에 따른 검정 교과서에는 성취 기준 [10-문법-(1)]과 관련된 옛말의 언어 자료가 수록되어 있다. 그런데 교과서에 수록되는 과정에서 문제가 생긴 경우가 많다. 일부 오류들은 내용을 이해하는 데에 지장을 주지 않

지만 일부 오류는 내용 이해에 지장을 주기도 한다. 하지만 어떤 경우이든 교과서의 신뢰도를 떨어뜨린다. 여기서는 옛말 언어 자료의 문제점들을 〈훈민정음 언해본〉, 〈두시언해〉, 〈이응태 부인 언간〉, 〈번역노걸대〉, 〈노걸대언해〉, 〈만흥〉, 〈동명일기〉, 〈독립신문 창간사〉 등으로 나누어 살펴보자.

(1) 〈서동요〉 원문 표기 오류

향가 〈서동요〉는 '교학', '금성', '디딤돌', '미래', '비상', '중앙', '지학[방]', '천재[김대]', '천재[김종]', '천재[박]', '텍스트' 등 많은 검정 교과서에서 고대 국어의 향찰 표기법을 이해하는 언어 자료로 수록되어 있다. 이 중 '천재[김종]'의 교과서와 '텍스트' 교과서는 원문과 다른 표기가 있다. '천재[김종]'의 교과서(하:78)는 〈서동요〉를 본문에서는 '善化公主'로 표기하지만 이 자료에 대한 학습 활동의 발문은 '善花公主'로 표기하고, 그 다음 부분에서는 '善化公主'로 표기하고 있다. '텍스트' 교과서는 교과서 본문에 '생각 보태기'(하:57)라는 제목으로 〈서동요〉의 전문을 수록하고 있고, 학습 활동과 '생각 모으기'(하:66) 등에도 〈서동요〉의 일부가 제시되어 있다. 그런데 교과서의 모든 부분에서 '善花公主'로 표기하고 있다.

(2) 〈훈민정음 언해본〉 원문 표기 오류

'창비' 교과서(하:90)의 '학습 활동 3'의 (나)는 "훈민정음언해"에서 방점을 설명한 부분을 수록하고 있는데, 수록 과정에서 오류가 발생했다.

(나) :왼녀·긔 ᄒᆞᆫ 點:뎜·을 더으·면 ·ᄆᆞᆺ노·ᄑᆞᆫ 소·리·오 點:뎜·이 :둘히·면 上:상聲셩·이·오 點:뎜·이 :업스·면 平평聲셩·이·오 入입聲셩·은 點:뎜 더·우·믄 ᄒᆞᆫ가·지로·ᄃᆡ ᄲᆞᄅᆞ·니·라.

참고

- 去·컹聲셩(ᄆᆞᆺ 노·ᄑᆞᆫ 소·리): 가장 높은 소리
- 上:상聲셩(·처ᅀᅥ·미 ᄂᆞᆽ:갑·고 乃:냉終즁·이 노·ᄑᆞᆫ소·리): 처음이

낮고 나중이 높은 소리
- 平평聲셩(·뭇 ᄂᆞᆺ가·ᄫᆞᆫ 소·리): 가장 낮은 소리
- 入입聲셩(셜·리 긋 ᄃᆞᆮᄂᆞᆫ 소·리): 빨리 끝을 닫는 소리

가장 먼저 눈에 띄는 것은 (나)의 '·뭇노·ᄑᆞᆫ'과 참고 부분의 '去·컹聲셩(뭇 노·ᄑᆞᆫ 소·리)', '平평聲셩(·뭇 ᄂᆞᆺ가·ᄫᆞᆫ 소·리)'의 '·뭇'의 방점 표기이다. 교과서 [부록]의 참고 자료를 보면 '창비' 교과서는 『국어사 자료 선집』(한국어학 연구회 편, 박이정, 1994)을 참고 자료로 했다. 거기에 있는 내용을 교과서의 체제로 바꾸어 비교했을 때 다른 부분에서도 차이가 있다.

:왼녀·긔 ᄒᆞᆫ 點:뎜·을 더으·면 ·뭇노·ᄑᆞᆫ 소·리·오 點:뎜·이 :둘히·면 上:썅聲셩·이·오 點:뎜·이 :업스·면 平뼝聲셩·이·오 入·십聲셩·은 點:뎜 더·우·믄 ᄒᆞᆫ가·지로·ᄃᆡ ᄲᆞᄅᆞ·니·라.
- 去·컹聲셩(·뭇 노·ᄑᆞᆫ 소·리)
- 上:썅聲셩(·처ᅀᅥ·미 ᄂᆞᆺ:갑·고 乃:냉終즁·이 노·ᄑᆞᆫ소·리)
- 平뼝聲셩(·뭇 ᄂᆞᆺ가·ᄫᆞᆫ 소·리)
- 入·십聲셩(셜·리 긋 ᄃᆞᆮᄂᆞᆫ 소·리)

'창비'의 교과서와 함께 '중앙' 교과서(하:201)의 '학습 보조 자료'에도 '平뼝聲셩·이·오 入·십聲셩'을 '平평聲셩·이·오 入입聲셩'이라고 표기하고 있다. 이에 비해 '텍스트'의 교과서(하:73)는 바르게 표기되어 있다. 이는 '천재[김종]' 교과서(하:103)에 [부록]으로 수록된 〈훈민정음 언해본〉의 사진 자료를 보면 쉽게 알 수 있다.

〈훈민정음 언해본〉으로 학습 활동을 구성하고 있는 교과서 중에도 원문과 다른 표기가 있다. '신사고' 교과서(하:224)의 '世·솅宗종御·엉製졩訓·훈民민正·졍音흠'의 '宗종'과 '百·빅姓·셩', '밍·ᄀᆞ노·니'의 '姓·셩', '밍'은 각각 '宗종', '姓·셩'과 '밍'이 되어야 한다. 즉, 'ㆁ'으로 표기되지 않았다. '姓·셩', '밍'은 교과서 '어휘 다지기'(하:253)에도 '百·빅姓·셩', '밍·ᄀᆞ노·니'로 표기되어 있다. 또한 학습 활동(하:230)의 'ᄉᆞ맛·디', '듕·귁·에달·아'도 각각 'ᄉᆞᄆᆞᆺ·디',

'듕·귁·에달·아'가 되어야 한다. 'ᄉᆞ맛·디'의 경우 2012학년도용 '검정도서 수정·보완 대조표'에서 수정되었다. '世·솅宗종', '·빅·셩'과 '밍·ᄀᆞ노·니', '듕·귁' 등의 표기는 2013학년도 '검정도서 수정·보완 대조표'에 따라 수정될 예정이다. '빅셩'의 표기는 '지학[박]' 교과서(하:218)의 학습 활동에도 있다. '천재[김대]'의 교과서(하:264)도 〈훈민정음 언해본〉에 대한 학습 활동에서 '듕·귁에'로 표기된 부분을 발견할 수 있다. 이 부분은 '듕·귁·에'로 표기되어야 한다. 여기에 대한 내용은 〈표 22〉에 다시 정리해 두었다.

(3) 〈두시언해〉 원문 표기 오류

검정 교과서 중에서 〈두시언해〉를 언어 자료로 수록하고 있는 교과서는 '교학', '비상', '천재[김대]', '텍스트' 등이다. 먼저 '교학' 교과서(하:26, 27)에 수록된 〈두시언해〉 〈절구〉의 한자 원문 오류부터 살펴보자. 승구(承句)의 "뫼히 펴러ᄒᆞ니 곳 비치 블 븓ᄂᆞᆫ ᄃᆞᆺ도다."의 한자 원문은 "山青花欲燃"인데, 교과서에는 "山青花欲然"으로 되어 있다. 제6차 교육과정의 고등학교 『국어(상)』(1997:337)에도 '燃'으로 되어 있으며, '천재[김대]'의 교과서는 중간본이기는 하지만 '燃'으로 되어 있다. 이 부분은 〈검정 본심사 적합본 수정·보완 대조표〉(일련 번호 10) '내용 심사' 부분을 참고할 필요가 있다. 수정한 내용이 무엇인지는 정확히 밝히지 않았지만 '심사본'의 내용인 "山青化欲燃 夏日是歸年"을 검정심의회에서는 적절한 한자로 보완할 것을 요구했다. 이 과정에서 '夏'는 '何'로 바뀌었는데, '燃'도 '然'으로 바뀐 것 같다.

일련 번호	쪽	심사본 내용	수정·보완 권고사항	수정·보완 결과	비 고 (정정요구자)
10	26	山青化欲燃 夏日是歸年 27쪽 5~8행, 동일한 한시	적절한 한자로 보완 요망	수정 했음.	검정심의회

'비상' 교과서에는 〈두시언해〉, 〈춘망〉이 언어 자료로 수록되어 있는데, 이

부분에도 오류가 있다. '비상' 교과서(상:187)의 '학습 활동 3'은 〈두시언해〉 초간본과 중간본을 통해서 중세 국어와 근대 국어를 비교하는 활동이다. 교과서에 수록된 부분은 아래와 같다.

> ㉮ 초간본
> 시절(時節)을 감탄(感歎)호니 고지 눉므를 ᄲᅳ리게 코
> 여희여슈믈 슬후니 새 ᄆᆞᅀᆞᄆᆞᆯ 놀래ᄂᆞ다
> 봉화(烽火)ㅣ 석 ᄃᆞᄅᆞᆯ 니ᅀᅥ시니
>
> – '춘망(春望)' 중에서

여기서 '니ᅀᅥ시니'는 '니ᅀᅦ시니'로 표기되어야 한다. 〈두시언해(중간본)〉 '이해 돕기'(상:184)와 '확장 목표'(상:187)에도 '니ᅀᅥ시니'로 나온다. 이렇게 '니ᅀᅥ시니'로 표기하면 '-시-'는 주체 높임의 선어말 어미가 되어야 하는데, 주어가 '烽火ㅣ'이므로 주체 높임의 선어말 어미가 나타날 환경이 아니다. '중앙' 교과서(하:169)에도 초간본 〈두시언해〉, 〈춘망〉이 수록되어 있는데, 여기서는 '니ᅀᅦ시니'로 표기하고 있다.

'천재[김대]'의 교과서에 수록된 중간본 〈두시언해〉, 〈절구〉에도 오류가 있다. 교과서에서는 '今春看又過'의 언해 부분을 '옰보메 본ᄃᆡᆫ ᄯᅩ 디나가ᄂᆞ니'로 표기하고 있다. 하지만 교과서 아래의 원문 사진 자료는 '옰보미'로 되어 있다. 제6차 교육과정에 따른 『국어(하)』(1997:337)와 '교학'의 교과서(하:26)에는 초간본 〈절구〉가 수록되어 있는데, '옰보미'이다. 이 구절을 '올봄이 보건대 또 지나가니' 정도로 해석할 수 있다면 주격 조사 '-이'가 결합하여 이어적기된 형태인 '옰보미'가 맞는 표기이다.

'텍스트' 교과서(하:88)에는 중간본 〈두시언해〉 〈등악양루〉가 수록되어 있는데, 교과서에는 '하ᄂᆞᆯ콰 ᄯᅡ콰ᄂᆞᆫ'으로 되어 있지만 원문에는 '하ᄂᆞᆯ과 ᄯᅡ콰ᄂᆞᆫ'으로 되어 있다. '하ᄂᆞᆯ콰'는 초간본의 표기이다. 도수희(1973:124)에서는 초간본 〈두시언해〉와 중간본 〈두시언해〉의 표기를 비교했는데, 여기서도 '하ᄂᆞᆯ콰 ᄯᅡ콰ᄂᆞᆫ'은 초간본의 표기이며, 중간본은 '하ᄂᆞᆯ과 ᄯᅡ콰ᄂᆞᆫ'이라고 한다.

(4) 〈이응태 부인 언간〉의 원문 표기 비교

이 언어 자료는 1998년 이응태(李應台)라는 사람의 묘에서 발견된 편지를 가리키는 말이다. 이 편지는 내면과 외면으로 나누어져 있는데, 외면에는 '원늬 아바님씌 샹빅'이라는 수신자 표시가 있다. 내면에는 사연과 함께 발신자와 편지를 쓴 날짜가 적혀 있다. 남편이 죽고 입관하기 전인 병술년 유월 초하룻날 아내가 죽은 남편에게 쓴 한글 편지로 1586년에 쓴 것으로 추정된다. 교과서에 따라 다른 제목으로 실려 있는데, 여기서는 '디지털 한글 박물관'의 제목에 따라 〈이응태 부인 언간〉이라고 부른다. 이 언어 자료를 수록하고 있는 교과서와 자료 출처는 다음과 같다.

| 표 14 | <이응태 부인 언간>의 제목과 자료 출처

교과서	제목	자료 출처
미래	워늬 아바님씌 샹빅	국립국어원
신사고	이응태 아내의 언간	문헌과 해석 6
창비	이응태 부인 언간	한글 박물관 누리집
천재[김대]	아내의 편지	안동대학교 홈페이지[5)]
천재[김종]	원이 아버지에게	문학 시간에 옛글 읽기

검정 교과서에 수록된 이 언어 자료의 내용 중에서 차이가 나는 부분을 정리하면 다음과 같다.

5) '천재[김대]'의 교과서는 이 언어 자료의 출처를 두 가지로 밝히고 있다. 교과서 [부록](하:342)을 보면 "아내의 편지(안귀남, '고성 이씨 이응태묘 출토 편지', "문학과 해석", 1999년 봄호 통권 6호)"라고 해 놓고, 그 아래에서는 "아내의 편지(안동대학교 홈페이지, http://www.andong.ac.kr)"이라고 한다.

| 표 15 |　검정 교과서 <이응태 부인 언간>의 내용 비교

내용 / 교과서	교과서의 내용	디지털 한글 박물관	안동대학교	문헌과 해석
미래	닐오듸	닐오ᄃᆡ	닐오듸	닐오듸
	믜양	ᄆᆡ양	믜양	믜양
	한듸	ᄒᆞᆫᄃᆡ	ᄒᆞᆫ듸	ᄒᆞᆫ듸
신사고	닐오ᄃᆡ	닐오ᄃᆡ	닐오듸	닐오듸
	ᄆᆡ양	ᄆᆡ양	믜양	믜양
	한ᄃᆡ	ᄒᆞᆫᄃᆡ	ᄒᆞᆫ듸	ᄒᆞᆫ듸
창비	닐오ᄃᆡ	닐오ᄃᆡ	닐오듸	닐오듸
	ᄆᆡ양	ᄆᆡ양	믜양	믜양
	ᄒᆞᆫᄃᆡ	ᄒᆞᆫᄃᆡ	ᄒᆞᆫ듸	ᄒᆞᆫ듸
	이내 안ᄒᆞᆯ	이내 안ᄒᆞᆫ	이 내 안ᄒᆞᆫ	이 내 안ᄒᆞᆫ
	가시ᄃᆡ 빈 ᄌᆞ식	가시ᄃᆡ 빈 ᄌᆞ식	가시듸 빈 ᄌᆞ식	가시듸 빈 ᄌᆞ식
	몰ᄅᆡ	몰ᄐᆡ	몰ᄐᆡ(?)	몰태(?)
천재[김대]	닐오듸	닐오ᄃᆡ	닐오듸	닐오듸
천재 [김종]	닐오ᄃᆡ	닐오ᄃᆡ	닐오듸	닐오듸
	ᄆᆡ양	ᄆᆡ양	믜양	믜양
	ᄒᆞᆫᄃᆡ	ᄒᆞᆫᄃᆡ	ᄒᆞᆫ듸	ᄒᆞᆫ듸
	이내 안ᄒᆞᆫ	이내 안ᄒᆞᆫ	이 내 안ᄒᆞᆫ	이 내 안ᄒᆞᆫ
	가시ᄃᆡ ᄌᆞ식	가시ᄃᆡ 빈 ᄌᆞ식	가시듸 ᄇᆞᆫ ᄌᆞ식	가시듸 빈 ᄌᆞ식
	몰ᄐᆡ	몰ᄐᆡ	몰ᄐᆡ(?)	몰태(?)

이 중 "닐오듸/닐오ᄃᆡ"의 표기를 정리하면 '닐오듸'는 '안동대학교 박물관'과 〈문헌과 해석〉의 표기이고, '닐오ᄃᆡ'는 '국립국어원 디지털 한글 박물관'의 표기이다. '신사고'는 『문헌과 해석』 (1999, 봄, 통권 6호)을 참고 자료로 했지만 자료 출처와 표기가 다른 부분이 있다. 교과서(하:241)의 '닐오ᄃᆡ', 'ᄆᆡ양', 'ᄒᆞᆫᄃᆡ'는 『문헌과 해석』 에서는 '닐오듸', '믜양', 'ᄒᆞᆫ듸'로 표기되어 있다. 또한 '창비'의 교과서는 '이내 안ᄒᆞᆯ'이라고 표기되어 있는데, 출처 자료에는 '이내 안ᄒᆞᆫ'으로 되어 있다. '천재[김종]'의 교과서는 '몰ᄐᆡ'라고 표기되어 있는데, 『문헌과 해석』 (1999:47)에는 '몰태(?)'로 되어 있다. 이에 대해서 안동대학교 박물관(2000:114)에서는 다음과 같이 설명하고 있다.

> '몰래'로 보이기도 하지만 ㄹ의 書法이라고 보기 어려워 잠정적으로 '몰ᄐᆡ'로 읽어 둔다. '몰래'라는 부사는 문헌에 보이지 않은 것이어서 이 자형을 '몰래'로 보는 데 문제가 있다. 편지의 문맥으로 보면 이 어형의 뜻은 '몰래'로 보아도 좋다. 그러나 '꼭', '반드시'와 같은 부사로 풀이해도 무방하지만 정확한 해석이 되려면 이와 관련된 다른 용례가 나와야 할 듯하다.

또한 '천재[김종]'의 교과서는 '창비' 교과서나 다른 참고 자료와 달리 '가시ᄃᆡ ᄌᆞ식'으로 표기되어 있다. 한편, '천재[김종]'의 교과서는 〈이응태 부인 언간〉의 내용을 『문학 시간에 옛글 읽기』(전국국어교사모임 엮음, 나라말, 2008)를 참조했다고 밝히고 있지만 이 자료에는 교과서 106쪽에 나오는 현대어 풀이만 있다. 107쪽에 나오는 '워니 아바님ᄭᅴ 샹ᄇᆡᆨ'이라는 원문 내용은 이 자료에는 수록되어 있지 않다.

(5) 〈번역노걸대〉, 〈노걸대언해〉의 원문 표기 비교

〈노걸대언해〉를 언어 자료로 수록하고 있는 교과서는 '교학', '신사고', '지학[방]', '천재[김대]' 등이다. 먼저 '신사고' 교과서의 원문 표기 오류부터 살펴보자. 교과서의 '통합적으로 정리하기'(하:251)에는 〈번역노걸대〉, 〈노걸대언해〉, 〈노걸대신석언해〉를 비교하는 활동이 있다. 이 중 〈번역노걸대〉와 〈노걸대언해〉의 예는 '천재[김대]' 교과서에도 똑 같은 부분이 실려 있다. 두 교과서의 내용을 비교하면 다음과 같다.

| 표 16 | '신사고', '천재[김대]' 교과서의 <번역노걸대>, <노걸대언해> 비교

교과서	출전 (간행 시기)	내용
신사고	번역노걸대 (1510년대)	네 <u>닐옴이</u> 올타 나도 ᄆᆞᅀᆞ매 이리 너기노라 네 닐오미 내 ᄠᅳᆮ과 <u>ᄀᆞᆺ다</u>
	노걸대언해 (1670)	네 니ᄅᆞ미 올타 나도 ᄆᆞ음애 이리 ᄉᆡᆼ각ᄒᆞ엿더니 네 닐오미 맛치 내 <u>ᄠᅳᆮ</u>과 ᄀᆞᆺ다
천재 [김대]	번역노걸대 (1501)	네 <u>닐오미</u> 올타 나도 ᄆᆞᅀᆞ매 이리 너기노라 네 닐오미 내 ᄠᅳᆮ과 <u>ᄀᆞᆮ다</u>(방점 생략)
	노걸대언해 (1795)	네 니ᄅᆞ미 올타 나도 ᄆᆞ음애 이리 ᄉᆡᆼ각ᄒᆞ엿더니 네 <u>니ᄅᆞ미</u> 맛치 내 <u>ᄯᅳᆺ</u>과 ᄀᆞᆺ다
원문	번역노걸대 (1510년대)	네 닐오미 올타 나도 ᄆᆞᅀᆞ매 이리 너기노라 네 닐오미 내 ᄠᅳᆮ과 <u>ᄀᆞᆮ다</u>
	노걸대언해 (1670)	네 니ᄅᆞ미 올타 나도 ᄆᆞ음애 이리 ᄉᆡᆼ각ᄒᆞ엿더니 네 닐오미 맛치 내 <u>ᄠᅳᆺ</u>과 ᄀᆞᆺ다

'신사고' 교과서에서는 자료 출처에 대한 언급이 없고, '천재[김대]' 교과서는 『老乞大新釋 : 重刊老乞大 : 重刊老乞大諺解』(서울대학교 규장각, 2003)를 자료로 했다. 원문을 확인해 보면 〈번역노걸대〉의 경우는 '천재[김대]' 교과서의 내용이 맞다. '신사고' 교과서의 이 자료는 제6차 교육과정의 『문법』(1998:224)에도 수록되어 있다. 다만, 제6차 『문법』 교과서에서는 'ᄀᆞᆺ다', 'ᄠᅳᆮ'이 각각 'ᄀᆞᆮ다'와 'ᄠᅳᆺ'으로 되어 있다. '신사고' 교과서의 2012학년도용 '검정 도서 수정·보완 대조표'에서 이 부분이 지적되었지만 〈노걸대신석언해〉의 'ᄉᆡᆼ각ᄒᆞ엿더니'를 'ᄉᆡᆼ각ᄒᆞ엿더니'로만 수정했다. 한편, 〈노걸대언해〉를 수록한 '천재[김대]'의 교과서는 그 간행 시기의 오류가 있는데, 이는 뒤에서 살펴볼 것이다.

(6) 〈만흥〉의 원문 표기 비교

이 언어 자료는 〈문법〉 영역이나 〈문학〉 영역의 제재로 학습하는데, '텍스트', '비상', '천재[김종]' 등의 교과서에 수록되어 있다. '텍스트' 교과서는 『시조와 가사의 해석』(역락, 2006)을 자료 출처로 했다. 그런데 자료 출처와 교과서의 내용이 다르다. '텍스트' 교과서에서 참고로 한 『시조와 가사의 해석』에 나오는 내용은 원문과 너무 다르기에 오히려 '텍스트' 교과서의 내용이 더 원문에 가깝기는 하지만 교과서 역시 원문의 내용과는 다르다. 교과서에서 밝히듯이 일부 글은 "학생들의 학습 수준과 수업 목표를 고려하여 그 내용이나 표현을 부분적으로" 수정할 수 있다. 그런데 원문의 내용을 훼손하는 수준이기에 문제이다.

자료 출처의 '뛰집'을 교과서에서는 '쒸집'으로 수정했다. 그런데 『우리말 큰사전-4. 옛말과 이두』에서는 '뛰집'의 어형을 확인할 수 있는 용례로 〈고산유고〉의 이 부분을 제시하고 있다. '쒸집'은 〈교본 역대 시조 전서〉의 용례로 따로 제시하고 있다. 또한 '히늘히'는 오각임이 확실하다. 그렇기에 교정할 수도 있지만 그렇다고 해도 중세 국어나 근대 국어 시기에 없는 어형인 'ᄒᆞ늘'로 교정할 수는 없다. '비상'의 교과서에도 〈문학〉 영역의 언어 자료로 〈만흥〉이 수록되어 있는데, '히늘히'를 '하늘히'로 교정했다. 또한 '천재[김종]'의 교과서

(하:151)에서도 〈문학〉 영역의 언어 자료로 〈만흥〉이 수록되어 있는데, 'ᄒᆞ날히'의 잘못이라고 풀이한다. 출처 자료에 '웃음'으로 된 것을 근대 국어 자료임을 고려하여 '우ᅀᅮᆷ'으로 교정한 것도 문제이다. '텍스트' 교과서(하:104)의 '국어의 변천 과정 이해하기'에 따르면 'ᅀ'은 17세기 이전에 이미 소실되었기 때문이다. 〈고산유고〉는 조선 인조 때의 학자 고산 윤선도(1587~1671)의 문집인데, 정조 15년(1791)에 왕명에 따라 간행되었고, 정조 22년(1798)에 개편·간행되었다. 따라서 〈만흥〉이 창작된 시기는 17세기로 추정되기에 'ᅀ'이 사용되었을 가능성은 없다. '텍스트' 교과서에 수록된 〈만흥〉의 내용 중 원문과 다른 부분을 정리하면 〈표 17〉과 같다. 원문은 『국역 고산유고』(이형대 외, 소명출판, 2004)와 『(원본)국어국문학총림』 제7권의 〈만흥〉을 참조했다.

한편, '비상'의 교과서(상:44-45)와 '천재[김종]'의 교과서(하:150-151)는 〈문학〉 영역을 학습하는 언어 자료로 〈만흥〉을 수록하고 있다. 두 교과서의 참고 자료는 『국역 고산유고』(이형대 외, 소명출판, 2004)인데도 두 교과서의 내용이 다른 경우도 있다.

| 표 17 | 검정 교과서의 <만흥> 표기 오류

교과서	내용	원문 내용	비고
텍스트	쒸집	뛰집	
	모른	모ᄅᆞᆫ	
	ᄂᆞᆷ들흔	ᄂᆞᆷ들은	
	쁜의ᄂᆞᆫ	뜻의ᄂᆞᆫ	
	우ᅀᅮᆷ	우움	
	ᄒᆞᄂᆞᆯ히	히ᄂᆞᆯ히	오각
	아ᄆᆞ리	아므리	
비상	임천한흥(林泉閑興)	林님泉쳔閑한興흥	
	인간만ᄉᆞ(人間萬事)	人인間간萬만事ᄉᆞ	
	임군	님군	
천재[김종]	林님泉쳔閑한興흥	林님泉쳔閑한興흥	
	人인間간萬만事사	人인間간萬만事ᄉᆞ	
	님군	님군	

(7) 이정보 사설시조의 원문 표기

'텍스트' 교과서(하:64)에는 이정보의 사설시조를 현대어로 고쳐 써 보는 학습 활동이 있다. 이 작품의 출처는 『시와 시조 창작론』(이정자, 국학 자료원, 2004)이다. 그런데 그 내용에 많은 차이가 있다. 교과서 내용과 참고 자료의 내용을 비교하면 다음과 같다.

◇ 『시와 시조 창작론』(2004:271)
님으란 회양 금성 오리 남기 되고 나는 삼사월 츩넌출이 되야
그 남게 그 츩이 낙검의 납의 감듯 일이로 츤츤 졀이로 츤츤 외오 풀러
올히 감아 얼거져 틀어져 밋붓터 <u>ᄉᆞᆺᄉᆞ지</u> 죠곰도 뷘틈업시 찬찬 굽의나게
휘휘 감겨 주야장상 <u>뒤틀러져</u> 감겨 잇셔
동섯ᄯᆞᆯ 바람비 <u>눈서리</u>를 암으만 맛즌들 ᄶᅧᆯ어질 ᄶᅩᆯ이 <u>이시랴</u>

◇ '텍스트'(상:64)
님으란 淮陽金城(회양금성) 오리남기 되고 나는 三四月(삼사월) 츩넌출이 되야
그 남게 그 츩이 낙검의 납의감듯 일이로 츤츤 졀이로 츤츤 외오 풀러 올
히 감아 얼거져 틀어져 밋붓터 <u>ᄉᆞᆨᄉᆞ지</u> 죠곰도 뷘틈업시 찬찬굽의나게 휘
휘 감겨 晝夜長常(주야장상) <u>뒤트러져</u> 감겨 잇셔
冬(동)섯ᄯᆞᆯ 바람비 <u>눈설이</u>를 암으만 맛즌들 ᄶᅧᆯ어질 ᄶᅩᆯ이 <u>이실야</u>.

물론 이 부분 때문에 작품 이해에 문제가 생기는 것은 아니다. 그렇지만 검정 교과서의 신뢰성은 떨어질 수 있다.

(8) 〈동명일기〉의 원문 표기 및 저자

〈동명일기〉는 근대 국어의 특징을 학습하는 언어 자료로 많은 검정 교과서에 수록되어 있는 작품이다. 〈동명일기〉는 『의유당관북유람일기』에 수록된 수필인데, 이 작품의 원본에 대해서 류준경(2008)에서는 다음과 같이 설명하고 있다. 이 작품은 1948년에 가람 이병기의 교주본이 출판되면서 알려지게 되었다. 출판 당시 책 제목은 『意幽堂日記』였으며, 저자는 의유당 '연안 김씨'로

소개되었고, 창작 시기는 순조 18년 1829년이라고 하였다. 그런데 『의유당관북유람일기』의 원본은 현재 전해지지 않는다. 가람에 의하면 원문이 필사본이었으며, 탈락 및 오사된 곳이 많아서 현대 활자화하는 과정에서 원래의 모습과 상당히 수정된 것이라고 한다. 『의유당관북유람일기』는 1949년 『조선역대여류문집』(민병도 편, 을유문화사)에 실려 다시 소개된다. 이때 제목은 〈의유당집〉으로 되어 있으며, 고어 표기를 살리고, 철자법을 수정하지 않았다고 한다. 그런데 이 책의 편자인 민병도가 쓴 서문에 의하면 "자료의 수집과 해설은 전혀 이병기 선생과 이병도 선생의 지도로 된 것"이라 하였다. 이는 『조선역대여류문집』에 실린 〈의유당집〉이 이전에 소개된 〈의유당일기〉와 동일한 자료를 바탕으로 만들어진 것임을 알려주는 대목이다. 따라서 『의유당관북유람일기』의 원본이 전해지지 않는 현재의 상황에서, 가장 원본의 모습을 잘 보여 주는 자료는 『조선역대여류문집』 소재의 〈의유당집〉이다. 하지만 이 역시 상당 부분 수정된 것이다. 왜냐하면 이병기가 처음 소개하면서 탈락이나 오사된 부분이 많다고 하였지만, 『조선역대여류문집』 소재 〈의유당집〉에서는 탈락이나 오사가 거의 나타나지 않기 때문이다. 곧 이병기가 탈락이나 오사되었다고 생각한 부분을 바로 잡아서 소개한 것이 바로 이 책이다.

검정 국어 교과서 중 모두 일곱 개의 교과서가 〈동명일기〉를 언어 자료로 수록하고 있는데, 그것을 정리하면 다음과 같다.

| 표 18 | 검정 교과서의 <동명일기> 수록 현황

교과서	제목 및 내용 영역	자료 출처
중앙	동명일기 〈문학〉	『의유당 일기』(강한영 , 신구문화사, 1974)
지학[박]	동명일기 〈문학〉	『조침문』(구인환 역, 신원문화사, 2004)
지학[방]	동명일기 〈문법〉	『의유당 일기』(강한영, 신구문화사, 1974)
창비	동명일긔 〈문법〉	『의유당 일기』(강한영, 신구문화사, 1974)
천재[김대]	동명일긔 〈문법〉	『국어(하)』 2009
천재[박]	동명일긔 〈문법〉	『의유당관북유람일기』(류준경, 신구문화사, 2008)
텍스트	동명일긔 〈문학〉,〈문법〉	『의유당관북유람일기』(류준경, 신구문화사, 2008)

이 중 '중앙'의 교과서와 '지학[박]' 교과서는 현대어 풀이만 제시하고 있어 문제가 되지 않는다. '중앙'의 교과서(상:213)에 수록된 〈동명일기〉는 자료 출처인 『의유당 일기·화성 일기』(강한영, 1974)의 내용과 많이 다르다. 이는 교과서 말미에서 밝히고 있듯이 "일부의 글은 학생들의 학습 수준과 수업 목표를 고려하여 그 내용을 부분적으로" 수정했기 때문으로 풀이된다. 한편, 〈동명일기〉는 제7차 교육과정의 고등학교 『국어(하)』에도 수록되어 있다. '천재[김대]'의 교과서는 2009년판 고등학교 『국어(하)』에 수록된 것을 자료로 했다고 밝히고 있는데, 고등학교 『국어(하)』는 강한영 교주의 『의유당 일기』를 자료로 했다고 밝히고 있다. 결과적으로 '지학[방]', '창비', '천재[김대]'의 교과서와 제7차 교육과정의 『국어(하)』에 수록된 〈동명일기〉는 강한영 교주의 『의유당 일기』에 수록된 것을 내용으로 했다. 다음은 강한영 교주의 『의유당 일기』의 '범례'이다.

> 1. 원본(原本)은 필사본(筆寫本)이다. 오사(誤寫)되었으리라 짐작되는 곳은 고쳐 보았다.
> 2. 철자에 있어서도 읽기 쉽게 다음과 같이 고쳤다.
>   ① 띄어쓰기는 구조(口調)를 많이 참작하였다.
>   ② 속칭 「아래아」자 즉 「·」는 말을 따라 ㅏ·ㅓ·ㅗ·ㅜ·ㅡ들로 고쳤다.
>   ③ ㅺ·ㅽ·ㅼ·ㅳ·ㅄ·ㅶ 들은 ㄲ·ㅃ·ㄸ·ㅆ·ㅉ로 고쳤다.
>   ④ 주로 한자음에 있어서 ㅅ·ㅈ·ㅊ 다음에 오는 ㅑ·ㅕ·ㅛ·ㅠ는 ㅏ·ㅓ·ㅗ·ㅜ로 고쳤다.
>   ⑤ ㄹ이 ㄴ으로 된 것은 철자법대로 고치기도 하였다.
>   ⑥ ㅅ받침은 철자법대로 ㄷ·ㅌ·ㅈ·ㅊ 등으로 고치기도 하였다.
>   ⑦ 명사와 모음 토는 대강 구별하였다.

즉, 강한영 교주의 〈동명일기(東溟日記)〉에는 고어(古語) 표기가 없지만 이들 교과서에는 '·'와 같은 표기가 있다. 다음은 〈동명일기〉를 언어 자료로 수록하고 있는 검정 교과서와 출처 자료의 내용을 비교한 것이다.

| 표 19 | 검정 교과서 <동명일기> 내용 비교

교과서		내용	출처 자료 내용
지학[방]	표기	져긔 믈밋ᄎᆞᆯ 보라 웨거ᄂᆞᆯ	고어 표기 없음
		븕웃븕웃	
		첫 홍ᄉᆡᆨ을 헤앗고	
		항독	
		빗최던	
		믈속의 풍덩 ᄲᆞ디ᄂᆞᆫ 듯시브더라 일ᄉᆡᆨ이 됴요ᄒᆞ며	
		청낭(晴朗)ᄒᆞ니(현대어 풀이 참조)	청랑(淸朗)하니
	창작시기	영조 48년(1772)	순조 29년(1829)
	작가	의유당 김씨(하:24) 의유당(하:29, 저자 및 출처)	의유당 연안 김씨
창비	표기	져긔 믈밋ᄎᆞᆯ 보라 웨거ᄂᆞᆯ	고어 표기 없음
		븕웃븕웃	
		첫 홍ᄉᆡᆨ을 헤앗고	
		항독	
		빗최던	
		믈속의 풍덩 ᄲᆞ디ᄂᆞᆫ 듯시브더라 일ᄉᆡᆨ이 됴요ᄒᆞ며	
		청낭ᄒᆞ니(현대어 한자 표기 없음)	청랑(淸朗)하니
	창작시기	영조 48년(1772)	순조 29년(1829)
	작가	의유당(저자 및 출처)	의유당 연안 김씨
천재[김대]	내용	져긔 믈밋ᄎᆞᆯ 보라 웨거ᄂᆞᆯ	져긔 믈밋ᄎᆞᆯ 보라 웨거ᄂᆞᆯ
	창작시기	1772	영조 48년(1772)
	작가	의유당 연안 이씨	의유당
천재[박]	내용	져긔 믈밋ᄎᆞᆯ 보라 웨거ᄂᆞᆯ	"져긔 믈 밋ᄎᆞᆯ 보라." 웨거ᄂᆞᆯ
		븕웃븕웃	붉웃붉웃
		첫 홍ᄉᆡᆨ을 헤앗고	첫 홍ᄉᆡᆨ을 헤앗고
		항독	항, 독
		빗최던	비최던
		믈 속의 풍덩 ᄲᆞ디ᄂᆞᆫ듯 시브더라 일	믈 속의 풍덩 ᄲᆞ디ᄂᆞᆫ듯 시브더라.

		ᄉᆡᆨ이 됴요ᄒᆞ며	일ᄉᆡᆨ이 됴요ᄒᆞ며
		청낭(晴朗)하니(현대어 풀이 참고)	청낭(淸朗)하니
	창작 시기	영조 48년(1772)	영조 48년(1772)
	작가	구체적 언급 없음	의유당 의령 남씨
텍스트	내용	"져긔 물 밋ᄎᆞᆯ 보라." 웨거ᄂᆞᆯ	"져긔 믈 밋ᄎᆞᆯ 보라." 웨거ᄂᆞᆯ
		븕읏븕읏	븕읏븕읏
		첫 홍ᄉᆡᆨ을 헤앗고	첫 홍ᄉᆡᆨ을 헤앗고
		항, 독	항, 독
		빗최던	비최던
		믈속의 풍덩 싸디ᄂᆞᆫ 듯시브더라. 일ᄉᆡᆨ이 됴요ᄒᆞ며	믈 속의 풍덩 싸디ᄂᆞᆫ듯 시브더라. 일ᄉᆡᆨ이 됴요ᄒᆞ며
		청낭(淸朗)하니(어휘 풀이 참조)	청낭하니(淸朗)
		짐작에 처음 ᄇᆡᆨ지 반 장만치 븕은 긔운은 그 속에서 ᄒᆡ 장ᄎᆞ 나려고 우리어 그리 븕고, 그 회오리 밤 ᄀᆞᆺ한 것은 진짓 일ᄉᆡᆨ을 빠혀 내니 우리온 긔운이 ᄎᆞᄎᆞ 가ᄉᆡ며, 독 ᄀᆞᆺ고 항 ᄀᆞᆺ한 것은 일ᄉᆡᆨ이 모딜이 고온 고로 보긔 사람의 안력이 황홀하여, 도모지 헛긔운인 ᄃᆞᆺ 시븐지라.	짐쟉의 처엄 ᄇᆡᆨ지 반 쟝만티 븕은 긔운은 그 속의셔 ᄒᆡ 쟝ᄎᆞᆺ 나려ᄒᆞ고 우리여 그리 븕고 그 회호리밤 ᄀᆞᆺᄒᆞᆫ 거ᄉᆞᆫ 진짓 일ᄉᆡᆨ을 ᄡᅢ혀 내니 우리온 긔운이 ᄎᆞᄎᆞ 가ᄉᆡ며 독 ᄀᆞᆺ고 항 ᄀᆞᆺᄒᆞᆫ 거ᄉᆞᆫ 일ᄉᆡᆨ이 모디리 고온 고로 보는 사람의 안력이 황홀ᄒᆞ야 도모디 헷긔운인 ᄃᆞᆺ시브더라.
	창작 시기	구체적 언급 없음	영조 48년(1772)
	작가	의유당 의령 남씨	의유당 의령 남씨
제7차 『국어』	내용	져긔 믈밋ᄎᆞᆯ 보라 웨거ᄂᆞᆯ	고어 표기 없음
		븕읏븕읏	
		첫 홍ᄉᆡᆨ을 헤앗고	
		항독	
		빗최던	
		믈 속의 풍덩 싸디ᄂᆞᆫ듯 시브더라 일ᄉᆡᆨ이 됴요ᄒᆞ며	
		청낭(晴朗)하니(현대어 풀이 참조)	청랑(淸朗)하니
	창작 시기	영조 48년(1772)	영조 48년(1772)
	작가	의유당	의유당 연안 김씨

〈동명일기〉의 내용 비교를 통해 알 수 있는 것은 다음과 같다. 첫째, "져긔 믈밋출 보라 웨거늘"의 표기이다. '텍스트' 교과서만이 이 구절에 인용 표시를 하고 있다. 류준경의 『의유당관북유람일기』에는 인용 표시가 되어 있는데, 같은 자료를 출처로 하는 '천재[박]'의 교과서에는 인용 표시가 없다. 둘째, '븕읏븕읏'과 '빗최던'의 표기이다. 모든 검정 교과서와 제7차 『국어』 교과서는 '븕읏븕읏', '빗최던'으로 되어 있으며, 민병도의 『의유당집』에도 '븕읏븕읏' , '빗최던'으로 되어 있다. 그런데 '천재[박]'과 '텍스트' 교과서의 출처 자료인 『의유당관북유람일기』(류준경, 2008)에는 '붉읏붉읏', '비최던'으로 표기되어 있지만 두 교과서는 '븕읏븕읏', '빗최던'으로 표기하고 있다. 셋째, '첫 홍식을 헤앗고'의 표기이다. '창비' 교과서와 '텍스트' 교과서만이 '혜앗고'로 표기하고 있다. 제7차 『국어(하)』 2002년판 교과서(2002:38)에도 '혜앗고'로 표기되어 있다. 넷째, '항독'의 표기이다. 류준경의 『의유당관북유람일기』에는 '항, 독'으로 되어 있지만 이 자료를 출처로 하는 '천재[박]' 교과서는 '항독'으로 표기한다. 다섯째, "믈속의 풍덩 빠디는 듯 시브더라"와 "일식이 됴요하며"의 줄바꿈이다. 류준경의 『의유당관북유람일기』에는 줄바꿈을 하고 있지만 민병도의 『의유당집』과 '천재[박]', '텍스트'를 포함한 모든 교과서는 줄을 바꾸지 않았다. 여섯째, '청낭'의 한자어 표기이다. 류준경의 『의유당관북유람일기』와 강한영의 『의유당 일기』에는 '청랑(淸朗)'이라고 표기한다. 류준경을 자료로 하는 '텍스트' 교과서만 '청랑(淸朗)'으로 표기한다. 민병도의 『의유당집』이나 '창비' 교과서는 한자 표기가 없다. 나머지 교과서들은 모두 '청랑(晴朗)'으로 표기한다. '청랑(淸朗)하다'는 "맑고 명랑하다."의 뜻을 나타내는데 비해 '청랑(晴朗)하다'는 "날씨가 맑고 화창하다."의 뜻이다. 문맥을 고려하면 '청랑(晴朗)'으로 표기하는 것이 맞다. 일곱째, '텍스트' 교과서의 "짐작에 처음 …… 도모지 헛긔운인 듯시븐지라."라는 부분은 원문이나 출처 자료와 완전히 다르다.

이 작품의 저자도 검정 교과서에 따라 차이가 있다. '천재[김대]'의 교과서(하:276)에서는 이 작품의 저자를 '의유당 연안 이씨'로 소개하고 있다. '지학[방]'의 교과서(하:24)에서는 '의유당 김씨'라고 소개했다가 이 작품을 다루는 부분(하:29)에서는 '의유당'으로 소개한다. '창비' 교과서에서는 작품을 다루는 부분에는 언급하지 않다가 '저자 및 출처'(하:308)에서 '의유당'이라고 한다. 그런데 '창비' 교과서의 교사용 지도서(하:137)에서는 "최근 의유당은 영조 때 인물인 신대손(申大孫)의 부인 의령 남씨(宜寧南氏)"라고 설명한다. '천재[박]'의 교과서에서도 작품을 다룰 때에는 작가를 소개하지 않지만 자료 출처인 류준경의 『의유당관북유람일기』(신구문화사:2008)에서는 작가를 '의유당 남씨'로 소개한다. 그런데 '천재[박]'의 교사용 교과서(상:127)에서는 '의유당 김씨'로 되어 있다. 이에 비해 '텍스트'의 교과서(하:91)는 작가를 '의령 남씨'라고 소개한다. '중앙'의 교과서(상:213)와 '지학[박]'의 교과서(하:44)는 〈문학〉 영역에서 〈동명일기〉를 현대어로 풀이한 부분을 수록하고 있다. '중앙' 교과서(하:319)의 경우 '제재 출처'에서는 『의유당 일기 화성 일기』(강한영, 신구 문화사, 1974)를 제재로 했다고 밝히고 있기에 '연안 김씨'를 작가라고 추측할 수밖에 없다. '지학[박]'의 교과서(하:280)에서는 『조침문』(구인환 역, 신원문화사, 2004)을 출처로 했다고 한다.

한편, 제7차 『국어(하)』 2002년판에는 창작 시기가 '영조 48년(1722년)'으로 되어 있다.

(9) 〈독립신문 창간사〉의 원문 표기 비교

〈독립신문〉은 건양(建陽) 1년(1896)에 '독립 협회'의 서재필, 윤치호가 창간한 우리나라 최초의 민간 신문이다. 순 한글 신문으로 영자판과 함께 발간하여 처음에는 격일간으로 펴내던 것을 1898년 7월부터 매일 발간하다가 광무 3년(1899)에 폐간되었다. 〈독립신문〉은 한글 전용과 띄어쓰기를 했다는 점에서 많은 검정 교과서에 언어 자료로 수록되어 있다. 〈독립신문〉을 언어 자료로 수록하고 있는 교과서는 '교학', '금성', '미래', '비상', '신사고', '중앙', '지학[박]', '지학[방]', '창비', '천재[김대]', '천재[김종]', '천재[박]', '해냄' 등이다. 이 중 '중앙'의 교과서는 〈독립신문〉의 '논셜'(1896. 4. 7)을 싣고 있고, '지학[방]'의 교과서는 1896년 4월 22일자 기사, '해냄'의 교과서는 1896년 4월 21일자 광고를 수록하고 있다. '지학[방]' 교과서는 수록 자료를 1896년 4월 22일자 기사라고 밝히고 있는데, 1898년 7월 이전까지 격일간이었던 신문에 4월 22일자가 있을 수 없다. 나머지 교과서는 〈독립신문 창간사〉라고 불리는 부분을 수록하고 있는데, 교과서별로 원문 자료의 출처를 정리하면 다음과 같다.

| 표 20 | <독립신문 창간사> 수록 검정 교과서와 자료 출처

출판사	출처 자료
교학, 미래, 비상, 지학[박]	〈독립신문〉(1896)
금성, 천재[김종]	고등학교 『국어(하)』(교육인적자원부, 2002)
신사고	『독립신문』(갑을출판사, 1981)
창비	고등학교 『국어(하)』(교육부, 1996)
천재[김대]	고등학교 『국어(하)』(교육과학기술부, 2009)
천재[박]	"독립 신문" 국영문 창간호(독립기념관 소장)

'금성' 교과서(하:77)에 수록된 〈독립신문 창간사〉는 표기 오류도 있다. '금성' 교과서에서는 원문의 '몬저 빅화'를 '몬저 빅와'로 표기하고 있다. '금성' 교과서의 경우 2012학년도용 '검정도서 수정·보완 대조표'에서 '몬저 빅화'로 수정했다. '천재[김대]'의 교과서(하:281)는 원문의 내용을 학습 활동으로 옮기면서 원문의 '쓰는거슨', '또', '잇는말'을 각각 '쓰는 거슨', '쏘', '잇는 말'로 잘못 옮겼다.

〈독립신문 창간사〉의 경우 교과서마다 원문 표기가 차이가 나는 경우가 많다. 2002년판 『국어(하)』를 자료로 한 '금성'과 '천재[김종]' 교과서의 내용도 다르며, 2009년판 『국어(하)』를 자료로 하고 있는 검정 교과서의 표기도 차이가 있다. 〈독립신문〉이 창간된 것이 1896년 4월 7일이므로 '교학', '미래', '지학[박]'의 교과서는 같은 자료일 것이다. 제7차 교육과정의 『국어(하)』도 참고 자료는 '독립신문'(1986. 4.7.)이다.

1896년 4월 7일자 〈독립신문〉을 영인한 책 중, '사단법인 새생활국민운동협회의 독립신문 영인 간행위원회'에서 출판한 『독립신문』(甲乙出版社, 1981)과 'LG상남언론재단'에서 출판한 『독립신문』(1996)의 경우, 내용 중에 차이가 나는 것이 있다. '갑을출판사'의 영인본에는 '국문로로만 쓰는거슨', '국문만쓴 글을 조선 인민이 잘 아러보보지못ᄒᆞ고'로 되어 있다. 이에 비해 'LG상남언론재단'의 영인본은 같은 부분이 '국문으로만 쓰ᄂᆞᆫ거슨', '국문으로 쓴건 죠션 인민이 잘 아러보지 못ᄒᆞ고'로 되어 있다.

'금성', '미래', '비상', '천재[김대]', '천재[김종]' 등의 교과서는 사진 자료를 통해 대충 짐작할 수 있다. 이에 비해 '교학', '지학[박]', '창비'의 교과서는 어떤 영인본을 자료로 했는지 확인이 어렵다. '교학', '미래'의 교과서는 교과서 날개 부분에 "원문에는 '아러보보지못ᄒᆞ고'로 나와 있음. 아마도 오식인 듯" 하다는 설명이 나와 있다. 이런 설명은 『국어(하)』(2002, 2009)에도 나온다. 두 영인본이 어떤 신문을 영인했는지는 알 수 없고, 그 신문 중에서 어느 것이 원본인지는 이 자리에서 밝힐 일은 아니다. 하지만 '갑을 출판사'의 영인본에는 '국문로로만 쓰ᄂᆞᆫ거슨'이라는 형태가 있지만 이런 내용을 실은 교과서는 없다. '신사고' 교과서만이 '갑을출판사'를 참고 자료로 했다고 하지만 교과서에 수록된 부분은 참고 자료와 다르다. 다음은 〈독립신문 창간사〉의 표기를 비교한 것이다. 〈독립신문〉이 띄어쓰기를 시도한 언어 자료라는 점을 부각시키고 있으므로 띄어쓰기까지 고려했다. 한편 '?' 표시는 교과서나 원문에서 줄 바꾸기가 되어 있어 분석할 수 없는 경우를 나타낸 것이다.

| 표 21 | 검정 교과서 <독립신문 창간사> 내용 비교

교과서	교과서 표기	출처의 표기 및 영인본 자료	
교학	국문으로만 쓰ᄂᆞᆫ거슨	갑을	국문로로만 쓰ᄂᆞᆫ거슨
		LG	국문으로만 쓰ᄂᆞᆫ거슨
	잇ᄂᆞᆫ 말	잇ᄂᆞᆫ말	
	죠션 글	죠션글	
	국문만쓴 글을 죠선 인민이 도로혀 잘 아러보지 못ᄒᆞ고	갑을	국문만쓴 글을 조선 인민이 도로혀 잘 아러보보지 못ᄒᆞ고
		LG	국문으로 쓴건 죠선 인민이 도로혀 잘 아러보지 못ᄒᆞ고
	쓴ᄂᆞᆫ 고로	쓴ᄂᆞᆫ고로	
	학문이잇스면	학문이 잇스면	
금성	국문으로만 쓰ᄂᆞᆫ거슨	갑을	국문로로만 쓰ᄂᆞᆫ거슨
		LG	국문으로만 쓰ᄂᆞᆫ거슨
	잇ᄂᆞᆫ말	잇ᄂᆞᆫ말	
	몬저 빅와	몬저 빅화	

미래	국문으로만 쓰ᄂᆞᆫ거슨	갑을	국문로로만 쓰ᄂᆞᆫ거슨
		LG	국문으로만 쓰ᄂᆞᆫ거슨
	잇ᄂᆞᆫ 말	잇ᄂᆞᆫ말	
	국문만쓴 글을 죠선 인민이 도로혀 잘 아러보지못ᄒᆞ고	갑을	국문만쓴 글을 조선 인민이 도로혀 잘 아러보보지 못ᄒᆞ고
		LG	국문으로 쓴건 죠선 인민이 도로혀 잘 아러보지 못ᄒᆞ고
	쓴ᄂᆞᆫ 고로	쓴ᄂᆞᆫ고로	
	학문이잇스면	학문이 잇스면	
비상	국문으로만 쓰ᄂᆞᆫ거슨	갑을	국문로로만 쓰ᄂᆞᆫ거슨
		LG	국문으로만 쓰ᄂᆞᆫ거슨
	잇ᄂᆞᆫ말	잇ᄂᆞᆫ말	
신사고	국문으로만 쓰ᄂᆞᆫ거슨	갑을	국문로로만 쓰ᄂᆞᆫ거슨
		LG	국문으로만 쓰ᄂᆞᆫ거슨
	잇ᄂᆞᆫ말	잇ᄂᆞᆫ말	
	죠션글	죠션글	
	국문으로 쓴건 죠선 인민이 도로혀 잘 아러보지 못ᄒᆞ고	갑을	국문만쓴 글을 조선 인민이 도로혀 잘 아러보보지 못ᄒᆞ고
		LG	국문으로 쓴건 죠선 인민이 도로혀 잘 아러보지 못ᄒᆞ고
	쓴ᄂᆞᆫ 고로	쓴ᄂᆞᆫ고로	
	학문이잇스면	학문이 잇스면	
지학[박]	국문으로만 쓰ᄂᆞᆫ거슨	갑을	국문로로만 쓰ᄂᆞᆫ거슨
		LG	국문으로만 쓰ᄂᆞᆫ거슨
	잇ᄂᆞᆫ말	잇ᄂᆞᆫ말	
	죠션글	죠션글	
	국문만쓴 글을 죠선 인민이 도로혀 잘 아러보지못ᄒᆞ고	갑을	국문만쓴 글을 조선 인민이 도로혀 잘 아러보보지 못ᄒᆞ고
		LG	국문으로 쓴건 죠선 인민이 도로혀 잘 아러보지 못ᄒᆞ고
	쓴ᄂᆞᆫ 고로	쓴ᄂᆞᆫ고로	
	학문이잇스면	학문이 잇스면	
창비	국문으로만 쓰ᄂᆞᆫ거슨	갑을	국문로로만 쓰ᄂᆞᆫ거슨
		LG	국문으로만 쓰ᄂᆞᆫ거슨
	잇ᄂᆞᆫ말	잇ᄂᆞᆫ말	
	죠션 글	죠션글	
	국문만쓴 글을 죠선 인민이 도로혀 잘 아러보지못ᄒᆞ고	갑을	국문만쓴 글을 조선 인민이 도로혀 잘 아러보보지 못ᄒᆞ고
		LG	국문으로 쓴건 죠선 인민이 도로혀 잘 아러보지 못ᄒᆞ고
	쓴ᄂᆞᆫ 고로	쓴ᄂᆞᆫ고로	
	학문이잇스면	학문이 잇스면	

<table>
<tr><td rowspan="5">천재
[김대]</td><td rowspan="2">국문으로만 쓰ᄂᆞᆫ거슨/
쓰는 거슨(학습 활동)</td><td>갑을</td><td>국문로로만 쓰ᄂᆞᆫ거슨</td></tr>
<tr><td>LG</td><td>국문으로만 쓰ᄂᆞᆫ거슨</td></tr>
<tr><td>ᄯᅩ/ᄯᅭ(학습 활동)</td><td colspan="2">ᄯᅩ</td></tr>
<tr><td>잇ᄂᆞᆫ말/잇ᄂᆞᆫ 말(학습 활동)</td><td colspan="2">잇ᄂᆞᆫ말</td></tr>
<tr><td colspan="3"></td></tr>
<tr><td rowspan="8">천재
[김종]</td><td rowspan="2">국문으로만 쓰ᄂᆞᆫ거슨</td><td>갑을</td><td>국문로로만 쓰ᄂᆞᆫ거슨</td></tr>
<tr><td>LG</td><td>국문으로만 쓰ᄂᆞᆫ거슨</td></tr>
<tr><td>잇ᄂᆞᆫ 말</td><td colspan="2">잇ᄂᆞᆫ말</td></tr>
<tr><td>죠션글</td><td colspan="2">죠션글</td></tr>
<tr><td rowspan="2">국문만쓴 글을 죠선 인민이 도로혀 잘 아러보지못ᄒᆞ고</td><td>갑을</td><td>국문만쓴 글을 조선 인민이 도로혀 잘 아러보보지 못ᄒᆞ고</td></tr>
<tr><td>LG</td><td>국문으로 쓴건 죠선 인민이 도로혀 잘 아러보지 못ᄒᆞ고</td></tr>
<tr><td>쓴ᄂᆞᆫ 고로</td><td colspan="2">쓴ᄂᆞᆫ고로</td></tr>
<tr><td>학문이잇스면</td><td colspan="2">학문이 잇스면</td></tr>
<tr><td rowspan="7">천재
[박]</td><td rowspan="2">국문으로만 쓰ᄂᆞᆫ거슨</td><td>갑을</td><td>국문로로만 쓰ᄂᆞᆫ거슨</td></tr>
<tr><td>LG</td><td>국문으로만 쓰ᄂᆞᆫ거슨</td></tr>
<tr><td>잇ᄂᆞᆫ 말</td><td colspan="2">잇ᄂᆞᆫ말</td></tr>
<tr><td>죠션글</td><td colspan="2">죠션글</td></tr>
<tr><td rowspan="2">국문만쓴 글을 죠선 인민이 도로혀 잘 아러보지못ᄒᆞ고</td><td>갑을</td><td>국문만쓴 글을 조선 인민이 도로혀 잘 아러보보지 못ᄒᆞ고</td></tr>
<tr><td>LG</td><td>국문으로 쓴건 죠선 인민이 도로혀 잘 아러보지 못ᄒᆞ고</td></tr>
<tr><td>?</td><td colspan="2">쓴ᄂᆞᆫ고로</td></tr>
<tr><td></td><td>학문이잇스면</td><td colspan="2">학문이 잇스면</td></tr>
</table>

(10) 그 밖의 언어 자료 및 학습 활동의 표기 오류

검정 교과서에 수록된 언어 자료 중에서 〈임신서기석〉, 〈처용가〉, 〈헌화가〉, 〈용비어천가〉, 〈월인석보〉, 〈동국신속삼강행실도〉, 〈상저가〉, 〈신정심상소학〉, 〈서유견문〉 등의 표기가 원문과 다른 경우가 있고, 학습 활동의 옛말 표기에 오류가 있는 것도 있다. 이를 하나로 다루어 정리하면 다음과 같다.

| 표 22 | 그 밖의 언어 자료 및 학습 활동의 표기 오류

교과서	언어 자료 및 학습 활동	교과서 내용	원문 및 출처 자료 내용
금성	학습 활동(하:69)	백셩 〉 백성	ᄇᆡᆨ셩
디딤돌	〈월인석보〉(하:242)	一切(일체)	一·ᅙᅵᇙ切·촁
신사고	〈헌화가〉(하:221)	자ᄫᆞ온손	자ᄇᆞ몬손
	〈훈민정음 언해본〉(하:224)	世·솅宗종	世·솅宗종
		百·ᄇᆡᆨ姓·셩	百·ᄇᆡᆨ姓·셩
		ᄆᆡᆼ·ᄀᆞ노·니	ᄆᆡᆼ·ᄀᆞ노·니
	〈서유견문〉(하: 249)	ᄒᆞ나니	ᄒᆞᄂᆞ니
		在할ᄯᆞᄅᆞᆷ이라	在ᄒᆞᆯᄯᆞᄅᆞᆷ이라
	학습 활동(하:230)	ᄉᆞ맛·디	ᄉᆞᄆᆺ·디
		듕·귁·에달·아	듕·귁·에달·아
중앙	〈귀손연옹〉(하:173)	다ᄉᆞᆷ어미	다ᄉᆞᆷ어미
	〈상저가〉(하:178)	아버님, 어머님	아바님, 어마님
지학[박]	ᄇᆡᆨ셩(하:218)		ᄇᆡᆨ셩
창비	〈처용가〉(하:79, 88)	夜入伊游行如可	夜入伊遊行如可
	〈용비어천가〉(하:80)	·ᄒᆞᄂᆞ니	·ᄒᆞᄂᆞ·니
천재[김대]	〈훈민정음 언해본〉(하:264)	듕·귁에	듕·귁·에
	〈신정심상소학〉(하: 280)	한 괴가	ᄒᆞᆫ 괴가
		즙휘ᄂᆞ이다	즙혓ᄂᆞ이다
천재[김종]	〈임신서기석〉(하:77)	又別先辛未年七月二十二日 大誓	又別先辛未年七月二十二日 大誓
텍스트	〈훈민정음 언해본〉(하:71)	·ᄀᆞᄐᆞ니	·ᄀᆞᄐᆞ·니

'一切(일체)'의 경우 '디딤돌' 교과서의 교과서 날개 부분의 어휘 풀이에는 '일체(一切)'로 되어 있고, 같은 언어 자료를 수록하고 있는 '지학[방]'의 교과서(하:219)에도 '一 ·ᅙᅵᇙ切·촁'로 표기되어 있다. 한편, 〈월인석보〉를 수록하고 있는 '미래'와 '지학[박]'의 교과서에는 한자어 표기를 원문과 같은 동국정운식 한자음으로 표기하고 있는데 비해, '디딤돌' 교과서는 한자어 표기만은 현대어로 바꾸어 놓았다. 그 결과 동국정운식 한자음 표기에 있는 방점이 생략되어 있다.

'신사고' 교과서의 '자ᄫᆞ온손'은 2012학년도용 '검정 도서 수정·보완 대조표'에서 출처 자료에 맞게 수정되었다.

'중앙' 교과서의 '다ᄉᆞᆷ어미'의 경우 교과서의 다른 부분(하:173, 175, 176)에는 '다ᄉᆞᆷ어미'로 되어 있다.

'창비' 교과서에 수록된 〈처용가〉 '유'의 한자 표기는 교과서 두 군데에서 다르다. 하나는 교과서 본문(하:79)에 있고, 다른 하나는 '학습 활동 1'(하:88)에 있다. 이에 대한 교사용 지도서(하:130)에는 '游'로 되어 있다. 이에 비해 같은 언어 자료를 수록하고 있는 '두산'(하:150)과 '해냄'(하:239)의 교과서에서는 '遊'로 표기되어 있다. '놀다'의 의미이므로 '游'는 '遊'가 되어야 한다. 교과서(하:79)에 있는 부분만 2013학년도용 '검정 도서 수정·보완 대조표'에 따라 맞게 수정될 예정이다.

'천재[김종]' 교과서에 수록된 〈임신서기석〉에서 문제가 되는 한자 표기는 교사용 지도서(하:137)에는 '末'로 되어 있다. 교과서 부록의 '수록 글 출처'를 보면 이 자료의 출처는 『훈민정음』(박창원, 신구문화사, 2005)인데, 이 책의 261쪽에는 '辛未年'으로 표기되어 있지만 276쪽에는 '辛末年'으로 되어 있다. 한편, '二十'을 '텍스트'의 교과서와 이기문, 김동소에서는 '卄'으로 표기한다. '한국어학연구회'에서는 "又別先辛未年七月二二日" 표기하고 있다.

학습 활동에 제시된 중세 국어 단어의 용례가 잘못된 경우도 있다. 첫째는 '교학' 교과서(하:52)의 활동이다. 이 활동은 중세 국어 단어들이 현대 국어로 오면서 어떠한 변화를 겪었는지 써 보는 활동인데, 교과서에는 중세 국어 'ᄃᆞᆺᄃᆞᆺᄒᆞ다'가 현대 국어에서 '따뜻하다'로 변했다고 한다. 그런데 'ᄃᆞᆺᄃᆞᆺᄒᆞ다'는 〈표준국어대사전〉, 〈우리말 큰사전〉, 〈고어 사전〉, 〈이조어 사전〉 등에 등재되어 있지 않은 어형이다. 위의 사전에는 'ᄃᆞᆺᄃᆞᆺᄒᆞ다'가 아닌 'ᄯᆞᆺᄯᆞᆺᄒᆞ다'가 '따뜻하다'의 옛말로 등재되어 있다.

둘째는 '금성' 교과서(하:69)의 "국어의 변화에 작용한 음운 현상에 대해" 알아보는 활동이다. 그 중에 현대 국어의 '좋다'가 성립하는 과정을 '둎다 → 둏다'로 설정한 부분이 있다. 그런데 '둎다'라는 어형을 확인할 수 없다. 『우리말 큰사전-4. 옛말과 이두』에는 '둏다'의 어간 '둏-'의 바뀜꼴로 '둍-'과 '됸-'을 들고 있기는 하지만 '둎다'의 형태는 나타나지 않는다. 아마도 '둏다'의 오자(誤字)인 것 같다. 이렇게 '둏다'로 보아야지만 '죻다'와 '좋다'가 되는 과정을 구개음화와 단모음화라는 음운 현상으로 설명할 수 있다. 또한 '금성' 교과서의 '생각 키우기'(하:69)에서 '단모음화'의 예로 '백셩'을 들고 있는데, 이 역시 중세 국어의 어형이 아니다.

2) 원문 판독 문제

중세 국어와 관련된 언어 자료 중 〈인선 왕후 어필 언간〉, 〈월인석보〉, 〈정조의 편지〉 등은 원문 판독에 문제가 있다.

(1) 〈인선 왕후 어필 언간〉

언간(諺簡)은 언문 편지라는 뜻인데, 한글로 쓴 편지를 낮잡는 뜻으로 이르던 말이다. 이 어간은 2007 개정 교육과정에서 '언어 자료의 예'로 언급되기도 했다. 〈인선 왕후 어필 어간〉은 '금성' 교과서(하:76)와 '해냄' 교과서(하:237-238)에 수록된 언어 자료이다. 다음은 '금성' 교과서에 수록된 내용이다.

> 글월보고무ᄉᆞ히이시니깃거ᄒᆞ며보ᄂᆞᆫᄃᆞᆺ든든반가와다시곰보노라이번은두어날을더묵ᄂᆞᆫᄃᆞᆺ호리나갈제섭섭덧업기ᄂᆞᆫᄒᆞᆫ가지니출아니이심만못ᄒᆞ여ᄒᆞ노라후셰예나서ᄅᆞ뻐나ᄂᆞᆫ일이업시살고져ᄒᆞ노라

'해냄'의 교과서는 현대어에 맞춰 띄어쓰기를 한 것만 다를 뿐이다. 이 중에서 "이번은두어날을더묵ᄂᆞᆫᄃᆞᆺ호리나갈제섭섭덧업기ᄂᆞᆫᄒᆞᆫ가지니"에서 '호리' 부분의 원문 판독을 다르게 하는 경우가 있다. '금성'의 교과서는 교육부(1990ㄱ:174)를 자료 출처로 하고, '해냄'의 교과서는 『이조 어필 언간집』(김일근:1972)을 출처 자료로 하고 있다. 두 교과서의 출처 자료에도 '호리'라고 판독해서 표기하고 있다. 김일근(1972:28)과 교육부에서는 '호리'를 '忽이'가 연철된 것이며, '갑자기'라는 의미로 풀이한다. 이에 비해 김일근(1988:204)에서는 '호되'로 판독하고 있다. 원문 판독의 차이일 수도 있지만 이 부분을 "이번은 두어 날을 더 묵는 듯 하되 나갈 때에 섭섭하고 덧없기는 한가지니"로 풀이할 수 있다면 '-되'로 판독하는 것이 바람직하다. 그렇게 되면 'ᄒᆞ- + -오ᄃᆡ(오되)'의 형태로 분석할 수 있다. '忽이'로 풀이할 경우의 '-이'의 성격이 무엇인지 알 수 없다.

(2) 〈월인석보〉

'디딤돌' 교과서(하:242)에 실린 〈월인석보〉 중에는 원문 판독이 달라 원문 표기와 현대어 풀이가 다른 부분이 있다. '디딤돌' 교과서에 수록된 부분은 〈월인석보〉는 권1:11과 권1:12의 일부이다. 그 중 "쥭사 · 릿 因緣(인연) · 은 듣 · 디 :몯 · 호려 · 다"에서 '듣디'는 '둗디'가 되어야 할 것이다.

한글학회의 『우리말 큰사전-4. 옛말과 이두』 에도 '둗-'을 '둣-'의 달리 적은 꼴이라고 밝히고 있다. 이때 '둗디'는 나찬연(2010ㄱ:156)에 의하면 '두(두다)- + -∅(← -어: 연결 어미) + 잇(← 이시다: 보조 용언)- + -디(-지: 연결 어미)'로 분석된다. 이 '둗디'는 '두어 잇다'의 준말인 '뒷다'의 활용형이 '둗디'로 표기된 것이다. 허웅(1975:426)에서는 '두다'의 어간 뒤에 보조 용언 '-어 잇다'가 결합하면, 보조적 연결 어미 '-어'가 줄어 '뒷-' 또는 '뒤시-'가 되는데, 다시 '잇-'의 일부인 /ㅣ/가 줄어서 '둣-', '두시-'가 된다고 한다. 이때 받침 'ㅅ'이 'ㄷ'으로 표기되는 것은 음절의 종성 소리가 8종성에서 7종성으로 바뀌는 초기의 예라고 한다. 김동소(2005:124-125)에서도 15세기 중엽에 음절말의 'ㅅ'은 현대어와 다름없이 이미 'ㄷ'과 중화된 상태였다고 하면서 〈월인석보〉의 '흔 낟(箇)'과 '흔 낫' 등을 그 예로 들고 있다.

따라서 그 해석도 "속세의 인연은 듣지 못하겠다."가 아니라 "속세의 인연은 두지 못하리라." 정도가 될 것이다. 한편, 제6차 교육과정의 『국어(상)』 (1996:288)에도 〈월인석보〉의 이 부분이 수록되어 있는데, '둗디'로 표기되어 있으며, 이 부분에 대한 해설(1996:439)도 '두지 못하겠다.'로 되어 있다. 이에 비해 세종대왕기념사업회(1992:51)와 조의성(2002:19)에서는 '듣디'로 표기하고 있다.

(3) 정조의 편지

'미래' 교과서(상:99)와 '금성' 교과서(하:61)는 근대 국어 자료로 〈정조의 편지〉를 수록하고 있다. 이 중 '금성'의 교과서는 사진만 제시되어 있고, '미래'의 교과서는 원문을 수록하고, 현대어로 풀이했다.

叔母主前
상풍의긔후평안ᄒᆞ오신문안아ᄋᆞᆸ고져ᄇᆞ라오며뵈완디오래오니섭~그립ᄉᆞ와ᄒᆞᄋᆞᆸ다니어제봉셔보ᄋᆞᆸ고든~반갑ᄉᆞ와ᄒᆞ오며한아바님ㄱㄷㅣ 오셔도평안ᄒᆞ오시다ᄒᆞ온니깃브와ᄒᆞᄋᆞᆸᄂᆞ이다

元孫

현대어 풀이
가을바람에 기후(氣候)가 평안하신지 (숙모님의) 문안(問安)을 알기를 바라며 (숙모님을) 뵌 지가 오래되오니 섭섭하고 그리웠는데, 어제 보내 주신 편지를 보고 든든하고 반가웠으며, 할아버님께서도 평안하시다고 하니 기쁩니다.

원손

문제는 '한아바님ㄱㄷㅣ오셔도'이다. 일단 'ㄱㄷㅣ'라는 어형은 존재하지 않는다. 이에 대한 현대어 풀이는 '할아버님께서도'인데, 『고어사전』과 『이조어사전』에서는 '-겨오셔도'를 '-께서도'로 풀이하고 있으며, 『우리말 큰사전-4. 옛말과 이두』에는 '-겨오셔'를 현대어의 '-께옵서'로 풀이하고 있다. 〈표준국어대사전〉에는 '-겨오셔'가 등재되어 있지는 않지만 '-겨오셔'의 현대어인 '-께옵서'를 '-께서'의 동의어로 다루고 있다. 그러나 중세 국어의 경우는 문헌에 존재하는 어형만을 대상으로 해야 한다. 또한 현대어 풀이도 '-께서'로 하고 있기에 존재하는 어형인 '-겨오셔'로 표기하는 것이 옳다. 자료 출처로 밝힌 '국립국어원 디지털 한글 박물관'의 〈정조의 편지〉 부분은 '-겨오셔'로 표기하고 있다. 그리고 'ㄱㄷㅣ'의 'ㄱㄷ'는 훈민정음의 합용 병서에도 없는 글자이다.

3) 현대어 풀이 문제

옛말의 언어 자료를 현대어로 풀이할 때는 풀이하는 사람의 주관이 많이 개입할 수밖에 없다. 그러나 옛말의 문법 지식을 토대로 현대어로 풀이해야 한다. 그런데 검정 교과서에 따라 옛말 언어 자료의 현대어 풀이에 많은 차이가 있는 경우가 있다. 이를 〈용비어천가〉 제2장, 〈월인석보〉, 〈두시언해〉로 나누어 살펴보자.

(1) 〈용비어천가〉 제2장 현대어 풀이

〈용비어천가〉 제2장의 현대어 풀이부터 살펴보자. 이 언어 자료를 수록하고 있는 교과서는 '금성'(하:72), '디딤돌'(하:241), '미래'(상:88), '비상'(상:180), '신사고'(하:238), '중앙'(하:168), '지학[박]'(하:221), '지학[방]'(하:34), '창비'(하:81), '천재[박]'(상:131) 등이다. 이 중 '천재[박]'의 교과서는 학습 활동의 형태로 제시되어 있기에 교사용 지도서를 참조했다. 그리고 '천재[김대]'의 교과서에도 〈용비어천가〉 원문이 실려 있지만 해설은 없기에 제외했고, '미래'의 교과서에는 앞부분만 수록되어 있다. 한편, 제6차 교육과정에 따른 고등학교 『국어(하)』(1996:131)에도 〈용비어천가〉 제2장의 현대어 풀이가 있다. 〈용비어천가〉 제2장의 현대어 풀이 중에서 차이가 나는 부분을 정리하면 아래와 같다.

| 표 23 | 검정 교과서 <용비어천가> 제2장의 현대어 풀이 비교

구절	현대어 풀이	교과서
불휘 기픈	뿌리가 깊은	금성, 디딤돌, 신사고, 지학[박], 지학[방], 창비
	뿌리 깊은	미래, 비상, 중앙, 천재[박]
곶 됴코	꽃이 좋고	금성, 디딤돌, 신사고, 중앙, 지학[박], 지학[방]
	꽃이 좋아지고	미래
	꽃 좋고	비상, 창비
	좋은 꽃이 피고	천재[박]
여름 하ᄂᆞ니	열매가 많으니	금성, 신사고, 지학[박], 지학[방]
	열매가 많습니다	디딤돌
	열매도 많네	중앙
	열매 많나니	창비
	열매 많으니	비상
	열매가 많아집니다	미래
	열매가 많이 열린다	천재[박]
내히 이러	시내를 이루어	금성
	내가 이루어져	디딤돌, 비상, 신사고, 지학[박], 천재[박]
	냇물이 되어	중앙
	내가 되어서	지학[방]
	내를 이루어	창비
바ᄅᆞ래 가ᄂᆞ니	바다로 가나니	금성
	바다로 흘러갑니다	디딤돌
	바다에 가나니	창비
	바다에 가느니	비상, 지학[박]
	바다에 가니	신사고
	바다에 이르네	중앙
	바다에 이르니	지학[방]
	바다까지 간다	천재[박]

'디딤돌' 교과서(하:240)는 '하ᄂᆞ니'를 '하ᄂᆞ니이다'에서 '-이다'[6]가 생략된 것으로 설명하고 있다. 그런데 제7차 교육과정의 고등학교 『문법』 교과서(2010:300)에서는 반말의 평서형 종결 어미로 설정하고 있다. 앞에서도 살펴보았듯이 제7차 『문법』 교과서(2010:300)에는 "중세 국어의 상대 높임법의 대표적인 것은 'ᄒᆞ라체'와 'ᄒᆞ쇼셔체'이고, 이 밖에 반말체가 있다. …… 각각 ᄒᆞ라체, ᄒᆞ쇼서체, 반말이다."로 되어 있다. 이에 비해 고영근(2011:326)에서는 반말이라고 하므로 여기서는 반말이라고 표현했다. 고영근에서는 반말이란 말하는 이가 듣는 이를 낮추기도 어렵고 높이기도 어려울 때 쓰이는 말씨라고 한다. 〈용비어천가〉는 일반 백성과 왕손을 청자로 하고 있다. 일반 백성을 청자로 할 때는 노래의 끝이 [i]가 되어 있고 왕손을 대상으로 할 때는 'ᄒᆞ쇼셔체'로 끝나 있다고 한다. 즉, 백성 전체를 대상으로 하기 때문에 높낮이를 분명히 하기가 어려워 반말 어미인 '-니'를 썼다고 한다. 이에 비해 허웅(1975:494)에서는 상대 높임의 선어말 어미 '-이-'와 평서형 종결 어미 '-다'가 결합된 형태인 '-이다'가 노래에서 생략된 것으로 본다. 따라서 '디딤돌' 교과서는 허웅의 견해를 따르고 있다고 할 수 있다.

어쨌든 제7차 『문법』 교과서에서는 '하ᄂᆞ니'와 '가ᄂᆞ니'의 '-니'를 반말의 종결 어미로 처리하고 있다. 그런데 많은 검정 교과서들이 '하ᄂᆞ니'와 '가ᄂᆞ니'를 반말의 종결 어미가 아닌 '-ㅂ니다', '-네', '-다' 등의 종결 어미로 풀이한다. 제6차 교육과정에 따른 고등학교 『국어(하)』 에서는 '열매가 많으니', '바다에 가느니'와 같이 반말의 종결 어미로 풀이하고 있다.

'불휘 기픈'에서 '불휘' 뒤에는 주격 조사가 '-∅' 형태로 결합했는데, '비상'의 교과서와 '중앙'의 교과서를 제외한 교과서들은 주격 조사가 실현된 형태로 풀이하고 있다. 제6차 교육과정에 따른 고등학교 『국어(하)』 에서도 주격 조사가 실현된 형태로 풀이한다.

'곶 됴코 여름 하ᄂᆞ니' 의 '곶'과 '여름' 뒤에도 주격 조사가 생략되어 있다. 제6차 교육과정에 따른 고등학교 『국어(하)』 에서는 모두 주격 조사가 있는 것으로 풀이한다. '미래'의 교과서(하:88)는 '곶 됴코 여름 하ᄂᆞ니'의 현대어 풀이

6) 교과서에는 '이다'로 되어 있다.

를 "꽃이 좋아지고 열매가 많아집니다."로 한다. 즉 반말의 종결 어미로 풀이하지도 않으며, 검정 교과서 중에서 유일하게 '둏다'와 '하다(多)'를 동사로 풀이한다. 고영근(2011:169-170)에서는 '둏다'와 '하다'는 동사와 형용사로 품사 통용하는 것으로 처리한다. 〈이조어사전〉, 〈우리말 큰사전-4. 옛말과 이두〉, 〈표준국어대사전〉 등에서도 '둏다'가 '좋다'의 의미일 때는 형용사로 처리하고, '좋아지다', '병이 낫다' 등의 의미일 때는 동사로 처리한다. 그런데 고영근(2011:169)에서는 〈용비어천가〉 제2장의 '곶 됴코 여름 하ᄂᆞ니'에서 '됴코'는 형용사로 처리하며, '하ᄂᆞ니'는 동사로 처리한다. '미래' 교과서의 이 부분은 2012학년도용 '검정도서 수정·보완 대조표'에서 '꽃이 좋고 열매가 많습니다.'로 수정되었다.

'내히'는 '내ㅎ+-이(주격 조사)'로 분석되는데, '창비' 교과서와 '금성' 교과서만 목적격으로 풀이하고 있다. 허웅(1956), 이상억(1993:44), 윤석민 외(2006:69), 나찬연(2010ㄱ:17), 조규태(2010:19), 제6차 고등학교 『국어(하)』 등에서도 주격으로 풀이하고 있다. 더군다나 '창비'의 교과서는 '이러'를 '이루어져'로 해석하면서도 현대어 풀이는 목적격인 '내를 이루어'로 하고 있다.

한편, '디딤돌' 교과서의 날개 부분(하:241)에서는 '바ᄅᆞ래'를 '바다에'로 어휘풀이를 했는데, 현대어 풀이는 '바다로'로 한다.

(2) 〈월인석보〉의 현대어 풀이

'미래' 교과서(상:95)에 수록된 〈월인석보〉의 현대어 풀이도 살펴볼 필요가 있다. 교과서에 수록된 부분 중에서 문제가 되는 것은 '곳잇ᄂᆞᆫ·짜·ᄒᆞᆯ·ᄌᆞᆫ·가·가·시다·가'에서 'ᄌᆞᆫ·가'의 현대어 풀이이다. 교과서에서는 'ᄌᆞᆫ가'를 '따라, 좇아'로 어휘 풀이하면서, 현대어 풀이는 "꽃 있는 곳을 따라 가시다가"로 하고 있다. 〈이조어사전〉과 〈고어사전〉, 〈(역주)월인석보〉(세종대왕기념사업회, 1992:49)에서는 'ᄌᆞᆫ가'를 부사로 처리해서 '따라서, 좇아'의 뜻으로 풀이하고 있다. 즉, 'ᄌᆞᆫ가'는 'ᄌᆞᆶ다'의 어간 'ᄌᆞᆶ-'에 연결 어미 '-아'가 결합한 활용형이 아니라 하나의 부사로 처리한다. 그런데 나찬연(2010ㄱ:153)에서는 'ᄌᆞᆶ다'는 'ᄌᆞᇇ

다'를 표기한 것으로 처리한다. 그리고 이 말을 '힘쓰다'로 풀이를 하면서, 현대어 풀이는 "꽃이 있는 땅을 힘써서(애써서) 가시다가"로 하고 있다. 〈표준국어대사전〉과 〈우리말 큰사전-4. 옛말과 이두〉, 〈이조어 사전〉에도 'ᄭᅳᆺ다'가 등재되어 있는데, '힘쓰다' 또는 '힘겨워하다'로 풀이하고 있다. 김동소(2005:124-125)에서 15세기 중엽에 'ㅅ'이 'ㄷ'으로 중화된 상태였다고 한 점을 참고할 수 있다.

(3) 〈두시언해〉의 현대어 풀이

검정 교과서에 옛말의 언어 자료로 수록된 〈두시언해〉의 현대어 풀이가 중세 국어의 일반적인 문법 현상과 다른 경우가 있다. 먼저 '중앙'의 교과서(하:169)에 수록된 초간본 〈두시언해〉 〈춘망〉이라는 작품을 살펴보자. 〈춘망〉의 한 구절인 '기펫도다'를 교과서 날개 부분에서는 '깊어 있도다(무성하도다)'로 풀이하면서 현대어 풀이는 '깊구나'로 하고 있다. 이 '기펫도다'는 허웅(1975:422)과 나찬연(2010ㄱ:254)에 의하면 '깊(深)- + -어(연결 어미) + 잇(잇다 ← 이시다: 보조 용언)- + -도(느낌 표현 선어말 어미)- + -다(종결 어미)' 분석된다. 그리고 그 의미는 본용언이 나타내는 상태가 지속됨을 나타내기에 '깊어 있구나' 정도로 풀이할 수 있다. 또한 '중앙'의 교과서는 '니세시니'를 '이었으니'로 풀이하고 있다. 그러나 '니세시니'는 '닝(←닛다, 繼)- + -어(연결 어미) + 이시(보조 용언)- + -니(연결 어미)'로 분석되며, 그 해석도 본용언의 동작이 '완료 지속' 됨을 나타내기에 '이어 있으니' 정도로 풀이되어야 한다. '여희여슈믈'은 교과서의 '이해하기'에서 '여희+엿+움+을'로 형태소 분석하면서 어휘 풀이는 '여의였음을(이별하였음을)'로 하지만 현대어 풀이를 '여의었음을'로 하고 있다. 하지만 이 구절 역시 '여희(이별하다, 別)- +-여(← -어: 연결 어미) + 시(← 이시다: 있다, 보조 용언)- + -움(명사형 전성 어미) + -을(목적격 조사)'로 분석되어야 한다. 이렇게 분석하지 않는다면 과거 시제 선어말 어미로 풀이되는 /엿/이 15세기에도 존재한 것이 된다. 과거 시제 선어말 어미는 15세기 국어의 '-아/-어/-야/-여 잇다'가 통시적으로 변천한 것이다. '두산'의 교과서(하:158)와 '비상'의 교과서(상:182)는 시제 선어말 어미의 등장 시기를 근대 국어라고 밝힌다. 또한 그 해석도 본용언의 동작이 '완료 지속'됨을 나타내는 '이별하여(헤어져, 여의어) 있음을'이 되어야 한다. 〈춘망〉은 '금성' 교과서(하:68)와 '비상'(상:183) 교과서에도 수록되어 있다. '금성'의 교과서는 '중앙'의 교과서와 같이 "여희여슈믈"을 '이별하였음을'로 해석하고 있다. 이와 달리 비록 중간본이지만 '비상'의 교과서(상:183)에서는 '기펫도다'를 '깊어 있구나'로 해석하고, '여희여슈믈'을 '이별하여 있음을'로 해석하고 있어 차이가 있다.

'지학[방]' 교과서(하:22)에 수록된 초간본 〈두시언해〉 〈강촌〉의 현대어 풀이에도 몇 가지 문제가 있다. 먼저 교과서에서는 '유심(幽深)ᄒᆞ도다'의 해석을 '한가롭다'로 하고 있다. 그런데 '유심ᄒᆞ다'는 '깊숙하고 그윽하다.'라는 뜻을 나타내는 '유심(幽深)ᄒᆞ다'의 어간 '유심ᄒᆞ-'에 자음 어미 앞에 실현되는 느낌 표현의 선어말 어미 '-도-'가 결합한 형태이므로 '한가롭다'와는 거리가 있다. 이현희 외(1997ㄴ:34)에서도 이 부분을 '한가롭다' 로 풀이하지만 다른 곳(1997ㄴ:36)에서는 '한가롭구나'로 풀이한다. 나찬연(2010ㄱ:253)에서는 '유심ᄒᆞ도다'를 '그윽하고 깊구나'로 풀이한다. 〈강촌〉은 제6차 교육과정의 『국어(상)』(1996:337)에도 수록되어 있는데, 여기서는 '유심(幽深)'을 "고요하고 아늑함. 고즈넉함."이라고 풀이한다. 또한 '지학[방]'의 교과서에서는 '져구맛'을 '미친한'의 뜻으로 풀이한다. 이 '져구맛'은 '져구마(←져고마) + -ㅅ(관형격 조사)'로 분석되는 구조이다. 이때 '져고마'는 '조금'이라는 뜻이기에 교과서와 같이 '미친한'으로 풀이하는 것은 문제가 있다. 이현희 외(1997ㄴ:39)와 나찬연(2010ㄱ:253)에서는 '조그만'으로 풀이하고 있다.

'텍스트' 교과서(하:88)에 수록된 중간본 〈등악양루〉의 '떠뎟고'와 '뗫도다', '사호맷'에 대한 현대어 풀이도 문제가 있다. 교과서에서는 형태소 분석은 하지 않지만 '떠뎟고'는 '터졌고, 쪼갰고, 갈랐고'로 풀이하고, '뗫도다'는 '떠 있도다'로 풀이하고 있다. 하지만 나찬연(2010ㄱ:260)에 의하면 '떠뎟고'는 'ᄠᅳ- + -어(연결 어미) + -디(지다: 보조 용언) + -엇(← -어+잇-: 완료 지속)- + -고(연결 어미)'로 분석된다. 즉, '-엇-'은 연결 어미 '-어'와 '이시다'의 어간 '잇-'이 줄어져서 '-엣-'의 형태가 된 후에, 또 다시 '-엣-'의 반모음 'ǐ'가 탈락된 형태이다. 나찬연(2010ㄴ:160)에서는 중세 국어의 '이시다'는 자음으로 시작하는 어미 앞에서는 '잇-'으로 불규칙하게 활용한다고 한다. 따라서 그 해석도 '터져 있고' 정도가 되어야 한다. '뻐도다' 역시 '쁘-+-엇(←-어+잇-: 완료 지속)-+-도(느낌 표현의 선어말 어미)-+-다(평서형 종결 어미)'로 분석되는데, '뻐뎟고'와 같은 형태 변화를 겪었다. '사호맷'을 교과서에서는 '싸움에 있는'이라는 의미로 풀이한다. '사호맷'은 '사호-+-ㅁ+-애+-ㅅ'으로 분석할 수 있다. 먼저 '사홈'은 '싸우다'의 옛말인 '사호다'의 어간 '사호-'에 명사형 전성 어미 '-ㅁ'이 실현된 형태이다. 이 '사홈' 뒤에 부사격 조사 '-애'가 결합하여 연철되고, 그 뒤에 다시 관형격 조사 '-ㅅ'이 결합한 형태이다. 그래서 뒤에 있는 'ᄆᆞ리'와 함께 현대어로 풀이하면 '싸움에의 말이' 정도가 되어야 할 것이다.

4) 옛말 언어 자료의 간행 시기 문제

16종 검정 교과서에 수록된 옛말의 언어 자료 중에서 〈번역노걸대〉, 〈노걸대언해〉, 〈소학언해〉의 간행 시기가 교과서에 따라 차이가 있다.

먼저 〈번역노걸대〉부터 살펴보자. 〈번역노걸대〉를 언어 자료로 수록하고 있는 교과서는 '천재[김대]', '미래', '신사고'이다. 이 중 '천재[김대]' 교과서(하:278)에서는 〈번역노걸대〉의 간행 시기를 1501년으로 밝히고 있다. 이에 비해 '미래'의 교과서(상:96)와 '신사고'의 교과서(하:251)는 각각 1517년경과 1510년대라고 한다. 〈번역노걸대〉의 간행 시기를 이기문(2010:126)의 경우에는 16세기의 10년대로 추정하며, 고영근(2011:402)은 1510년대라 한다. 또한 김동소(2005:97)는 1510년대 초라고 하며, 제7차 교육과정의 『문법』 교과서는 1517년 이전이라고 한다. '천재[김대]'의 교과서는 『역주 번역노걸대와 노걸대언해』(정광, 신구문화사, 2006)를 자료 출처로 밝히고 있다. 이 책에서는 〈번역노걸대〉의 간행 시기를 1515년경으로 밝히고 있어 교과서와는 다르다. 그런데 뒤에서 다시 살펴보겠지만 '천재[김대]'의 교과서에서는 이 책을 『역주 반역노걸대와 노걸대언해』로 표기하고 있다.

둘째, '천재[김대]' 교과서(하:275)에 수록된 〈노걸대언해〉 간행 시기이다. 교과서에서는 〈노걸대언해〉의 간행 시기를 1795년이라고 한다. 그런데 교과서 부록의 자료 출처를 보면 〈노걸대언해〉의 출처는 『노걸대신석 중간노걸대 중간 노걸대언해』(서울대학교 규장각, 2003)인데, 자료 출처(2003:6-8)에 의하면 〈노걸대언해〉는 1670년에 간행된 '주자본(鑄字本)'과 1745년에 간행된 '평양감영본'이 있으며, 1795년에 간행된 것은 〈중간노걸대언해〉이다. 실제 교과서에 수록된 사진 자료는 〈중간노걸대언해〉이다. '교학'의 교과서(하:29)와 '지학[방]'의 교과서(하:26)에도 〈노걸대언해〉가 언어 자료로 실려 있으며, 그 간행 시기는 1670년으로 되어 있다. '비상' 교과서(상:182)도 1670년이라고 한다. 따라서 〈노걸대언해〉는 오기일 가능성이 많다. 만약 이 언어 자료가 〈노걸대언해〉라면 그 간행 시기는 1670년으로 수정해야 하고, '쁫'은 '뜯'으로 수정되어야 한다. 그리고 〈중간노걸대언해〉라면 'ᄆᆞᄋᆞᆷ애'는 'ᄆᆞᄋᆞᆷ에'로 수정되어야 한다. 이를 정리하면 다음과 같다.

| 표 24 | '천재[김대]' 교과서 <노걸대언해>, <중간노걸대언해> 관련 오류

	간행 시기	원문 표기
〈노걸대언해〉라면	1670년으로 수정	'쁫'은 '뜯'으로 수정
〈중간노걸대언해〉라면		'ᄆᆞᄋᆞᆷ애'는 'ᄆᆞᄋᆞᆷ에'로 수정

셋째, 〈소학언해〉의 간행 시기가 교과서에 따라 다르다. 〈소학언해〉의 간행 연도를 언급하고 있는 교과서와 교사용 지도서 중 선조 20년(1587년)이라고 밝히고 있는 교과서는 '금성'(하:73), '천재[김종]'(하:83), '천재[박]'(상:124), '텍스트'(하:298) 등이다. 이에 비해 '천재[김대]'의 교과서(하:268)는 선조 19년(1586년)이라고 한다. '텍스트' 교과서(하:104)도 '국어사 변천 과정 이해하기'에서는 1586년이라고 하는데, 교과서 부록의 '한글 역사 연표'에는 1587년으로 되어 있다. 또한 '천재[김종]' 교과서의 교사용 지도서(하:150)에서는 〈두산백과사전〉을 인용하여 간행 연도를 1586년이라고 함으로써 교과서와 다르게 되었다.

그런데 〈소학언해〉의 간행 연도는 검정 교과서뿐만 아니라 국어사나 중세 국어와 관련된 주요 논저에서도 차이가 있다. 제6차 교육과정의 『국어(하)』, 〈표준국어대사전〉, 〈이조어사전〉, 〈고어사전〉, 나찬연(2010ㄱ:361) 등에서는

1586년(선조 19년)이라고 한다. 이에 비해 제7차 교육과정 『국어(하)』와 『국어사 자료선집』(1995:313), 허웅(1986:305), 이기문(1997:111), 고영근(2011:404), '디지털 한글 박물관'의 한글 역사 연표 등에서는 1587년 또는 선조 20년이라고 한다. 김동소(2005:103), 안병희·이광호(1996), 이기문(2010:128)에서는 1588년(선조 21년)이라고 하는데, 여기에 대한 확실한 정리가 필요하다. 〈소학언해〉 간행 연도에 대한 내용을 정리하면 다음과 같다.

| 표 25 | <소학언해> 간행 시기

간행 연도	자료 출처
1586년 (선조 19년)	제6차 교육과정 『국어(하)』, 〈이조어사전〉, 〈고어사전〉, 나찬연(2010ㄱ:361)
1587년 (선조 20년)	제7차 교육과정 『국어(하)』, 『국어사 자료선집』(한국어학연구회 편, 1995:313), 허웅(1986), 이기문(1997:111), 고영근(2011:404), 디지털 한글 박물관
1588년 (선조 21년)	김동소(2005:103), 안병희·이광호(1996), 이기문(2010:128),

5) 자료 출처 문제

일선 학교에서 검정 도서를 선정할 때는 '검정 도서 선정기준 평가표'를 사용한다. 이것은 '평가 영역'과 '평가 내용'으로 이루어져 있는데, '평가 내용'의 하나인 '학습 내용 선정'에서는 "개념 및 이론이 정확하고 출처가 명확한 검증된 자료를 사용"했는가를 평가한다. 따라서 언어 자료의 출처의 정확성도 언어 자료를 평가하는 한 요소가 될 수 있다. 그런데 검정 교과서에 수록된 언어 자료 출처 중에는 잘못된 것이 있다.

첫째, '금성'의 교과서(하:73)에 수록된 〈소학언해〉는 자료 출처에 의하면 고등학교 『국어(하)』(교육 인적 자원부, 2002)이다. 그러나 고등학교 『국어(하)』에 수록된 〈소학언해〉와 '금성' 교과서에 수록된 〈소학언해〉는 다르다. (방점은 생략.)

◇ "고등학교 국어(하)" 수록 부분
孔공子ᄌᆞㅣ 曾증子ᄌᆞᄃᆞ려 닐러 ᄀᆞᆯᄋᆞ샤ᄃᆡ …… 효도ᄋᆡ ᄆᆞᄎᆞᆷ이니라(하:32)
유익ᄒᆞᆫ 이 세 가짓 벋이오 …… 이ᄅᆞᆯ 벋ᄒᆞ면 해로온이라(하:34)

◇ '금성' 교과서(하:73) 수록 부분
아ᄎᆞᆷ의 더 ᄇᆡ호고 …… 이 닐온 ᄇᆡ호ᄂᆞᆫ 법이니라

둘째, '중앙'의 교과서(하:162)에도 자료 출처가 잘못된 것이 있다. 교과서의 '제재 및 사진 자료 출처'를 보면 교과서 '생각 열기'에 제시된 사진 자료를 정극인의 〈상춘곡〉이라고 하는데, 실제 사진 자료는 〈악장가사〉의 '사모곡'이다.

셋째, '지학[방]' 교과서에 수록된 〈독립신문〉을 1896년 4월 22일자 기사라고 한다. 그러나 1896년 4월 7일 발간된 〈독립신문〉은 격일간이었기에 4월 22일자가 있을 수 없다. 또한 '창비'의 교과서도 〈독립신문〉을 언어 자료로 수록하고 있는데, 그 자료 출처를 "고등학교 국어(하)"(교육부, 1996)라고 한다. 그러나 이 교과서에는 〈독립신문 창간사〉가 수록되어 있지 않다.

넷째, '천재[김대]'의 교과서에는 〈번역노걸대〉 언어 자료로 수록되어 있다. 교과서 부록의 자료 출처를 보면 『역주 반역노걸대와 노걸대언해』(정광, 신구문화사, 2006)가 출처이다. 이를 단순한 표기 오류라고 넘길 수 있는 문제는 아니다. 한편, '천재[김대]' 교과서에는 '이응태 부인 언간'을 언어 자료로 수록하고 있는데, 그 출처를 두 가지로 밝히고 있다. 교과서 부록에서는 "아내의 편지(안귀남, '고성 이씨 이응태묘 출토 편지', 『문학과 해석』(1999년 봄호 통권 6호)"라고 하는데, 그 아래에서는 "아내의 편지(안동대학교 홈페이지, http://www.andong.ac.kr)"라고 한다. 그러나 교과서에 수록된 언어 자료는 "문학과 해석"(1999년 봄호 통권 6호)이 아니라 『문헌과 해석』에 실려 있는 자료이다. '신사고' 교과서에도 이 언어 자료가 실려 있는데, 그 출처는 『문헌과 해석 6』(태학사, 1999)이다.

다섯째, '천재[김종]' 교과서(하:106-107)에 수록된 〈이응태 부인 언간〉의 출처도 의심스럽다. 교과서에서는 "원이 아버지에게"라는 제목으로 수록하고 있는데, 수록 글 출처에서는 이 자료를 『문학 시간에 옛글 읽기』(전국국어교사모임 엮음, 나라말, 2008)로 밝히고 있다. 그러나 『문학 시간에 옛글 읽기』에는

교과서 106쪽에 나오는 현대어 풀이만 있고, 교과서 107쪽에 나오는 '워니 아바님씌 샹빅'이라는 원문 내용은 이 자료에는 수록되지 않았다.

여섯째, '텍스트' 교과서에 수록된 중간본 〈두시언해〉 〈등악양루〉의 출처 자료가 정확하지 않다. 교과서 부록에서는 이 자료의 출처를 『두시와 두시언해』(신구 문화사, 1997)라고 하는데, 1997년 신구 문화사에서 발간된 『두시와 두시언해』는 6, 7이다. 그런데 이 책은 초간본 〈두시언해〉 권6과 권7을 연구한 것으로 이 책에는 〈등악양루〉가 실려 있지 않다.

일곱째, 〈동명일기〉를 언어 자료로 수록하고 있는 교과서들의 자료 출처 문제이다. 〈동명일기〉를 언어 자료로 수록하고 있는 교과서 중에 이 자료의 출처를 『의유당 일기』(강한영, 신구문화사, 1974)라고 밝히는 교과서는 '지학[방]'과 '창비' 등이다. 또한 '천재[김대]'의 교과서는 2009년판 고등학교 『국어』(하)에 수록된 〈동명일기〉를 자료로 했다고 밝히고 있는데, 고등학교 『국어(하)』는 강한영 교주의 『의유당 일기』를 자료로 했다. 그런데 앞에서도 살펴보았듯이 강한영 교주의 〈동명일기(東溟日記)〉에는 고어(古語) 표기가 없기에 잘못된 자료 출처이다.

02 성취 기준 [10-문법-(2)] 관련 검정 교과서의 문제

2007 개정 교육과정에서는 성취 기준 [10-문법-(2)]의 '내용 요소의 예'로 두음 법칙, 모음조화, 구개음화, 설측음화, 경음화, 탈락 현상, 비음화, 'ㄴ' 첨가, 음절의 끝소리 규칙 등을 제시하고 있다. 여기서는 이러한 '내용 요소의 예'들이 검정 교과서에 어떻게 반영되고 있으며, 그 내용에 차이가 있는지를 '내용 요소의 예'로 제시된 음운 변동 현상을 중심으로 살펴볼 것이다. 그런데 2007 개정 교육과정에서는 제7차 교육과정과 달리 이러한 음운 변동 현상이 어떤 유형에 속하는지 밝히지 않고 있다. 그래서 검정 교과서에 따라 모음조화, 두음 법칙, 구개음화, 경음화에 대한 음운 변동의 유형 분류가 다르다.

표 26 검정 교과서 성취 기준 [10-문법-(2)]의 단원 구성

교과서	단원 구성
교학(상)	'2. 생활과 규약', '(2) 우리말의 음운'
금성(상)	'7. 우리말의 규범', '(1) 표준 발음과 음운 규칙'
두산(상)	'5. 올바른 언어생활', '(1) 보이는 소리와 들리는 소리'
디딤돌(상)	'5. 우리말, 우리글 톺아보기', '(2) 우리말의 음운 규칙'
미래(하)	'3. 우리말의 모습', '(1) 국어의 말소리'
비상(하)	'6. 우리말의 규칙과 규범', '(1) 우리말의 음운 규칙과 표준 발음'
신사고(상)	'5. 국어 지킴이', '(1) 바른 소리, 바른 마음'
중앙(상)	'4. 정확한 언어생활', '1. 정확하게 발음하기'
지학[박](상)	'7. 바른 국어 생활', '(1) 국어의 음운 규칙'
지학[방](상)	'4. 정확한 발음', '01 국어의 음운 규칙'
창비(상)	'5. 생활 속의 국어', '[1] 바르게 읽고 말하기'
천재[김대](상)	'4. 발음과 표기의 탐구', '01 음운과 발음', '02 음운 변동과 규칙'
천재[김종](상)	'3. 올바른 국어 생활', '(1) 국어의 음운 규칙'
천재[박](하)	'3. 국어와 사회', '(1) 국어의 음운 규칙'
텍스트(하)	'Ⅲ. 어법과 말맛', '01 국어의 음운 규칙'
해냄(상)	'5. 국어, 바르게 읽고 쓰기', '(1) 국어의 음운 규칙'

먼저, 성취 기준 [10-문법-(2)]를 다루는 교과서들의 단원 구성을 살펴보자. 위 표에서 알 수 있듯이 대부분의 교과서들이 성취 기준 [10-문법-(2)]와 성취 기준 [10-문법-(4)]를 하나의 단원으로 구성하고 있다. 이는 교육과정에서 제시한 내용별 연계성 때문이다.

성취 기준 [10-문법-(2)]와 관련된 검정 교과서의 문제를 다룰 때는 표준 발음형을 나타내야 한다. 이때는 장모음 표시를 생략하기로 한다. 단, 검정 교과서에서 장모음 표시가 안 된 부분을 지적할 때는 장모음 표시를 했다.

1. 두음 법칙

2007 개정 교육과정에서는 제7차 교육과정과 달리 두음 법칙을 음운 변동 현상으로 보고 '내용 요소의 예'에 제시하고 있다. 그러나 양순임(2011:288)에서는 두음 법칙을 각 어휘의 기저형을 달리 보는 태도를 취하기에 음운 변동으로 보지 않는다. 또한 이문규(2011:290-299)에서는 두음 법칙의 경우에는 'ㄹ〉ㄴ'의 변화는 과거 어느 시기에 일어났던 음운 변동이기에 공시적인 음운 변동이 아니라고 본다. 두음 법칙이 만약 공시적인 음운 변동이라면 음절의 끝소리 규칙과 같이 외래어에도 적용되어야 하지만 외래어에는 적용되지 않기 때문이다. 또한 북한의 경우 두음 법칙을 인정하지 않는 점도 그 이유가 된다.

실제로 두음 법칙은 표준 발음법이 아닌 한글 맞춤법에서 '제5절 두음 법칙'이라는 독립된 항목으로 언급하고는 있지만 많은 예외 조항을 가지고 있다. 그런데 검정 교과서에 설명된 내용은 이 수많은 예외를 설명하지 못하다. 더군다나 이 성취 기준의 '내용 요소의 예' 중의 하나는 음운 규칙과 표기의 관계에 대한 것이다. 두음 법칙을 음운 규칙으로 다루면서 예외적인 표기에 대해서 언급하지 않는다는 것은 성취 기준을 달성하는 데 도움이 되지 않는다. 다음은 한글 맞춤법 속의 두음 법칙에 대한 예외 조항이다. 실제 언어생활의 발음과 표기의 관계에서 고민되는 것은 아마도 이런 예외 조항일 것이다.

| 표 27 | 한글 맞춤법의 두음 법칙 관련 예외 조항

조항	내용
제10항 '다만'	고유어와 한자어 의존 명사는 본음대로 적는다.
제10항 [붙임 1]	단어의 첫머리 이외의 경우에는 본음대로 적는다.
제10항 [붙임 2]	접두사처럼 쓰이는 한자가 붙어서 된 말이나 합성어에서 뒷말의 첫소리가 'ㄴ' 소리로 나더라도 두음 법칙에 따라 적는다.
제10항 [붙임 3]	둘 이상의 단어로 이루어진 고유 명사를 붙여 쓰는 경우에도 [붙임 2]에 준하여 적는다. 한편, '신년도, 구년도' 등은 그 발음 형태가 [신년도, 구:년도]이며, 또 '신년-도, 구년-도'로 분석되는 구조이므로, 이 규정이 적용되지 않는다.
제11항 '다만'	한자어 의존 명사는 본음대로 적는다.
제11항 [붙임 1]	단어의 첫머리 이외의 경우에는 본음대로 적는다.
제11항 [붙임 1]의 '다만'	모음이나 'ㄴ' 받침 뒤에 이어지는 '렬, 률'은 '열, 율'로 적는다.
제11항 [붙임 2]	외자로 된 이름을 성에 붙여 쓸 경우에도 본음대로 적을 수 있다. 그러나 이것은 한 글자 이름의 경우에 국한되는 허용 규정이다.
제11항 [붙임 3]	준말에서 본음으로 소리 나는 것은 본음대로 적는다.
제11항 [붙임 4]	(1) 접두사처럼 쓰이는 한자가 붙어서 된 말이나 합성어에서 뒷말의 첫소리가 'ㄴ' 소리로 나더라도 두음 법칙에 따라 적는다. (2) 그러나 언중들의 발음 습관이 본음의 형태로 굳어져 있는 경우에는 예외 형식을 인정한다.(미립자, 소립자, 수류탄) (3) 다만, 고유어 뒤에 한자어가 결합되는 경우는 뒤의 한자어는 두음 법칙을 적용하여 적는다.
제11항 [붙임 5]	(1) 둘 이상의 단어로 이루어진 고유 명사를 붙여 쓰는 경우나 십진법에 따라 쓰는 수(數)도 붙임 4에 준하여 적는다. (2) 다만, '오륙도(五六島)', '육륙봉(六六峰)' 등은 '오/육, 육/육'처럼 두 단어로 갈라지는 구조가 아니므로, 본음대로 적는다.
제12항 [붙임 1]	(1) 단어의 첫머리 이외의 경우에는 본음대로 적는다. (2) '다만' 고유어나 외래어 뒤에 결합하는 '난(欄)'은 두음 법칙을 적용하여 적는다.
제12항 [붙임 2]	(1) 접두사처럼 쓰이는 한자가 붙어서 된 단어는 뒷말을 두음 법칙에 따라 적는다. (2) 한편, '고랭지(高冷地)'는 '표고가 높고 찬 지방'이라는 뜻으로 '고랭-지'로 적는다.
제13항 해설	다만, '연연불망, 유유상종, 누누이'는 제11항 붙임 1 규정을 적용하면, '연련-, 유류-, 누루-'가 되어야 하지만 사람들의 발음 형태가 굳어져 있으므로 관용 형식을 취한다. [7]

어쨌든 교육과정의 '내용 요소의 예'에 두음 법칙이 있기에 교과서에서 이를 다룰 수도 있다. 그러나 '두산'과 '디딤돌' 교과서와 같이 두음 법칙을 음운 변동 현상으로 다루지 않는 교과서가 있으며, 두음 법칙을 다루더라도 이에 대한 음운 변동 유형 분류도 교과서마다 다르다는 것은 문제가 있다. 교과서별로 두음 법칙을 처리하는 방법을 정리하면 다음과 같다.

| 표 28 | 두음 법칙 현상에 대한 검정 교과서의 처리

교과서	음운 변동의 유형	비고
교학, 금성, 비상, 신사고, 지학[박], 지학[방], 천재[김대], 텍스트, 해냄	독립	
미래, 중앙	대치, 교체	
창비	기타	모음조화와 같이 분류
천재[김종]	발음 편의	
천재[박]	기타	경음화와 같이 분류

'교학'의 교과서에서는 음운 규칙을 그 유형에 따라 교체, 축약, 탈락, 첨가 등으로 나눈다. 또, 한 음운이 다른 음운의 성질을 닮아 가는 동화 현상을 비음화, 유음화, 구개음화, 모음조화 등으로 나누고, 이런 음운 변동 현상들을 간략하게 설명한다. 이러한 교과서의 설명을 볼 때, 음운 규칙의 유형을 교체, 축약, 탈락, 첨가, 동화로 나누는 것 같다. '교학' 교과서에서는 동화 현상을 설명하는 문단에서 두음 법칙을 설명하기는 하지만 경음화와 함께 두음 법칙은 음운 변동의 유형 중에 어디에 포함되는지 구체적으로 드러나지 않는다. '금성', '비상', '신사고', '지학[박]', '지학[방]', '천재[김대]', '텍스트', '해냄' 등의 교과서에

---

7) 이와 관련해서 두음 법칙의 문제점을 드러내는 단어가 있다. '요요하다04'는 "맵시가 있고 날씬하다. 산들거리는 바람이 부드럽다. 소리가 길고도 간드러지다. 드리워진 나뭇가지 따위가 길게 휘늘어져 있다."라는 뜻을 나타내는 단어이다. '요요'의 한자는 '嫋嫋'인데 '嫋'는 '요/뇨'로 소리 나지만 두음법칙이 적용된 관용적인 표기이다. 이에 비해 '요뇨(嫋嫋--)하다01'는 같은 한자를 사용하지만 두음 법칙이 적용되지 않았다. 그런데 사전에 등재된 뜻은 "살랑살랑 부는 바람이 부드럽다. 소리가 길고 간드러지다. 나뭇가지가 길고 가늘다. 부드럽고 날씬하여 간드러지다."인데, '요요하다04'와 거의 차이가 없지만 표기 형태가 완전히 다르다.

서는 두음 법칙을 어떤 유형으로 분류하지 않고 독립적으로 다루고 있다. '미래'의 교과서에서 두음 법칙은 대치 현상의 하나로 처리한다. '중앙' 교과서(상:163)에서는 음절의 끝소리 규칙, 두음 법칙, 비음화, 설측음화, 구개음화, 경음화 현상을 설명한 뒤, "지금까지 한 음운이 다른 음운으로 바뀌는 현상을" 살펴보았다고 한다. 이런 설명을 볼 때 두음 법칙을 교체 또는 대치 현상의 하나로 분류한다는 것을 알 수 있다. '창비' 교과서와 '천재[박]'의 교과서에서는 두음 법칙은 '기타'로 분류된다. 그런데 이 '기타'에는 '창비' 교과서에서는 모음조화가 포함되고, '천재[박]' 교과서의 경우에는 경음화 현상이 포함된다. 한편, '천재[박]' 교과서의 2013학년도용 '검정도서 수정·보완 대조표'에서는 현행 교과서 116쪽의 '첨가'를 '사잇소리 현상'으로 수정할 예정이며, '기타'는 삭제할 예정이다. 그 결과 현행 교과서의 국어의 음운 규칙을 정리한 표에서 두음 법칙과 경음화(된소리되기)는 독립된 항목이 된다.

'천재[김종]'과 '지학[방]'의 교과서에서는 음운 변동의 유형을 음운 변동이 일어나는 원인에 따라 분류한다. '천재[김종]'의 교과서에서는 두음 법칙이 발음의 편의 때문에 일어나는 음운 변동 현상으로 분류한다. 그런데 '지학[방]'의 교과서에서는 발음 편리 때문에 일어나는 음운 변동 현상으로 음절의 끝소리 규칙, 음운의 동화, 음운의 축약과 탈락이 있고, 표현 강화를 위한 음운 변동 현상으로 된소리되기와 사잇소리 현상이 있다고 한다. 그런데 '두음 법칙'이 발음의 편의 때문인지 표현 강화 때문인지 불명확하다.

2. 모음조화

2007 개정 교육과정은 제7차 교육과정과 마찬가지로 모음조화 현상을 음운 변동 현상으로 다룬다. 그러나 모음조화 현상을 음운 변동 현상으로 보지 않는 경우도 있다. 먼저 김동소(2005ㄴ:75)에서는 모음조화를 표기법으로 보고 음운 변동 현상으로 다루지 않는다. 임지룡 외(2006:116)에서도 모음조화의 경우에는 그 동화의 방향을 정하기 어렵기에 일반적인 음운 동화와는 다르다고 하며, 다른 곳(2010)에서는 두음 법칙과 모음조화를 음운 규칙으로 다루지 않고 있다.

이문규(2011:119)에 따르면 말소리의 발음을 담당하는 구실을 하는 '음운부'에 모여 있는 일련의 규칙을 '음운 규칙'이라 하고, 이 음운 규칙은 국어의 각 음소가 그 놓이는 환경에 따라 발음되는 모습을 결정하는 일을 한다고 한다. 그리고 모음조화와 두음 법칙은 음운의 교체, 탈락, 첨가, 축약 중 하나에 소속시키기 어려운 성격이라고 한다. 모음조화의 경우는 양성 모음과 음성 모음을 구분 짓는 자질을 찾기 어렵고, 기저형을 설정하기 어렵기 때문이다. 양순임(2011:288)에서는 모음조화는 음운 변동이 아니라, 단어 형성 방법으로 처리한다. 그리고 이 모음조화 현상에는 양성모음화도 포함시킨다. 양성모음화란 "어간의 끝 모음이 /ㅏ, ㅗ/일 때, 어미의 첫 모음 /ㅓ/가 /ㅏ/로 변동"하는 현상이다. 이 양성모음화만 현대 국어에서 공시적인 변동 규칙으로 인정하고, 나머지는 인정하지 않는 견해이다.

한편, 모음조화의 띄어쓰기도 교과서마다 다르다. 교육과정에서는 모음조화로 표기하지만 교과서에 따라 '모음 조화' 또는 '모음조화'로 표기되기도 한다. '모음조화'의 띄어쓰기와 관련해서 '천재[박]'의 『국어(상)』에 대한 〈수정보완권고서에 의한 수정사항〉(일련 번호 83)을 참고할 필요가 있다. 여기서는 '모음조화'의 띄어쓰기에 대해서 지적하지 않고 있다. 이에 비해 '중앙'의 『국어(상)』에 대한 〈수정보완권고서에 의한 수정사항〉(일련 번호 70, 73, 77, 79, 92 등)을 보면, 검정심의회에서는 '모음 조화'를 '모음조화'로 붙여 쓸 것을 권고했으며, 출판사는 이를 받아들였다. 각 출판사의 모음조화를 표기 방법을 정리하면 다음과 같다.

| 표 29 | 교과서별 모음조화의 띄어쓰기

표기	교과서
모음 조화	교학, 금성, 두산, 디딤돌, 미래, 신사고, **중앙(하:163)**, 지학[박], 지학[방], 창비, 천재[김종], 천재[박], **텍스트(상:105)**, **해냄(상:209)**
모음 조화	비상, **중앙(상:165, 하:167)**, 천재[김], **텍스트(하:56)**, **해냄(상:202)**

위 표에서 알 수 있듯이 '중앙' 교과서의 '모음조화' 표기는 혼란스럽다. 『국

어(상)』에서는 '모음조화'로 붙여 쓰지만 『국어(하)』에서 '모음 조화'(하:163)로 띄어 쓰거나 '모음조화'(하:167)로 붙여 쓰기도 한다. 이는 '해냄'의 교과서도 마찬가지다. '해냄'의 교과서에서도 '모음조화'(상:202)라고 붙여 쓰기도 하고 '모음 조화'(상:209)로 띄어쓰기도 한다. 참고로 〈표준국어대사전〉에는 '모음∧조화(母音調和)'로 등재되어 있는데, 기호 '∧'는 띄어 쓰는 것이 원칙이나 붙여 쓸 수 있는 전문 용어나 고유 명사 표시이다. 이 책에서는 교육과정의 표기를 따르기로 한다.

모음조화는 한글 맞춤법 제16항과 제18의 6의 '다만'과 표준어 규정 제8항 등에 언급되어 있다. 두음 법칙과 마찬가지로 모음조화 역시 교육과정의 '내용 요소의 예'에 기술된 것이므로 검정 교과서에서 다룰 수도 있다. 그런데 '두산'과 '디딤돌' 교과서는 모음조화를 다루지 않고 있으며, 검정 교과서에 따라 모음조화에 대한 음운 변동의 유형 분류도 다르다.

| 표 30 | 모음조화 현상에 대한 검정 교과서의 처리

교과서	음운 변동의 유형	비고
교학, 천재[김대]	동화	자음 동화, 모음 동화 미구분
신사고	동화	자음 동화, 모음 동화 구분
천재[박]	모음 동화	자음 동화, 모음 동화 구분
미래	대치, 교체	대치에 동화 포함
지학[방], 천재[김종]	동화	발음의 편의
창비	기타	
금성, 비상, 중앙, 지학[박], 텍스트, 해냄	독립	

'교학'의 교과서에서는 자음 동화와 모음 동화를 따로 분류하지는 않지만 모음조화는 동화 현상으로 분류하고 있다. '신사고'의 교과서에서는 동화 현상을 자음 동화와 모음 동화로 분류하고, '통합적으로 정리하기'(상:212)에서 모음조화를 동화 현상에 포함시키고 있다. '천재[박]'의 교과서는 모음 동화 현상으로 분류한다. '미래'의 교과서는 대치 현상의 하나인 동화 현상으로 분류한다. '지

학[방]'과 '천재[김종]'의 교과서는 음운 변동 현상이 생기는 원인에 따라 분류하고 있는데, 모음조화는 발음의 편리 때문에 일어나는 음운 변동 현상인 동화의 일종이다. 그런데 '지학[방]' 교과서(상:142)의 경우 동화 현상의 하나로 모음 동화를 설정하지만 모음조화는 독립된 항목으로 다룬다. '창비'의 교과서에서는 두음 법칙과 함께 '기타'로 분류된다. '천재[김대]' 교과서의 탐구 활동(상:168)에 "다른 동화가 차이가 있는 특이한 현상"이라는 부분을 참조해서 동화로 분류한다. 이에 비해 '금성', '비상', '중앙', '지학[박]', '텍스트', '해냄' 등의 교과서는 어떤 유형에 포함시키지 않는다. '해냄' 교과서의 모음조화에 대한 설명은 읽기 자료와 학습 활동이 조금 다르다. 교과서(상:209)에서는 "동사나 형용사 어간의 끝음절 모음" 에 따라 '-아/-어' 계열의 어미가 선택된다고 한다. 그러나 학습 활동(상:210)에서는 "동사나 형용사의 마지막 음절의 모음"이라고 설명되어 있다. 교과서 본문대로 설명하는 것이 정확하다.

이처럼 2007 개정 교육과정에 따른 검정 교과서에서 모음조화는 대체로 동화로 분류되지만 기타로 분류하는 교과서와 특정한 음운 변동 현상으로 분류하지 않는 교과서가 있다.

3. 구개음화

제7차 교육과정과 2007 개정 교육과정에서는 구개음화를 음운 변동 현상으로 다루고, 모든 검정 교과서에서도 구개음화를 반영하고 있다. 그런데 교과서마다 구개음화에 대한 설명이나 구개음화가 어떤 음운 변동 현상에 속하는지에 대한 설명은 차이가 있다.

제7차 『문법』 교과서(2010:68)에서는 구개음화를 끝소리가 'ㄷ, ㅌ'인 형태소가 모음 'ㅣ'나 반모음 'ĭ'로 시작하는 형식 형태소가 만나면 'ㄷ, ㅌ'이 센입천장소리 'ㅈ, ㅊ'이 되는 현상이라고 정의한다. 또한 구개음화는 자음이 모음의 성질을 닮아 변동하는 것이기 때문에 동화 현상으로 분류한다. 이러한 구개음화는 몇 가지 조건을 갖추어야 한다. 첫째, 앞 말의 받침이 'ㄷ, ㅌ'이어야 한다. 둘째, 뒤에 오는 형태소는 'ㅣ'나 반모음 'ĭ'로 시작하는 형식 형태소이어야 한다. 구개음화를 다루는 검정 교과서의 문제점으로는 다음과 같은 것들이 있다.

첫째, 구개음화 현상을 설명하는 검정 교과서들의 설명 방식은 몇 가지로 나뉜다. 먼저, 구개음화의 조건 중 'ㅣ'로 시작하는 형식 형태소와 만날 때라고 설명하는 교과서가 있는데, '교학'(상:90), '디딤돌'(상:222), '미래'(상:109), '신사고'(상:193), '중앙'(상:163), '해냄'(상:207) 등이다. 또한 구개음화의 조건 중 'ㅣ'로 시작하는 형태소와 'ㄷ, ㅌ'으로 끝나는 형태소가 만날 때라고 설명하는 교과서가 있다. 즉, 반모음 'j'에 대한 언급이 없으며, 형태소의 종류에 대한 언급이 없는 경우이다. 이런 설명을 하는 교과서는 '금성'(상:240), '지학[방]'(상:141), '천재[김대]'(상:167) 등이다. 그리고 구개음화의 조건 중 'ㅣ'와 반모음 'j'로 시작하는 경우라고만 하며, 뒤에 오는 형태소의 종류를 밝히지 않는 교과서로는 '천재[박]'(하:111)이 있다. 마지막으로 구개음화의 조건 중 뒤에 오는 형식 형태소가 'ㅣ'와 반모음 'j'로 시작하는 경우라고 설명하는 교과서로는 '두산'(상:212-213), '지학[박]'(상:231), '창비'(상:179), '천재[김종]'(상:102), '텍스트'(상:106) 등이 있다. '비상'의 교과서(하:242-243)는 실질 형태소와 형식 형태소의 결합할 때 발생하는 현상이라고 하며, 학습 활동에서 표준 발음법 제17항을 참고하라고 안내한다.

둘째, '신사고' 교과서(상:193)의 구개음화에 대한 설명의 문제이다. 교과서에서는 구개음화를 " 'ㄷ, ㅌ' 받침 뒤에 조사나 접미사의 모음 '이'나 '히'가 올 적에는 구개음 'ㅈ, ㅊ'으로 발음" 되는 현상이라고 한다. 그런데 이런 설명은 표준어 규정 제17항 [붙임]과는 다르다. 표준어 규정에서는 "받침 'ㄷ, ㅌ(ㄾ)'이 조사나 접미사의 모음 'ㅣ'와 결합되는 경우에는 [ㅈ, ㅊ]으로 바꾸어서 뒤 음절 첫소리로 옮겨 발음한다."로 규정한다. 그리고 [붙임]에서는 " 'ㄷ' 뒤에 접미사 '히'가 결합되어 '티'를 이루는 것은 '치'로 발음한다."라고 규정한다. 즉 '신사고' 교과서는 표준 발음법 제17항과 [붙임]을 함께 설명했기 때문에 문제가 생겼다. 이에 비해 '지학[방]'의 교과서(상:141)에서는 표준어 규정에 따라 설명하고 있다.

셋째, 구개음화 현상이 어떤 음운 변동의 유형 분류도 교과서마다 다르다. 제7차 교육과정의 『문법』 교과서에서는 자음 동화를 따로 설정하면서 구개음화를 제시하고 있다. 이를 볼 때 구개음화는 일반적인 자음 동화 현상과 다르다는 것을 알 수 있다.

| 표 31 | 검정 교과서의 구개음화 현상의 유형 분류

교과서	구개음화의 분류	비고
교학	동화	
두산	동화에 의한 교체	
미래	대치	동화 현상 설정
비상, 천재[박]	자음 동화	
중앙	대치 또는 교체	자음 동화 설정
금성, 신사고, 지학[박], 텍스트	구개음화	자음 동화 설정
지학[방], 천재[김종],	발음 편의	
디딤돌, 창비	교체	동화 현상 미설정
해냄	동화의 일종	
천재[김대]	구개음화	

위 표에서 알 수 있는 것처럼 '비상'과 '천재[박]'의 교과서만 구개음화를 자음 동화로 처리하고 있다. 한편 '금성' 교과서의 '도움말'(상:239)에서도 자음 동화로 볼 수 있다고 한다. 다른 교과서들은 크게 동화 현상의 하나로 처리하거나 자음 동화와 구별하여 구개음화를 처리한다. 또한 '해냄'의 교과서에서는 구개음화가 일반적인 자음 동화와 다른 점을 "뒤에 오는 모음의 성질을 닮아 앞에 있는 자음이 바뀌는 동화 현상"이라고 설명한다. 즉, 제7차 교육과정의 『문법』 교사용 지도서의 설명대로 일반적인 자음 동화 현상과 차이가 있다는 것을 대부분의 교과서들은 인정하고 있다.

4. 설측음화

2007 개정 교육과정에서는 제7차 교육과정의 『문법』 교과서에서 유음화라고 불렀던 음운 변동 현상을 설측음화라고 한다. 이 음운 변동 현상은 제5차 교육과정과 제6차 교육과정의 『문법』 교과서에서는 자음 동화라고만 했지 특별한

용어를 사용하지 않았다. 설측음화와 관련된 검정 교과서의 문제로는 세 가지 정도가 있다.

첫째는 앞에서 살펴보았듯이 설측음화라는 용어에 대한 문제이다. 그래서인지 교과서에 따라 'ㄴ'이 'ㄹ'의 앞뒤에 올 때 'ㄹ'로 변하는 음운 변동 현상에 대한 용어부터 차이가 있다. '교학', '두산', '디딤돌', '미래'[8], '비상', '신사고', '창비', '천재[김대]', '텍스트' 등의 교과서에서는 유음화라는 용어를 사용하고, '금성', '중앙', '지학[박]', '지학[방]' 등의 교과서에서는 설측음화라는 용어를 사용한다. 또한 '천재[김종]', '천재[박]', '해냄' 등의 교과서는 유음화와 설측음화라는 용어를 함께 사용한다. 여기서는 교육과정에 따라 일단은 설측음화라고 부른다.

둘째, 소위 말하는 'ㄹ'의 비음화 현상에 대한 설명이다. 'ㄴ'이 'ㄹ'을 닮아 반드시 'ㄹ'로 변하는 것은 아니다. 그래서 표준 발음법 제20항 '다만'의 해설을 보면 한자어에서는 'ㄴ'과 'ㄹ'이 결합하여 [ㄹㄹ]로 발음되지 않고 [ㄴㄴ]으로 발음되는 경우가 있는데, 이 경우는 "실제 발음을 고려하여 정한 것이기에 [ㄴㄴ]으로 발음되는 단어와 [ㄹㄹ]로 발음하는 단어는 개별적으로 정하여 사전에 그 발음을 표시"해야 한다고 밝힌다. 이 현상은 'ㄹ'이 비음인 'ㄴ'을 닮아 'ㄴ'으로 바뀌는 것이기에 'ㄹ'의 비음화라고 할 수 있다. 양순임(2011:210)에 따르면 "앞뒤 말이 모두 의존 형태소일 때는 유음화가 일어나고 두 형태소 중 한 형태소가 자립 형태소일 때는 비음화가 일어난다고 한다." 그런데 이 현상을 설명하는 교과서보다는 설명하지 않는 교과서가 많다. 'ㄹ'의 비음화 현상에 대한 검정 교과서의 설명을 정리하면 다음과 같다.

'두산'의 교과서(상:212)에서는 본문에 '의견란', '생산량' 등을 예로 들어 'ㄹ'이 'ㄴ'으로 바뀌는 현상을 설명하고 있다. '비상' 교과서(하:249)에서는 학습 활동에 '임진란'을 예로 들어 설측음화가 일어나지 않는 경우를 제시하고 있다. 또한 '디딤돌' 교과서(상:220)에서는 'ㄴㄹ'의 연쇄는 [ㄴㄴ]으로 발음하기도 한다고 설명한다. '창비'의 교과서에서는 설측음화 현상을 소개하면서 '생산량'처

8) '미래' 교과서(하:116)는 국어의 로마자 표기법을 다루는 곳에서는 '설측음화'라는 용어를 사용한다.

럼 앞부분이 독립성이 있으면 뒤의 'ㄹ'이 'ㄴ'으로 소리 난다고 한다. 그런데 '교학', '금성', '신사고', '중앙', '지학[박]', '지학[방]', '천재[김대]', '천재[김종]', '천재[박]', '텍스트', '해냄' 등의 교과서에서는 이에 대한 설명이 없다.

셋째, 설측음화 현상에 대한 설명이 불명확한 경우이다. '천재[김종]' 교과서(상:100)의 설측음화에 대한 설명을 보자.

> ■ 설측음화
> 음절 끝에 나오는 'ㄴ'이 'ㄹ'의 앞뒤에서 모두 'ㄹ'로 바뀌게 되는데, 이것을 설측음화 또는 유음화라고 한다.

그런데 음절 끝에 나오는 'ㄴ'이 'ㄹ'의 앞뒤에서 모두 'ㄹ'로 바뀌지 않는다. '공권력'의 'ㄴ'은 유음화되지 않고, 'ㄹ'이 'ㄴ'으로 바뀌어 [공권녁]으로 발음된다. 또한 '천재[김종]' 교과서의 설명에는 문제가 있다. 교과서에서는 "음절 끝에 나오는 'ㄴ'이 'ㄹ'의 앞뒤"라고 하는데, 이 설명은 '신라'의 경우에는 성립되지만 '칼날'의 경우에는 성립되지 않는다. '칼날'의 경우 'ㄴ'은 음절 첫머리에 오기 때문이다. 교과서의 설명은 소위 말하는 역행적 설측음화 현상에만 해당한다. 이 부분은 2013학년도용 '검정 도서 수정·보완 대조표'에서 '음절 끝에 나오는'이 삭제되고, " 'ㄴ'이 'ㄹ'의 앞이나 뒤에서"로 수정될 예정이다. 그런데 이렇게 수정하더라도 'ㄴ'이 "모두 'ㄹ'로" 바뀌는 것은 아니다.

5. 비음화

제7차 교육과정의 『문법』 교과서에서 비음화는 유음화와 함께 자음 동화 현상으로 분류된다. 『문법』 교과서(2010:68)에서는 탐구 활동을 통해 비음화의 규칙을 'ㅂ, ㄷ, ㄱ → ㅁ, ㄴ, ㅇ/ㅁ, ㄴ'로 설정하고 있으며, 'ㅂ, ㄷ, ㄱ'과 'ㄹ'이 만나면 'ㄹ'이 'ㄴ'으로 발음되는 현상도 다룬다. 표준 발음법 제18항과 제19항이 비음화와 관련된 규정인데, 이 중 제19항은 소위 말하는 'ㄹ'의 비음화 현상이다. 비음화를 다루는 교과서 중에서 '교학'(상:95), '금성'(상:240), '신사고'

(상:190), '지학[박]'(상:230), '텍스트'(상:108) 등이 'ㄹ'의 비음화를 다룬다.

비음화 현상을 다루는 검정 교과서의 설명에 문제가 있는 경우가 있다. 먼저 '금성' 교과서(상:240)의 'ㄹ'의 비음화 현상에 대한 설명은 부정확하다. 교과서의 탐구 활동을 보면 'ㅂ, ㄷ, ㄱ'과 'ㄹ'이 만나면 'ㄹ'이 비음 'ㄴ'이 되고, 이 'ㄴ'의 영향으로 'ㅂ, ㄷ, ㄱ'도 비음 'ㅁ, ㄴ, ㅇ'이 된다고 설명한다. 이런 설명은 제7차 교육과정의 『문법』 교사용 지도서(2010:96)에도 있다. '금성'의 교과서는 'ㄷ' 다음에 'ㄹ'이 결합해서 비음화되는 예를 제시하지 않지만 『문법』 교사용 지도서는 '몇리'가 '[멷 리]→[멷 니]→[면 니]'로 발음되는 현상을 예로 들고 있다. 그러나 표준 발음법 제19항 [붙임]에는 받침 'ㄱ, ㅂ' 뒤에 연결되는 'ㄹ'로 되어 있다. 허웅(1989:241)에서는 끝소리 'ㄷ' 다음에 'ㄹ'이 연결되지 않는다고 한다. 'ㅂ, ㄷ, ㄱ'과 'ㄹ'이 만나면 'ㄹ'이 비음 'ㄴ'이 되는 현상을 다루는 '신사고', '지학[박]', '텍스트' 등의 교과서에서는 'ㄱ, ㅁ, ㅂ, ㅇ' 뒤에 연결되는 'ㄹ'이라고 한다. 또한 '금성' 교과서는 "비음이 아닌 자음이 비음으로 소리 나는 경우"라고 기술하고 있는데, 음절 끝에서 발음되는 '비음이 아닌 자음'은 'ㄱ, ㄷ, ㅂ' 외에도 다른 자음이 더 있기에 명확하지 않다. '두산'(상:211), '중앙'(상:162), '천재[박]'(하:111) 등의 교과서에서도 '비음이 아닌 자음 또는 소리'라고 설명한다. '천재[박]' 교과서의 2012학년도용 '검정 도서 수정·보완 대조표'에서는 '비음이 아닌 소리'를 'ㄷ, ㅂ, ㄱ'로 수정했다. 하지만 여기에 'ㄷ'을 포함시킴으로써 '금성' 교과서와 같은 문제가 생겼다.

둘째, '천재[김종]' 교과서(상:100)의 'ㄹ'의 비음화에 대한 설명도 부정확하다.

> ■ 비음화
> 음절 끝의 'ㄱ, ㄷ, ㅂ' 소리가 다음 음절의 첫소리인 'ㅁ, ㄴ'을 만나면 'ㅇ, ㄴ, ㅁ'으로 소리가 바뀌는 것을 말한다. 또, 음절 끝의 'ㅁ, ㅇ'이 다음 음절의 'ㄹ'을 만날 때 'ㄴ'으로 바뀌기도 하는데, 이 역시 비음화에 속한다.

"음절 끝의 'ㅁ, ㅇ'이 다음 음절의 'ㄹ'을 만날 때 'ㄴ'으로 바뀌기도 한다."라는 교과서의 설명은 'ㅁ, ㅇ'이 'ㄴ'로 바뀐다는 의미이다. 이는 "음절 끝의 'ㅁ, ㅇ'이 다음 음절의 'ㄹ'을 만날 때, 'ㄹ'이 'ㄴ'으로 바뀌기도 한다." 정도가 되어야 한다. '천재[김종]'의 2013학년도용 '검정 도서 수정·보완 대조표'에서는 "또, 음절 끝의 'ㅁ, ㅇ'이 다음 음절의 'ㄹ'을 만날 때"를 "또, 음절 끝의 'ㅁ, ㅇ' 뒤에 연결되는 'ㄹ'이"로 수정할 예정이다.

셋째, 'ㄹ'의 비음화가 일어나는 용례를 들지만 이에 대해 설명하지 않는 교과서가 있다. '중앙' 교과서(상:162)에는 본문과 학습 활동(상:168)에 각각 '침략', '독립'과 '담력', '대통령' 등 'ㄹ'의 비음화가 적용되는 용례가 나오지만 여기에 대한 정확한 설명은 없다. 교과서에서는 "비음이 아닌 소리가 비음 'ㅇ, ㄴ, ㅁ'을 만나 비음으로 바뀌는" 현상을 비음화라고 하지만 '독립'이 [동닙]으로 발음되는 현상을 설명할 수는 없다. '지학[방]'의 교과서(상:149)도 학습 활동에 '종로', '백록담'을 제시하고 있다. 그러나 교과서 내에서는 이 현상에 대한 설명이 없다. '지학[방]' 교과서의 2012학년도용 '검정도서 수정·보완 대조표'에서는 교과서 날개(상:140) 부분에 "비음 'ㄴ, ㅁ' 뒤에서 'ㄹ'이 'ㄴ'으로 발음됨."이라는 내용을 추가하였다. 그래도 '종로'가 [종노]로 발음되고, '백록담'이 '[백녹담]→[뱅녹담]'으로 발음되는 현상은 설명할 수 없다. '천재[박]'교과서(상:110)에도 '종로'가 용례로 제시되어 있는 것으로 보아 'ㄹ'의 비음화를 다룬다고 할 수 있다. '천재[박]' 교과서의 2012학년도용 '검정 도서 수정·보완 대조표'에는 "앞에 'ㅁ, ㅇ'이 있을 때" 'ㄹ'이 'ㄴ'으로 바뀌며 그 용례로 '종로'를 제시하고 있다.

넷째, 비음화와 관련된 학습 활동에서 표준어 규정을 잘못 안내한 경우가 있다. '비상' 교과서(하:243)의 학습 활동의 도움말에서는 "(가)는 표준 발음법 5장 18, 19항을 참조해 보자."라고 안내한다. 학습 활동 (가)에 제시된 단어는 "찍는다 국물 나흘날 맏며느리 집념 집마당[9]"이다. 그런데 표준 발음법 제19항은 "받침 'ㅁ, ㅇ' 뒤에 연결되는 'ㄹ'은 [ㄴ]으로 발음한다."와 [붙임] "받침 'ㄱ, ㅂ' 뒤에 연결되는 'ㄹ'도 [ㄴ]으로 발음한다."이다. 따라서 (가)에 제시된 용례와 표준 발음법 제19항과는 관련이 없다.

9) 〈표준국어대사전〉에 따르면 '집 마당'으로 띄어 쓴다.

6. 경음화

2007 개정 교육과정에서는 제7차 교육과정의 '문법'에서 다루지 않았던 경음화(된소리되기) 현상이 '내용 요소의 예'로 제시되어 있다. 제5차 교육과정의 '문법'에서는 안울림소리 뒤에 안울림 예사소리가 오면 그 예사소리가 된소리로 발음되는 현상을 된소리되기로 다루었다. 또한 제6차 교육과정의 '문법'에서는 안울림 예사소리 뒤의 된소리되기 현상뿐만 아니라 'ㄴ, ㅁ'으로 끝나는 용언의 어간 뒤에 예사소리로 시작하는 어미가 된소리로 발음되는 현상까지 다루었다.

2007 개정 교육과정 '내용 요소의 예'에 제시된 경음화 현상은 '두산'의 교과서[10] 외에는 모든 검정 교과서에서 다루고 있다. 경음화 현상과 관련된 검정 교과서의 문제점으로는 다음과 같은 것들이 있다.

첫째, 교육과정 '내용 요소의 예'에 제시된 경음화 현상에 대한 용어가 통일되어 있지 않다. '교학', '미래', '지학[박]', '창비', '텍스트' 등의 교과서는 경음화라는 용어를 사용하고, '디딤돌', '비상', '천재[김대]', '해냄' 등의 교과서는 된소리되기라는 용어를 사용한다. 그리고 '금성', '신사고', '중앙', '지학[방]', '천재[김종]', '천재[박]' 등의 교과서는 경음화와 된소리되기라는 용어를 함께 사용한다.

둘째, 경음화 현상에 대한 음운 변동의 유형 분류도 교과서마다 차이가 있다.

| 표 32 | 검정 교과서의 경음화 현상의 음운 변동 유형

교과서	경음화 현상의 유형
교학, 금성, 비상, 지학[박], 천재[김대], 텍스트	독립
디딤돌, 미래, 신사고, 중앙, 창비, 해냄	대치 또는 교체
신사고	표현의 명료화 또는 교체
지학[방]	표현 효과
천재[김종]	발음의 편의
천재[박]	기타

10) 국어의 로마자 표기법을 설명하는 부분(상:230)에서는 '된소리화(경음화)'라는 용어를 사용한다.

'교학'의 교과서에서 경음화 현상은 두음 법칙과 함께 어떤 유형에 속하는지 불명확하며, '금성', '비상', '지학[박]', '천재[김대]', '텍스트'의 교과서는 특정한 유형으로 분류하지 않는다. 한편 '금성' 교과서의 '도움말'(상:239)에서는 자음 동화로 볼 수 있다고 한다. 이에 비해 '미래', '디딤돌', '신사고', '중앙'[11], '창비', '해냄' 등의 교과서에서는 '대치' 또는 '교체'로 분류한다. '신사고', '지학[방]', '천재[김종]'의 교과서는 음운의 변동이 일어나는 원인에 따라 음운 변동의 유형을 분류한다. '신사고' 교과서(상:186)는 음운 변동의 유형을 음운 변동의 결과로 구분하기도 하지만 음운 변동이 생기는 원인에 따라 구분하기도 한다. 그래서 '신사고' 교과서에서는 경음화는 교체인 동시에 'ㄴ' 첨가와 함께 표현 명료화 때문에 일어나는 음운 변동 현상이 된다. '지학[방]'의 교과서(상:139)에서는 표현 효과 때문에 일어나는 음운 변동으로 설명하고 있다. 이에 비해 '천재[김종]'의 교과서(상:94)는 발음의 편의 때문에 일어난다고 설명한다. '천재[박]'의 교과서(상:116)에서는 된소리되기를 음운 변동의 유형 중에서 '기타'로 분류하고 있다. 그런데 '천재[박]' 교과서의 2013학년도용 '검정도서 수정·보완 대조표'를 보면 현행 교과서에서 '기타'로 분류된 경음화(된소리되기), 두음 법칙은 독립된 항목이 된다.

경음화 또는 된소리되기는 일반적으로 교체 또는 동화로 처리한다. 이문규(2011:160)에서는 교체 현상의 하나로 본다. 그러나 다른 곳(2011:203)에서는 불파음은 음성학적으로 볼 때 후두 긴장의 성질을 가지므로 된소리되기는 뒤따르는 장애음이 불파음의 '후두 긴장'에 동화된 결과로 볼 수 있다고 한다. 임지룡 외(2010:98)에서는 파열음과 파찰음, 마찰음의 예사소리가 된소리는 바뀌는 점에 주목하여 교체 현상으로 본다. 2007 개정 교육과정의 선택 중심 교육과정 해설(2008:342)에서는 교체로 처리한다. 한편, 허웅(1989:289)에서는 발음의 편의 때문에 일어나는 '줄임'으로 처리하고, 양순임(2011:176)에서는 동화로 처리한다.

셋째, 교과서마다 경음화 현상을 다루는 범위에 차이가 있다. 경음화 현상은 한글 맞춤법 제5항, 표준 발음법 제23항~제28항, 30항 등에서 언급하고 있다.

---

11) '중앙'의 교과서(상:163)에서는 음절의 끝소리 규칙, 두음 법칙, 비음화, 유음화, 구개음화, 경음화 현상을 설명하고 난 뒤, "지금까지는 한 음운이 다른 음운으로 바뀌는 현상을" 살펴보았다고 한다. 이런 기술로 볼 때 경음화 현상을 교체 또는 대치로 파악하는 것 같다.

〈표 33〉에서 알 수 있듯이 검정 교과서에서 언급하고 있는 경음화 현상의 범위가 교과서에 따라 큰 차이가 있다.

| 표 33 | 검정 교과서의 경음화 현상을 다루는 범위

(단, 표준 발음법 제30항은 제외)

교과서	표준 발음법 규정
교학(상:91)	제23항
금성(상:241)	제23항~제24항,
디딤돌(상:221-227)	제23항~제24항, 제26항~제27항
미래(하:105)	제23항~제28항
비상(상:247-248)	제23항~제24항, 제28항
신사고(상:189)	제23항~제24항, 제26항, 제27항
중앙(상:163)	제23항~제24항, 제26항
지학[박](상:234)	제23항~제26항
지학[방](상:144)	제23항~제24항
창비(상:177-178)	제23항~제24항, 제26항~제28항
천재[김대](상:178)	제23항~제28항
천재[김종](상:104)	제23항~제25항
천재[박](하:115)	제23항~제24항
텍스트(상:109)	제23항~제28항
해냄(상:207)	제23항~제24항

넷째, 경음화 현상에 대한 설명이 잘못된 경우가 있다. '신사고' 교과서(상:189)에서는 [표준 발음법] 제23항~제28항을 참조하여 기술하고 있다.

> 특정 받침(파열음 ㄱ, ㄷ, ㅂ계)과 울림소리(ㄴ, ㄹ, ㅁ, ㅇ) 뒤에서 'ㄱ, ㄷ, ㅂ, ㅅ, ㅈ'이 된소리(경음)로 바뀌는 것을 '경음화' 혹은 '된소리되기'라고 한다.

하지만 'ㄴ, ㄹ, ㅁ, ㅇ' 뒤에서 나는 된소리에 대한 설명은 한글 맞춤법 제5항에 있다.

> 제5항 한 단어 안에서 뚜렷한 까닭 없이 나는 된소리는 다음 음절의 첫소리를 된소리로 적는다.
> 1. 두 모음 사이에서 나는 된소리
> 2. 'ㄴ, ㄹ, ㅁ, ㅇ' 받침 뒤에서 나는 된소리

이 조항의 해석은 이렇다. "'뚜렷한 까닭 없이 나는 된소리'란, 발음에 있어서 경음화의 규칙성이 적용되는 조건(환경)이 아님을 말하는 것이다. 바꾸어 말하면, 본디 예사소리인 것이 환경에 따른 변이음(變異音)으로서의 된소리로 나타나는 현상이 아님을 말한다." 따라서 경음화 규칙이 적용되지 않는 경우인데, 된소리로 나는 경우에는 표기에 반영한다는 것이다. 따라서 '신사고' 교과서의 설명 중 울림소리 뒤라는 표현은 표준 발음법의 설명이 아니다. 한편 '신사고' 교과서의 설명은 표준 발음법 제28항을 정리한 것으로도 볼 수 있다. 표준 발음법 제28항은 "표기상으로는 사이시옷이 없더라도, 관형격 기능을 지니는 사이시옷이 있어야 할(휴지가 성립되는) 합성어의 경우에는, 뒤 단어의 첫소리 'ㄱ, ㄷ, ㅂ, ㅅ, ㅈ'을 된소리로 발음한다."이다. 제28항에 제시된 용례는 모두 울림소리인 'ㄴ, ㄹ, ㅁ, ㅇ'으로 끝나는 합성어들이다. 그런데 이 환경에서 무조건 경음화되지 않는다. '물거품[물거품]', '바람비[바람비]', '창밖[창박]' 등은 울림소리가 있지만 경음화되지 않았다. 표준 발음법 제28항의 해설에서도 "사이시옷이 드러나지 않으면서 된소리로 발음되는 경우에는 사전에 그 된소리를 표시하여야 한다."라고 설명한다.

'지학[방]'의 교과서(상:144)와 '천재[박]'의 교과서(하:115)는 경음화 현상에 대한 설명이 부정확하거나 불명확하다. 먼저 '지학[방]' 교과서의 설명부터 보자.

> 두 개의 안울림 예사소리가 만나거나 끝자리가 'ㄴ, ㅁ'인 용언 어간에 예사소리로 시작하는 어미가 이어질 때 뒤의 예사소리 'ㄱ, ㄷ, ㅂ, ㅅ, ㅈ'이 'ㄲ, ㄸ, ㅃ, ㅆ, ㅉ'과 같은 된소리로 바뀌는 현상을 된소리되기 또는 경음화라고 한다.

이와 관련된 표준 발음법 제23항은 "받침 'ㄱ, ㄷ, ㅂ' 뒤의 'ㄱ, ㄷ, ㅂ, ㅅ,

ㅈ'은 된소리로 발음한다."이며, 제24항은 "어간 받침 'ㄴ(ㄵ), ㅁ(ㄻ)' 뒤에 결합되는 어미의 첫소리 'ㄱ, ㄷ, ㅅ, ㅈ'은 된소리로 발음한다."이다. 즉, '지학[방]'의 교과서는 표준 발음법 제23항과 제24항을 함께 설명하고 있다. 그 결과 'ㄴ(ㄵ), ㅁ(ㄻ)' 뒤에 오는 어미의 첫소리는 'ㄱ, ㄷ, ㅅ, ㅈ'인데, 'ㅂ'까지 포함한 설명이 되었다.

'천재[박]'의 교과서(하:115)도 학습 활동에서 '지학[방]'의 교과서와 비슷하게 설명하고 있다. 교과서에서는 경음화 현상을 "받침 'ㄱ, ㄷ, ㅂ' 뒤의 'ㄱ, ㄷ, ㅅ'은 [ㄲ, ㄸ, ㅆ]으로 소리" 나고, "받침 'ㄴ, ㅁ' 뒤의 'ㄱ, ㄷ, ㅈ'은 [ㄲ, ㄸ, ㅉ]으로 소리 난다."라고 한다. 표준 발음법에 설명을 따르면 뒤에 오는 소리는 'ㄱ, ㄷ, ㅅ'가 아니라 'ㄱ, ㄷ, ㅂ, ㅅ, ㅈ'가 되어야 하고, 'ㄱ, ㄷ, ㅈ'이 아닌 'ㄱ, ㄷ, ㅅ, ㅈ'이 되어야 한다. 이에 비해 '디딤돌' 교과서(상:222)에서는 용언의 어간 받침 'ㄴ, ㅁ' 뒤에 결합되는 어미의 첫 'ㄱ, ㄷ, ㅅ, ㅈ'이 된소리로 발음된다고 한다. '해냄'의 교과서(상:207)도 '디딤돌' 교과서와 비슷하게 설명하고 있다.

한편 '비상' 교과서(하:248)의 학습 활동 도움말에서는 "된소리되기에 대해서는 표준 발음법 6장 전체와 7장 30항"을 참조하라고 한다. 그런데 학습 활동을 통해서 확인할 수 있는 것은 제23항, 제24항, 제28항, 제30항 정도이다. 그리고 '창비' 교과서에서는 표준어 규정 제27항에서 관형사형 어미라고 하는 것을 관형형 어미라고 한다. 이에 비해 '디딤돌'의 교과서(상:227), '신사고'의 교과서(상:189), '천재[김대]'의 교과서(상:178)에서는 관형사형이라고 한다.

7. 탈락

제7차 교육과정의 『문법』 교과서에서는 탈락 현상을 "두 음운 중에서 어느 하나가 없어지는 현상"이라고 설명하며, 자음 탈락과 모음 탈락으로 나누고 있다. 자음 탈락에는 'ㄹ' 탈락과 'ㅎ' 탈락이 있는데, 'ㄹ' 탈락은 용언의 활용 과정과 합성어, 파생어 형성 과정에서 일어나는 'ㄹ' 탈락을 포함한다. 모음 탈락은 'ㅡ' 탈락과 동일 모음 탈락으로 나눈다.

탈락 현상에서 문제가 되는 것은 'ㄹ' 탈락이다. 교육과정의 '내용 요소의 예'에는 '탈락'이라는 용어를 사용하고 있지만 교육과정에서 합성어나 파생어가 형성되는 과정에서 일어나는 'ㄹ' 탈락을 음운 변동 현상으로 보는지는 알 수 없다. 다만, 제7차 교육과정의 고등학교『문법』교과서의 교사용 지도서(2010:101)에서는 체언의 파생과 합성 과정에서 'ㄴ, ㄷ, ㅅ, ㅈ' 앞의 'ㄹ'이 탈락하는 현상을 음운의 변동으로 다루고 있다.[12] 또한 2007 국어과 선택 중심 교육과정의 '문법'에서도 합성어·파생어 형성 과정에서의 'ㄹ' 탈락과 용언의 활용 과정에서의 'ㄹ' 탈락으로 나누고 있다.

합성어·파생어 형성 과정에서의 'ㄹ' 탈락에 대해 이문규(2011:225)는 "과거 어느 시기에 있었던 /ㄹ/ 탈락의 결과 만들어진 형태가 하나의 단어로 굳어진 것이기 때문에 공시적인 /ㄹ/ 탈락으로 볼 수 없다."라고 한다. 그리고 /ㄹ/ 탈락 현상이 공시적인 음운 변동 현상이라면 같은 환경에서 /ㄹ/ 탈락이 일어나지 않는 예들이 존재할 수 없다고 한다. 양순임(2011:210)에서도 "복합어에서의 /ㄹ/ 탈락은 통시적인 단어 형성 과정에서 생긴 것이지 공시적인 변동 규칙으로 보기 어렵다."라고 한다. 실제 'ㄹ' 탈락 현상은 표준 발음법이 아닌 한글 맞춤법 제18항의 1과 제28항에서 다룬다. 한글 맞춤법 제28항에서도 체언의 합성이나 파생 과정에서 일어나는 'ㄹ' 탈락 현상을 역사적인 현상이라고 설명하고 있다.

검정 교과서 중에서 '비상', '지학[방]', '창비', '천재[김대]', '천재[김종]', '텍스트' 등의 교과서는 용언의 활용 과정과 합성어·파생어 형성 과정에서의 'ㄹ' 탈락을 음운 변동 현상으로 다루고 있다. 반면, '교학', '신사고', '중앙', '지학[박]', '천재[박]'의 교과서에서는 용언의 활용 과정에서의 'ㄹ' 탈락만을 다루며, '금성'의 교과서에서는 합성어·파생어 형성 과정에서의 'ㄹ' 탈락만 다룬다. 또한 '두산', '디딤돌', '미래', '해냄'의 교과서에서는 'ㄹ' 탈락 현상을 다루지 않

12) 'ㄹ' 탈락에 대한『문법』교사용 지도서(2010:102)의 설명에도 문제가 있다. 교사용 지도서에서는 체언의 합성이나 파생 과정에서 'ㄹ' 탈락을 설명하고 있다. 그러나 그 용례에는 '여닫이', '우짖다'와 같이 용언의 합성 과정에서 일어나는 'ㄹ' 탈락도 있으며, 용언의 활용 과정에서 일어나는 'ㄹ' 탈락도 있다. 따라서 체언의 합성이나 파생 과정에서 'ㄹ' 탈락이라는 표현은 용례의 내용을 포괄하지 못한다.

는다. 그뿐만 아니라 교과서마다 탈락 현상의 종류에 많은 차이가 있으며, 탈락 현상에 대한 설명에도 문제가 있다. 검정 교과서별로 언급하고 있는 탈락 현상을 살펴보자.

'교학'의 교과서(상:91)에서는 학습 활동을 통해 'ㅎ' 탈락, 용언의 활용 과정에서의 'ㄹ' 탈락, 'ㅡ' 탈락, 동일 모음 탈락을 설명하고 있다. '금성' 교과서(상:243)에서는 자음 탈락과 모음 탈락, '간난 → 가난', '가- + -아서'에서와 같은 동음 탈락을 제시하고 있다. '두산'의 교과서에서는 동일 모음 탈락, 'ㅡ' 탈락, 자음군 단순화 규칙을 탈락 현상으로 설명한다. '미래' 교과서(하:107)에서는 'ㅎ' 탈락만을 탈락 현상으로 다룬다. 그리고 학습 활동(하:109)에서는 용언의 활용 과정에서의 'ㅜ' 탈락과 'ㅡ' 탈락 현상을 통해 음운 현상과 표기법의 관계를 알아본다. '비상' 교과서(하:244)에서는 학습 활동을 통해 'ㅎ' 탈락과 용언의 활용 과정과 합성어·파생어 형성 과정에서의 'ㄹ' 탈락, 동일 모음 탈락, 'ㅡ' 탈락을 다룬다. '신사고' 교과서(상:193)에서는 탈락 현상을 'ㄹ' 탈락, 'ㅎ' 탈락, 'ㅡ' 탈락, 'ㅏ, ㅓ' 탈락으로 제시한다. 'ㄹ' 탈락은 그 용례로 볼 때 용언의 활용 과정에서의 'ㄹ' 탈락만 다루며, 'ㅏ, ㅓ' 탈락은 동일 모음 탈락과 같은 현상이다. '중앙' 교과서(상:164)에서는 탈락 현상을 'ㄹ' 탈락, 'ㅎ' 탈락, 'ㅡ' 탈락을 제시하고 있다. 그런데 학습 활동(상:168)을 볼 때, 'ㄹ' 탈락은 용언의 활용 과정에서의 'ㄹ' 탈락만 제시한다. '지학(박)' 교과서(상:233)에서는 'ㄹ' 탈락, 'ㅎ' 탈락, 'ㅡ' 탈락, 동일 모음 탈락을 제시하는데, 'ㄹ' 탈락의 경우 용언의 활용 과정에서의 'ㄹ' 탈락이다. '지학[방]' 교과서(상:143)에서도 탈락 현상을 다루고 있는데, 'ㄹ' 탈락의 경우 그 예로 '솔+나무 → [소나무], 울- + -시고 → [우시고]'를 제시하고 있다. 또한 모음의 경우 'ㅏ', 'ㅓ', 'ㅡ' 탈락을 제시하고 있으며, '흔하지'를 [흔치]로 발음하는 현상도 탈락의 예로 들고 있다. '창비' 교과서(상:179-180)에서는 'ㄹ' 탈락과 'ㅎ' 탈락, 모음 탈락을 제시하고 있다. 이 중 'ㄹ' 탈락은 합성어·파생어 형성 과정에서 'ㄹ'이 'ㄴ, ㄷ, ㅅ, ㅈ' 앞에서 탈락하는 현상과 용언의 활용 과정에서 어간의 끝소리 'ㄹ'이 'ㄴ, ㄹ, ㅂ, ㅅ'으로 시작하는 어미와 연결될 때, 'ㄹ'이 탈락하는 현상이다. '천재[김대]'의 교과서(상:179)에서는 학습 활동을 통해 'ㄹ' 탈락, 'ㅎ' 탈락, 'ㅡ' 탈락을 제시하는데, 동일 모음 탈락의 예는 찾을 수 없다. '천재[김종]' 교과서(상:108)에서도 탈락 현상을 'ㄹ' 탈락, 'ㅎ' 탈락, 모음 탈락으로 제시하고 있다. '천재[박]' 교과서(하:113)에서는 동일 모음 탈락과 용언의 활용 과정에서의 'ㄹ' 탈락을 예로 제시하고 있다. '텍스트' 교과서(상:110)에서는 음운 탈락 현상을 'ㄹ' 탈락, 'ㅎ' 탈락, 모음 탈락을 나누고 있다. '해냄'의 교과서(상:208)는 탈락 현상으로 'ㅎ' 탈락과 음절 끝에 오는 두 자음 중 하나의 자음만 발음되는 현상인 자음군 단순화 규칙을 다룬다.

'두산' 교과서나 '해냄' 교과서처럼 음절 끝에 오는 겹자음[13] 중에서 하나만 발음되는 현상을 탈락 현상으로 처리하는 경우가 있다. 이는 자음군 단순화 규칙인데, '두산' 교과서(상:215)와 '해냄' 교과서(상:208)에서는 이를 탈락 현상으로 다루고 있다. '디딤돌'(상:222-223) 교과서에서도 겹받침의 두 자음이 음절 끝에 놓일 때 두 자음 중 한 자음이 탈락하는 자음군 단순화를 탈락 현상으로 들고 있다. 그리고 자음군 단순화와 받침 규칙을 묶어 음절의 끝소리 규칙이라고 부른다.

다음으로 탈락 현상을 설명하고 있는 검정 교과서의 문제점을 살펴보자. 첫째, '지학[박]' 교과서(상:227)에서는 음운 규칙과 관련된 어문 규정을 제시하고 있는데, 제시한 어문 규정을 교과서에서 설명하지 않고 있다. '지학[박]'의 교과서에는 '축약과 탈락'에 관련된 어문 규정으로 한글 맞춤법 제18, 28, 32~40항, 표준 발음법 제12항을 들고 있다. 이 중 한글 맞춤법 제28항은 "끝소리가 'ㄹ'인 말과 딴 말이 어울릴 적에 'ㄹ' 소리가 나지 아니하는 것은 아니 나는 대로 적는다."로 합성어·파생어 형성 과정에서의 'ㄹ' 탈락 현상인데, 교과서 내에서는 다루지 않고 있다.

---

13) 검정 교과서에서 '겹받침'과 '겹자음'이라는 용어는 혼란스럽게 사용하고 있다. 검정 교과서 중에서 '두산', '디딤돌', '지학[방]', '지학[박]', '천재[박]', '텍스트', '해냄' 등의 교과서에서는 '겹받침'이라는 용어를 사용하고 있다. 양순임(2011:189)에 따르면 표준 발음법에서는 표기형과 기저형, 음성형을 구별하지 않고 '받침'이라는 용어를 쓰고 있다고 한다. 그러나 '받침, 겹받침'은 표기법의 용어이며, 음운론적 용어는 '음절 말음' 또는 '종성'이라고 한다. '겹받침'에 해당하는 것은 '겹자음' 또는 '자음군'이라고 부른다. '금성'의 교과서에서는 겹자음(상:239)이라는 용어를 사용하다가 겹받침(상:246)이라는 용어도 사용한다. '텍스트' 교과서 역시 '겹자음'(상:102)와 '겹받침'(상:103)이라는 용어를 사용하는데, 2012학년도용 '검정도서 수정·보완 대조표'에서 '겹자음'을 '겹받침'으로 수정했다.

둘째, 'ㄹ' 탈락 현상에 대해 부정확하게 설명하는 교과서들이 있다. '지학[방]'의 교과서(상:143)에서는 합성어나 파생어를 형성하는 과정에서의 'ㄹ' 탈락과 용언의 활용 과정에서의 'ㄹ' 탈락을 구분하지 않고, 'ㄴ, ㄷ, ㅅ, ㅈ' 앞에서 'ㄹ'이 탈락하는 것으로 설명하고 있다. 교과서의 용례로 '솔+나무'와 '울-+-시고'를 들고 있기에 이 둘을 구분해야 한다. 체언의 합성이나 파생 과정에서 앞의 'ㄹ'은 'ㄴ, ㄷ, ㅅ, ㅈ' 앞에서 탈락하고, 용언의 활용 과정에서 용언 어간의 끝받침 'ㄹ'이 어미의 첫소리 'ㄴ, ㅂ, ㅅ, -(으)오, -(으)ㄹ' 앞에서 탈락한다. '창비' 교과서(상:179)의 'ㄹ' 탈락 현상에 대한 설명도 부정확하다. 교과서에서는 용언의 활용 과정에서 어간 끝 받침 'ㄹ'이 'ㄴ, ㄹ, ㅂ, ㅅ'으로 시작하는 어미와 연결될 때, 탈락한다고 한다. 그런데 한글 맞춤법 제18항 1의 해설에서는 어간 끝 받침 'ㄹ'은 어미의 첫소리 'ㄴ, ㅂ, ㅅ' 및 '-(으)오, -(으)ㄹ' 앞에서 탈락한다고 설명하고 있다. 이 부분은 2012학년도용 '검정도서 수정·대조표'에서 수정되었다. 또 '텍스트' 교과서(상:110)의 'ㄹ' 탈락 현상에 대한 설명도 부정확하다. 교과서의 내용을 정리하면 다음과 같다.

> (ㄱ) 자음 중에서는 'ㄹ'을 끝소리로 가진 어근이 'ㄴ, ㄷ, ㅅ, ㅈ' 앞에서 탈락
> (ㄴ) 'ㄹ'을 끝소리로 가지는 어간이 'ㄴ'으로 시작하는 어미와 결합할 때는 무조건 탈락

여기서 (ㄱ)은 합성어·파생어 형성 과정에서 일어나는 'ㄹ' 탈락 현상에 대한 설명이다. 그런데 'ㄹ'을 끝소리를 가진 어근뿐만 아니라 접두사도 'ㄹ'이 탈락할 수 있다. '찰-'은 '끈기가 있어 차진'의 뜻을 더하는 접두사인데, '차조', '차좁쌀'처럼 'ㅈ'으로 시작하는 어근 앞에서 'ㄹ'이 탈락한다. (ㄴ)은 용언의 활용 과정에서 'ㄴ' 탈락에 대한 설명이다. 그런데 용언의 어간 'ㄹ'은 'ㄴ'뿐만 아니라 'ㅂ, ㅅ'으로 시작하는 어미나 어미 '-(으)오, -(으)ㄹ' 앞에서도 탈락한다.

셋째, 탈락이라는 용어 대신 '생략'이라는 용어를 사용하는 교과서가 있다. '천재[김종]'의 교과서에서는 탈락 현상을 설명하는데, 이와 관련된 학습 활동(상:108)에는 '생략되는 음운의 종류를 파악해' 보는 활동이 있다.

넷째, 검정 교과서에 따라 탈락 현상의 표기법 반영 여부에 대한 설명이 다

르다. '해냄' 교과서(상:207-208)에서는 "첨가나 탈락 현상은 대개, 맞춤법에 반영되어 있지"않다고 한다. '해냄' 교과서(상:209)의 설명을 보자.

> 이제까지 언급된 음운 현상들은 모두 현행 한글 맞춤법에는 반영되어 있지 않다. 이들을 표기대로 읽으면 정확한 발음이 되지 못한다는 말이다. 그런 까닭에 '표준 발음법'이라는 것을 두어 발음하는 방법을 규정해 놓았다. 하지만 두음 법칙이나 모음 조화처럼, 음운 현상이 표기에 반영되어 있는 경우도 존재한다.

이는 '해냄'의 교과서가 다른 교과서들과 달리 합성어나 파생어 형성 과정에서의 'ㄹ' 탈락이나 용언의 활용 과정에서의 'ㄹ' 탈락, 사이시옷 현상을 음운의 변동 현상으로 보지 않기 때문에 생긴 문제이다. 그러나 '해냄' 교과서의 이러한 설명은 'ㄹ' 탈락 현상을 음운 변동으로 처리하는 '중앙' 교과서(상:164)나 '지학[방]' 교과서(상:143)와 차이가 있다.

> '중앙' : 'ㄹ' 탈락이나 'ㅡ' 탈락은 발음뿐만 아니라 표기도 음운이 탈락된 형태로 한다.
> '지학[방]' : 'ㅎ' 탈락을 제외한 모든 음운의 탈락은 발음과 표기에 반영한다.

또한 '해냄' 교과서에서는 축약 현상을 음운 변동 현상으로 다루고 있지는 않지만 모음 축약의 경우는 표기법에 반영되기도 한다.

8. 'ㄴ' 첨가

2007 개정 교육과정의 '내용 요소의 예'에는 'ㄴ' 첨가 현상이 제시되어 있다. 이 음운 변동 현상은 제7차 교육과정에도 제시되어 있는데, 제7차 교육과정에 따른 『문법』 교과서에서는 사잇소리 현상과 함께 다룬다. 양순임(2011), 이문규(2011) 등에 따르면, 2007 개정 교육과정에 제시된 'ㄴ' 첨가 현상은 표준 발음법 제29항과 관련된 음운 변동 현상이다. 그런데 2007 개정 교육과정에 따른 대부분의 검정 교과서에서는 'ㄴ' 첨가 현상을 표준 발음법 제30항의 사잇소리 현상과 함께 다루고 있으며, 교과서마다 그 내용도 다르다.

일단 '금성'의 교과서는 첨가 현상[14]을 다루지 않고 있다. '교학'(상:95), '미래'(하:106), '창비(상:180)', '천재[김대]'(상:174), '해냄'(상:208) 등의 교과서에서는 'ㄴ' 첨가를 표준 발음법 제29항에 따라 설명하고 있다. 이 중 '해냄'의 교과서(상:208)에서는 'ㄴ' 첨가를 특정한 환경에서 뒤에 오는 말의 초성으로 'ㄴ'이 첨가되는 현상이라고 설명하고 있다. 가령 '맨입'은 [매닙]으로 발음되지 않고 [맨닙]으로 발음된다. 이처럼 자음으로 끝나는 말('맨')과 'ㅣ, ㅑ, ㅕ, ㅛ, ㅠ'로 시작하는 말('입')이 연결될 때는 그 사이에 'ㄴ'이 끼어드는 현상을 'ㄴ' 첨가라고 한다. 그렇지만 뒤의 말이 'ㅣ, ㅑ, ㅕ, ㅛ, ㅠ'로 시작하더라도 그것이 조사 '-이, -이랑'과 같은 형식 형태소일 경우에는 'ㄴ'이 첨가되지 않는다고 한다.

이와 달리 대부분의 교과서에서는 'ㄴ' 첨가 현상과 표준 발음법 제30항의 사잇소리 현상을 같은 음운 현상으로 다루고 있다. 임지룡 외(2006:124)에 따르면 사잇소리 현상은 합성어가 되는 과정에서 원래 예사소리가 된소리가 되거나 'ㄴ' 소리가 덧나는 현상이 생기는데, 이는 합성어가 되는 과정에서 어떤 자음이 첨가되었기 때문이다. 이때 첨가된 자음은 예사소리를 된소리로 바꾸거나 'ㄴ'으로 소리 날 수 있는 것이어야 하기에 'ㅅ'을 표기에 반영한 것이다. 두 현상에 대해서 허웅(1989:286-287)에서는 'ㄴ'이 첨가되는 현상을 'ㄴ' 덧나기라고 하고, 'ㄷ'이 첨가되는 현상을 'ㄷ' 덧나기라고 하는데 비해 임지룡 외(2006:128), 이문규(2011), 양순임(2011)에서는 'ㅅ' 첨가와 'ㄴ' 첨가로 구분한다.

다음은 '두산' 교과서(상:216)의 첨가 현상에 대한 설명이다.

> 자음 첨가의 예로는 복합어 내부에서나 단어와 단어 사이에서 'ㄷ', 'ㄴ', 'ㄷㄴ' 등이 첨가되는 현상을 들 수 있다.
>
> ㉮ 담뱃불[담밷뿔], 뱃길[밷낄], 나룻배[나룯빼]
>
> ㉯ 콩엿[콩녇], 솜이불[솜니불], 꽃잎[꼰닙], 옷 입다[온닙따]
>
> ㉰ 예삿일[예삳닐 → 예산닐], 나뭇잎[나묻입 → 나문닙], 뒷윷[뒫뉻 → 뒨뉻]

14) '금성' 교과서는 성취 기준 [10-문법-(4)]를 학습하는 단원에서 'ㄴ' 첨가 현상을 설명하고 있다. 교과서(상:250)에서는 "합성어에서 앞말이 모음으로 끝나고 뒷말이 'ㅁ, ㄴ'으로 시작하거나, 앞말의 음운과 관계없이 뒷말이 모음 'ㅣ'나 반모음 'ㅣ'로 시작될 때 'ㄴ'이 첨가되는 현상"이라고 설명한다. 그리고 '잇몸[인몸]', '콩엿[콩녇]'을 그 용례로 들고 있다. 따라서 '금성' 교과서 역시 'ㄴ' 첨가 현상과 표준발음법 제30항의 사잇소리 현상을 같은 음운 현상으로 보고 있다.

㉮, ㉯, ㉰를 각각 'ㄷ' 첨가, 'ㄴ' 첨가, 'ㄷㄴ' 첨가의 예로 제시하면서 이와 같은 첨가 현상을 사잇소리 현상이라고 한다. 이러한 교과서의 설명을 볼 때, 'ㄴ' 첨가 현상과 표준 발음법 제30항의 사잇소리 현상을 같은 현상으로 보고 있다는 것을 알 수 있다. 사잇소리를 지닌 합성어는 ㉮와 ㉰처럼 "앞 단어에 받침이 없을 경우에 사이시옷을 적는다."라고 설명한다. 하지만 ㉮의 경우는 표준 발음법에 따르면 '담뱃불[담배뿔/담밷뿔], 뱃길[배낄/밷낄], 나룻배[나루빼/나룯빼]'처럼 두 발음이 다 허용되기에 'ㄷ'이 첨가될 수도 있고, 첨가되지 않을 수도 있다. 마치 'ㄷ'을 첨가한 발음만 표준 발음으로 인정하는 식으로 기술하고 있다.[15] 그런데 임지룡 외(2006), 양순임(2011), 이문규(2011) 등에서 지적한 것처럼 ㉮, ㉰와 ㉯의 음운론적, 형태론적 환경은 다르다. 그리고 '두산'의 교과서는 표준 발음법 제30항에 있는 사잇소리 현상 중, 합성어에서 앞의 말이 모음으로 끝나고 뒤에 'ㄴ, ㅁ'으로 시작하는 말이 올 때, 'ㄴ' 소리가 덧나는 현상에 대한 설명은 없다.

'디딤돌' 교과서(상:224-225)에서도 'ㄴ' 첨가와 표준 발음법 제30항의 사잇소리 현상을 같은 현상으로 다루고 있다.

> 'ㄴ' 첨가는 두 단어가 결합하는 사이에서 일어난다는 점에서 사잇소리 현상의 하나로 분류되기도 한다. 이럴 경우 사잇소리 현상에는 '길까'[길까], '촛불'[초뿔]처럼 예사소리가 된소리로 교체되는 것뿐 아니라, '솜이불'[솜니불]의 'ㄴ', [초뿔]과 함께 허용되는 발음인 '촛불'[촌뿔]의 'ㄷ'처럼 자음이 첨가되는 현상도 포함된다.

그런데 'ㄴ' 첨가 현상은 합성어뿐만 아니라 파생어에서도 일어나는 현상이기에 이런 설명은 틀렸다. 또한 사잇소리 현상 중 사이시옷을 받쳐 적는 또 다른 경우인 'ㄴ, ㅁ' 앞에서 'ㄴ' 소리가 덧나는 경우와 'ㅣ' 모음이나 반모음 'ǐ' 앞에서 'ㄴㄴ' 소리가 겹쳐 나는 경우에 대한 설명이 없다.

'비상' 교과서(하:242)에서도 첨가 현상을 다루고 있다. 교과서에서는 첨가

15) '천재[박]' 교과서의 2012학년도용 '검정 도서 수정·보완 대조표'에서는 교과서(하:114)의 '뱃사공'의 발음을 [밷싸공]으로만 나타냈던 것을 [배싸공/밷싸공]으로 자체 수정한 것을 참고할 수 있다.

현상을 형태소 경계에서 두 음운이 만날 때 그 사이에 새로운 음운이 추가되는 현상이라고 한다. 그리고 '콧날'을 대표적인 예로 들고 있다. 그런데 '콧날'이 [콘날]로 발음되는 현상은 'ㄴ' 첨가가 아니라 음운 변동의 결과 'ㄴ'으로 나타난 것이다. 즉, 'ㅅ' 또는 'ㄷ'이 첨가된 뒤에 'ㄴ'으로 변동한 것이다. 'ㄴ'이 첨가되기 위한 환경은 뒤 말의 첫소리가 'ㅣ' 모음이나 반모음 'ĭ'로 시작해야 한다. 또한 '목표 4'(하:245)에서도 'ㄴ'이 첨가된 용례인 '공염불', '솜이불'과 음운 변동의 결과 'ㄴ'으로 바뀐 '콧물', '깻잎'을 같은 첨가 현상으로 다루고 있다. 한편, 교과서 내의 다른 곳(하:242)에서는 사잇소리 현상은 '냇가', '깃발'과 같이 합성어를 이루는 구성 요소 사이에서 나타나며, 합성어 후행 어근의 첫소리가 된소리로 발음되거나 합성어의 어근 사이에 'ㄴ'이 첨가되는 현상이라고 했다. 이러한 설명을 종합해 보면 '비상' 교과서도 'ㄴ' 첨가와 표준 발음법 제30항의 사잇소리 현상을 같은 음운 현상으로 보고 있다. '비상' 교과서(하:245)에서는 'ㄴ' 첨가에 대해서는 표준 발음법 7장 제29항과 한글 맞춤법 제30항을 참조하라고 한다. 그런데 한글 맞춤법 제30항의 해설을 보면 "폐쇄시키는 음([ㄷ])이 뒤의 'ㄴ, ㅁ'에 동화되어 [ㄴ]으로 발음"된다고 한다. 즉, '콧날'이 [콘날]로 발음되는 것은 'ㄴ' 첨가가 아니다.

'신사고' 교과서(상:192)에서는 사잇소리 현상을 다음과 같이 설명하고 있다.

> (3) 첨가: 사잇소리 현상('ㄴ' 첨가, 'ㄷ' 첨가)
> 사잇소리 현상: 두 낱말이 합성되면서 사잇소리가 첨가되는 현상
> 'ㄴ' 첨가 ⇨ [표준 발음법] 29, 30항
> 앞 단어나 접두사의 끝이 자음이고 뒤 단어나 접미사의 첫음절이 '이, 야, 여, 요, 유'인 경우에는, 'ㄴ' 음을 첨가하여 [니, 냐, 녀, 뇨, 뉴]로 발음한다.
> 'ㄷ' 첨가 ⇨ [표준 발음법] 30항
> 두 개의 단어나 형태소가 결합하여 합성 명사가 될 때 앞말이 모음으로 끝나는 경우에 'ㄷ'음(표기상으로는 'ㅅ')이 첨가되며 뒤에 오는 예사소리를 된소리로 발음한다.

일단, 사잇소리 현상을 "두 낱말이 합성되면서 사잇소리가 첨가되는 현상"이라고 설명한 것부터 잘못되었다. 사잇소리 현상을 교과서와 같이 'ㄴ' 첨가와

'ㄷ' 첨가로 나누더라도 표준 발음법 제29항의 경우는 파생어도 포함되기 때문이다. "'ㄴ' 첨가 ⇨ [표준 발음법] 29, 30항"의 정확한 의미는 알 수 없다. 다만, "음절의 끝소리(받침소리) 규칙 ⇨ [표준 발음법] 8항, 9항 참조, 비음화 ⇨ [표준 발음법] 18항, 19항 참조, 유음화 ⇨ [표준 발음법] 20항 참조" 등을 미루어 볼 때, 그 의미는 'ㄴ' 첨가 현상은 표준 발음법 29항과 30항을 참조하라는 의미로 해석된다. '더 알아 두어야 할 음운 규칙'의 '구개음화 ⇨ [표준 발음법] 17항', '두음 법칙 ⇨ [한글 맞춤법] 3장 5절' 도 마찬가지인데, 이런 형식도 굳이 통일하지 못할 이유가 없다. 그런데 표준 발음법 제30항은 'ㄴ'이 첨가된 것이 아니라 'ㅅ' 또는 'ㄷ'이 첨가된 후, 음운 변동의 결과 'ㄴ'으로 발음되는 현상에 대한 것이다. 결국 '신사고'의 교과서도 'ㄴ' 첨가 현상과 'ㄷ' 첨가 현상을 같은 음운 변동 현상으로 다루고 있다. 한편, 표준 발음법 제30항에서 설명하는 'ㄴ, ㅁ' 앞에서 'ㄴ' 소리가 덧나는 현상에 대한 언급은 없다.

'중앙'의 교과서(하:165)에서는 음운 첨가 현상에는 'ㅅ'이나 'ㄴ' 음이 첨가되는 경우가 있다고 한다. 이는 'ㄷ'이 첨가된다는 '두산'이나 '신사고' 교과서의 설명과 다르다. 또한 '코+등', '코+날', '나무+잎'을 예로 들면서 'ㅅ'이나 'ㄴ' 음이 첨가되는 현상을 우리말의 대표적인 음운 첨가 현상이라고 한다. 이런 음운 첨가 현상은 일반적으로 두 개의 형태소가 결합해서 합성어를 만들 때 발생하는 것으로 설명한다. '중앙' 교과서의 설명은 표준 발음법 제30항에 관련된 것이다. 그런데 'ㄴ' 첨가의 경우는 파생어에서도 일어나는 현상이기에 틀린 설명이다. 표준 발음법 제29항의 'ㄴ' 첨가는 '적용하기'의 '논일'에서 확인할 수 있다. 따라서 '중앙'의 교과서도 표준 발음법 제29항과 제30항을 같은 음운 변동 현상으로 처리한다.

'지학[박]'의 교과서(상:235-236)에서는 음의 첨가를 "형태소가 합성되거나 파생될 때 앞뒤 형태소 사이에 음운이 덧붙는 현상"으로 설명하고 있다. 탐구 활동에 제시된 용례 중 '내복약, 담요, 밤윷, 한여름, 짓이기다'의 경우는 표준 발음법 제29항과 관련된 'ㄴ' 첨가 현상이다. 그리고 '콧날, 툇마루, 깻잎, 도리깻열' 등은 표준 발음법 제30항과 관련된 사이시옷이 들어가는 단어들이다. 더군다나 "사이시옷이 첨가된"(상:235)이라는 표현은 문제이다. 사이시옷은 한글 맞춤법 제30항 규정에 의하면 "어떤 환경에서 뒷말의 첫소리가 된소리로 나거나 'ㄴ' 소리가 나거나 'ㄴㄴ' 소리가 덧나는 경우에 받치어 적는다." 즉, 사이시옷은 한글 맞춤법에서 사잇소리 현상이 나타났을 때 쓰는 'ㅅ'의 이름이다. 교과서에서는 '사이시옷이 첨가'되었다는 표현을 사용하면서도 첨가된 음은 'ㄴ' 또는 'ㄴㄴ'으로 나타내고 있다. 그리고 '콧날'이나 '나뭇잎', '요샛말', '시쳇말'이 각각 [콘날], [나문닙], [요샌말], [시첸말]로 발음되는 것은 음운 변동의 결과이지 'ㄴ'이나 'ㄴㄴ'이 첨가된 것은 아니다.

'지학[방]'의 교과서(상:145)에서는 사잇소리 현상을 설명하면서 '논일'과 '콩엿'을 용례로 제시하고 있다. 교과서에서는 '논일'과 '콩엿'을 뒤에 오는 모음 'ㅣ, ㅑ, ㅕ, ㅛ, ㅠ'와 만나서 [ㄴㄴ]소리가 덧나는 것으로 설명하고 있다. 하지만 이들의 표준 발음은 [논닐], [콩녇]으로 단순히 'ㄴ'이 첨가된 것이다. 삼척동자라도 '논일'이 [논닐]로 발음되는 것이나 '콩엿'이 [콩녇]으로 발음되는 것을 'ㄴㄴ'이 첨가된 것으로 보지 않을 것이다. 백번 양보하더라도 그 예로는 '나뭇잎 → [나문닙]'이나 '깻잎 → [깬닙]'을 들어야 한다. 그리고 '콧날', '빗물'이 각각 [콘날], [빈물]로 발음되는 것은 'ㄴ'이 첨가된 것이 아니라 음운 변동의 결과이다.

한편, '지학[방]' 교과서의 사잇소리 현상과 관련한 학습 활동 중 '함께하기'(상:151)에는 사잇소리에 따라 뜻이 달라지는 경우로 '고깃배'와 '고기배', '나뭇집'과 '나무집'을 제시하고, 이러한 차이가 나타나는 단어를 더 찾아보는 활동이 있다. 이는 제7차 고등학교 『문법』 교과서와 '천재[김종]'의 교과서에도 있는 부분이다. 『국어 어문 규정집』에도 '나뭇집(나무를 파는 집)'과 '나무집(나무로 만든 집)'을 구분하여 제시하고 있다. 그런데 〈표준국어대사전〉의 처리는 다르다. 먼저 '고기배'와 '나뭇집'은 등재되어 있지도 않고, '나무집'의 경우도 "물부리, 담배통, 물미 따위에 나무나 설대를 맞추어 끼우는 부분"이라고 뜻풀이를 하고 있다. 이에 대한 국립 국어원의 '온라인 가나다'의 답변은 다음과 같다.(국립 국어원 '온라인 가나다' 2008년 4월 1일)

> 한편, '나뭇집(나무를 파는 집)'과 '나무집(나무로 만든 집)'과 관련해서도 널리 쓰이는 것을 표제어로 등재한다는 원칙에 따라 이해해 볼 수 있을 것 같습니다. '나뭇집'이 '술집', '빵집'과 같이 일상생활에서 일반적으로 볼 수 있는 가게의 형태가 아니고, 따라서 널리 쓰이고 있는 말이 아니기 때문에 사전의 올림말이 되지 않은 것으로 볼 수 있을 듯합니다. '나무집'은 '통나무집'의 형태로 표제어로 등재되어 있는 것을 확인해 볼 수 있는데, '통나무'의 상대어를 생각하기 힘들고 보통 나무집이 '통나무집'으로 되어 있음을 토대로 그 이유를 유추해볼 수 있습니다. 일반적으로 이르는 집의 형태로 '통나무집', '너와집/너새집', '토담집', '기와집', '귀틀집' 등의 분류를 사용하는 것으로부터 유추해 보아도, '통나무'가 아니라 쪼갠 나무를 이용해 만든 집의 형태는 찾아보기 어렵다는 점에서 더욱 이해해볼 만합니다.
>
> 따라서 어문 규정에 명시되어 있는 예시 단어 및 표현들이 사전에 실려 있지 않다고 해서 그것이 모두 표준어가 아니거나, 사용할 수 없는 말인 것은 아닙니다. (중략) 다만 좀 더 정확한 답변이 되기 위해, 문의하신 내용과 관련해서 해당 부서의 의견을 들은 뒤에, 2차 답변을 드리도록 하겠습니다.
>
> *** 2차 답변(4월 7일) ***
>
> 해당 부서에 문의해 검토한 결과, 같은 의견이라는 답변을 들었으므로 추가할 의견이 없습니다.

'천재[김종]'의 교과서(상:111)에서는 'ㄴ' 첨가 현상에 대한 설명이 없고 사잇소리 현상을 다음과 같이 설명하고 있다.

> 사잇소리 현상
>
> 두 개의 형태소나 단어가 합쳐져서 합성어가 될 때, 뒤의 예사소리가 된소리로 변하거나 'ㄴ' 또는 'ㄴㄴ'이 첨가되어 소리가 나는 경우가 있다. 이러한 현상을 모두 사잇소리 현상이라고 부르는데, 이는 음운 간의 결합으로 인해 생겨나는 경우보다는 표현을 분명하게 하기 위해 발생하는 경우가 많다. 또, 두 단어를 한 단어로 이어서 발음할 때에도 이와 같은 현상이 일어나는 경우가 있다.

앞부분에서는 '합성어'가 될 때라고 표현해 놓고, 뒤에서 "두 단어를 한 단어로 이어서 발음할 때에도 이와 같은 현상이 일어나는 경우가 있다."라고 한다. 그런데 두 단어를 한 단어로 이어서 발음할 때, 'ㄴ'이 첨가되는 것은 표준 발음법 제29항에 규정된 것이다. 교과서의 설명을 그대로 따르면 합성어에서 일어나는 'ㄴ' 첨가는 제30항과 관련된 것이다. 또한 사잇소리 현상을 설명하는 부분(상:110)에서 '집일(집+일)'을 그 예로 제시한다. 이는 [집닐]을 거쳐 [짐닐]로 발음되는 표준 발음법 제29항의 'ㄴ' 첨가 현상이다. 이는 'ㅅ' 또는 'ㄷ'이 첨가되는 현상과 'ㄴ'이 첨가되는 현상을 같은 현상으로 다루고 있다는 증거가 된다. 그런데 2012학년도용 '검정도서 수정·대조표'에서는 '집일'이 삭제되었다.

'천재[박]'의 교과서(하:114)에서는 사잇소리 현상을 다음과 같이 설명하고 있다.

> 합성어에서 앞뒤 형태소 사이에 원래 없던 말소리가 생기는 것을 음운의 첨가라고 한다. '초'와 '불'이 결합되어 생긴 단어인 '촛불'의 'ㅅ'으로 표기된 말소리 [ㄷ]은 원래 없던 소리이므로 첨가로 볼 수 있다. '콧날'의 경우는 'ㅅ'으로 표기되었으나 [ㄴ]으로 발음되므로 'ㄴ' 첨가라 할 수 있다. 또 표기에 나타나지 않더라도 '문'과 '고리'가 결합하면 '문고리[문꼬리]가 되는데 이 현상도 첨가에 해당한다. 사잇소리 현상은 일정한 규칙 없이 일어나며, 크게 다음의 세 경우가 있다.
>
> - 사이시옷 첨가 : (예) 초+불 → 촛불, 배+사공 → 뱃사공
> - ㄴ 첨가 : (예) 코+날 → 콧날[콘날], 배+머리 → 뱃머리[밴머리]
> - 경음화 : (예) 문+고리 → [문꼬리], 눈+동자 → [눈똥자],
>   신+바람 → [신빠람]

일단, '사이시옷 첨가'라는 표현이 문제이지만 이 부분은 2013학년도용 '검정도서 수정·보완 대조표'에서 수정될 예정이다. 양순임(2011:278)에 따르면 사잇소리는 음운론적 용어이며, 사이시옷은 표기상의 용어이다. 그래서 한글 맞춤법 제30항에서 사이시옷을 받치어 적는 경우를 규정해 두었다. '천재[박]'의 교과서에서는 사잇소리 현상을 첨가 현상으로 분류한다. 그런데 2013학년도용 '검정도서 수정·보완 대조표'에서 교과서 116쪽의 '첨가'를 '사잇소리 현상'으로 수정할 예정이며, 116쪽의 '기타'는 삭제할 예정이라고 한다. 첨가 현상을 설명하고 있는 '천재[박]' 교과서에는 다른 문제도 있다. 'ㄴ' 첨가는 표준 발음

법에서는 "합성어 및 파생어에서, 앞 단어나 접두사의 끝이 자음이고 뒤 단어나 접미사의 첫 음절이 '이, 야, 여, 요, 유'인 경우에는, 'ㄴ' 소리를 첨가하여 [니, 냐, 녀, 뇨, 뉴]로 발음한다."라고 규정하고 있다. 그런데 교과서에서 'ㄴ' 첨가의 예로 든, '콧날', '뱃머리'는 표준 발음법 제30항에서 사이시옷이 붙은 단어를 발음하는 예로 제시하고 있어 'ㄴ' 첨가 현상이 아니다. 또한 뒤 말의 첫소리가 'ㅣ' 모음이나 반모음 'ǐ'로 시작할 때, 'ㄴㄴ'이 덧나는 현상에 대한 설명은 없다.

'텍스트'의 교과서(상:110-11)에서도 표준 발음법 제30항을 'ㄴ' 첨가로 보고 있다. 본문에서는 "사이시옷 뒤에 'ㄴ, ㅁ'이 결합되는 경우에는 [ㄴ]으로 발음한다."라고 설명하고 있다. 그러나 이 경우는 'ㄴ'이 첨가되는 것이 아니라 음운 변동의 결과 'ㄴ'으로 소리가 바뀐 것이다. 그뿐만 아니라 "사이시옷 뒤에 'ㄴ, ㅁ'이 결합되는 경우, 사이시옷 뒤에 '이' 음이 결합되는 경우"(상:111)라는 표현은 적절하지 않다. 사이시옷 뒤에 'ㄴ, ㅁ'이 결합되는 것이 아니라 이런 환경에서 된소리나 'ㄴ' 소리, 'ㄴㄴ' 소리가 나기 때문에 사이시옷을 받치어 적고, 사이시옷이 붙은 경우 뒤 말의 예사소리를 된소리로 발음하거나 사이시옷을 'ㄴ'으로 발음하는 것이다. 이런 표현은 마치 사이시옷이 있고 그 뒤에 'ㄴ, ㅁ'이나 '이' 음이 결합되는 경우로 보인다.

첨가 현상 중에는 반모음 'ǐ' 첨가 현상이 있는데, 검정 교과서 중에서 '두산'(상:216)의 교과서만이 이 현상을 첨가 현상으로 설명하고 있다.

> 한편, 다음의 예들은 전설 모음 'ㅐ, ㅚ, ㅣ' 뒤에 'ㅓ, ㅗ'와 같은 모음이 이어질 때 반모음 'ㅣ'가 첨가되는 현상을 나타낸 것이다.
> ㉣ 내어[내여], 되어[되여], 아니오[아니요]

이 현상을 제7차 교육과정의 고등학교 『문법』 교과서(2010:69-70)와 교사용 지도서에서는 모음 동화에서 다루고 있다.

> 한편, 'ㅣ'의 뒤에 후설 모음 'ㅓ, ㅗ'가 오면 'ㅣ'의 영향을 받아 각각 'ㅕ, ㅛ'로 바뀌는 일이 있는데, 역시 표준 발음으로 인정하지 않는다.
>
> 기어 → [기여]　　　먹이었다 → [머기엳따]
> 미시오 → [미시오]　당기시오 → [당기시오]
>
> 다만, '되어, 피어, 이오, 아니오'의 경우는 [어]와 [오]로 발음하는 것을 원칙으로 하되, [여]와 [요]로 발음하는 것도 허용한다.
>
> 탐구
> 규칙 : [ㅏ, ㅓ, ㅗ, ㅜ] → [　　　　] / ㅣ 소리의 앞에서
> 규칙 : [ㅓ, ㅗ] → [　　　　] / ㅣ 소리의 뒤에서

즉, 제7차 교육과정의 『문법』 교과서에서는 'ㅣ' 소리 뒤에 오는 'ㅓ, ㅗ'를 [여], [요]로 발음하는 현상으로 규칙화하고 있다. 다음은 이에 대한 교사용 지도서(2010:97-98)의 내용이다.

> 탐구 활동 풀이, 활동 목표 및 취지
> 먼저 주어진 자료를 바탕으로 'ㅣ' 모음 역행 동화와 이중 모음화의 규칙을 파악하여 보고, 이를 토대로 동화(同化)의 개념을 정확히 하도록 한다.
>
> 〈중략〉
>
> 'ㅣ' 소리의 앞에서 'ㅏ, ㅓ, ㅗ, ㅜ'가 'ㅣ' 소리를 닮아 'ㅐ, ㅔ, ㅚ, ㅟ'로 바뀌거나 'ㅣ' 소리의 뒤에서 'ㅓ, ㅗ'가 'ㅣ'의 영향으로 'ㅕ, ㅛ'로 발음되는 것 역시 동화라고 할 수 있다.
>
> 〈중략〉
>
> ② 이중 모음이 된 단어를 표준 발음으로 허용
> 되어[되어/되여]　피어[피어/피여] 이오[이오/이요] 아니오[아니오/아니요]

'ㅣ' 소리의 앞에서 'ㅏ, ㅓ, ㅗ, ㅜ'가 'ㅣ' 소리를 닮아 'ㅐ, ㅔ, ㅚ, ㅟ'로 바뀌는 현상은 'ㅣ' 모음 역행 동화일 것이고, 'ㅣ' 소리의 뒤에서 'ㅓ, ㅗ'가 'ㅣ'의 영향으로 'ㅕ, ㅛ'로 발음되는 현상을 이중 모음화라고 부르는 것을 알 수 있다. 또한 표준 발음으로 인정하는 경우도 '되어[되어/되여], 피어[피어/피여],

이오[이오/이요], 아니오[아니오/아니요]'라는 것을 알 수 있다. 이러한 음운 변동 현상은 표준 발음법 제5장 '소리의 동화' 제22항에도 설명되어 있다.

> 제22항 다음과 같은 용언의 어미는 [어]로 발음함을 원칙으로 하되, [여]로 발음함도 허용한다.
>
> 되어[되어/되여] 피어[피어/피여]
>
> [붙임] '이오, 아니오'도 이에 준하여 [이요, 아니요]로 발음함을 허용한다.

즉, '되어[되어/되여], 피어[피어/피여], 이오[이오/이요], 아니오[아니오/아니요]'의 경우에만 [여] 또는 [요]로 발음하는 것을 허용한다는 규정이기에 '두산' 교과서에서 예로 제시한 '내어'를 [내여]로 발음하는 것은 표준 발음이 아니다. 교과서(상:217)에서는 "이들은 대체로 '되어[되어/되여], 피어[피어/피여], 아니오[아니오/아니요]'처럼 양쪽을 모두 표준 발음으로 허용하는 편이지만, 적을 때는 '내어, 되어, 아니오'로 적는 것이 옳다."라고 설명하는데, 앞뒤에서 설명하는 대상이 다르다. 고등학교 『문법』 교과서에는 '내어'에 대한 설명은 없고, 〈표준국어대사전〉에서도 '내어'는 [내:어]로 발음하는 것으로 되어 있다.

이 조항에 대한 어문 규정 해설서(2010:253)에는 '되어'는 [되어]로 발음되는 것이 원칙이나 모음 충돌을 피한 발음인 [되여]가 쓰이기도 하여 이를 현실적으로 허용한다는 규정이다. 따라서 이 음운 변동 현상을 다루는 '두산'의 교과서는 제7차 교육과정의 『문법』 교과서나 표준 발음법과 차이가 있다.

| 표 34 | 반모음 'ǐ' 첨가 현상 비교

	음운 변동의 유형	음운 변동의 조건
제7차 『문법』 교과서	동화	'ㅣ' + 'ㅓ, ㅗ' → 'ㅕ, ㅛ'
표준 발음법	제5장 소리의 동화에 포함 해설서에서는 모음 충돌 회피	'ㅚ, ㅣ' + 'ㅓ, ㅗ' → 'ㅕ, ㅛ'
'두산'	첨가	'ㅐ, ㅚ, ㅣ' + 'ㅓ, ㅗ' → 'ㅕ, ㅛ'

한편, 이문규(2004:265-268)에서는 "이 현상의 선행 환경 /ㅣ/ 모음만이 아니라 전설 모음 전체이며, 그 동기 또한 모음 동화라기보다는 두 모음의 연속을 피하기 위한 반모음의 첨가"라고 보고 있다. 양순임(2011:294)도 모음 충돌 회피를 위한 반모음 첨가로 처리한다. 표준 발음법 제22항에서도 모음 충돌을 피한 발음이라고 설명한 부분도 참고할 만하다.

9. 음절의 끝소리 규칙

음절의 끝소리 규칙은 제7차 교육과정에서도 다루었던 내용이다. 제7차 교육과정의 『문법』 교과서에서는 음절 끝에서 'ㄱ, ㄴ, ㄷ, ㄹ, ㅁ, ㅂ, ㅇ' 이외의 자음이 오면 일곱 자음 중의 하나로 바뀌는 현상으로, 겹받침에도 그대로 적용된다고 한다. 단, 뒤에 모음으로 시작하는 형식 형태소가 올 경우에는 받침을 살려서 발음하고, 모음으로 시작하는 실질 형태소가 올 경우에는 음절의 끝소리 규칙을 먼저 적용한 후, 연음시킨다고 한다.

그런데 앞에서도 살펴보았듯이 제7차 교육과정의 음절의 끝소리 규칙에 대한 이견은 많다. 그래서인지 2007 개정 교육과정에 의한 검정 교과서에서 음절의 끝소리 규칙을 다루는 방법도 두 가지이다. 첫째는 제7차 교육과정과 같이 겹받침의 발음을 음절의 끝소리 규칙에 포함시키는 경우이다. 둘째는 겹받침의 발음을 자음군 단순화 규칙 즉, 탈락 현상으로 보는 경우이다. 검정 교과서 중 '두산', '디딤돌', '해냄'의 교과서는 겹받침 중 하나만 발음되는 현상을 탈락 현상으로 다룬다. 이 음절의 끝소리 규칙이라는 용어를 '두산'의 교과서(상:210)와 '텍스트'의 교과서(상:114)에서는 각각 '음절 끝소리 규칙', '끝소리 규칙'이라고 한다. 단, '텍스트' 교과서는 2012학년도용 '검정도서 수정·보완 대조표'에서 '음절의 끝소리 규칙'으로 수정했다.[16]

'교학'의 교과서는 음절의 끝소리 규칙이라는 용어는 사용하지 않지만 학습 활동에서 음절의 끝소리 규칙과 관련된 활동을 하는데, 표준 발음법 제10항인

---

16) '중앙' 교과서(상:178)에도 '음절 끝소리 규칙'이라는 용어가 쓰인다. 소단원 '(2) 외래어를 한글로, 국어를 로마자로'에서 '음절 끝소리 규칙'이라고 한다.

겹받침의 발음을 설명하고 있다. '금성'의 교과서(상:239)는 겹자음이라는 용어와 겹받침(하:246)이라는 용어를 함께 사용하면서 겹받침의 발음을 음절의 끝소리 규칙에 포함시키고 있다. '미래'의 교과서도 학습 활동(하:108)을 통해 음절의 끝소리 규칙에 겹받침의 발음을 포함하고 있다. '비상'의 교과서(하:243)에서는 음절의 끝소리 규칙에 겹받침의 발음을 포함하고 있는데, '비상' 교과서의 음절의 끝소리 규칙에 대한 학습 활동에는 잘못된 용례가 있다.

> 목표 1 : (나) 몫 닭 앉다 않다 외곬 핥다 값 밟다 넓다 읊다
> 목표 3 : (가) 놓고 박하 싫다 만형 놓자 꽂히다 잡히다

'목표 1'에 대한 도움말은 "음절의 끝소리 규칙에 대해서는 표준 발음법 4장 8, 9, 10, 11, 14항을 참조해 보자."이고 '목표 3'에 대한 도움말은 "(가)는 표준 발음법 4장 12항을 참조해 보자."이다. 즉, '목표 1'의 '않다'는 음절의 끝소리 규칙의 용례가 아니라 '목표 3'의 거센소리되기의 용례가 되어야 한다.

'신사고'의 교과서(상:188)에서도 음절의 끝소리 규칙에 겹받침의 발음을 포함시키고 있다. '신사고' 교과서의 교체 현상에 대한 학습 활동 중에는 잘못된 용례가 있다.

> (1) 교체
> 3단계 다음 밑줄 친 단어의 정확한 발음을 적어 보자.
> - 옳은 것을 배워 나가는 것보다 옳은 일을 몸소 행하는 것이 <u>낫다</u>.
> - 좋은 밤을 <u>찾다가</u> 좋은 낮을 잃어버리는 사람들이 <u>많다</u>.

밑줄 친 말 중에서 '옳은'과 '많다'는 교체의 용례가 아니라 각각 탈락이나 축약의 예이다.

'중앙'의 교과서에서도 학습 활동(상:167)을 통해 음절의 끝소리 규칙에 겹받침의 발음도 포함되는 것을 알 수 있다.

'지학[박]'의 교과서(상:229)에서도 음절의 끝소리 규칙을 설명한다. 그런데 이 부분에 문제가 있다. 교과서의 내용을 설명의 편의를 위해 다음과 같이 바꾸었다.

- 〈보기〉를 통하여 음절의 끝에서 7개 자음 이외의 자음이 어떤 소리로 발음되는지 알아보자.

[보기]
닦다 부엌 웃다 있다 빚다 쫓다 솥 덮다

- 〈보기〉를 통하여 형태소의 종류에 따라 음절의 끝소리가 어떻게 발음되는지 그 규칙을 찾아보자.

[보기]
옷-이 옷-을 옷 안 옷 아래
닭-이 닭-을 닭 앞 닭 위

조건	모음으로 시작하는 형식 형태소 앞에서	모음으로 시작하는 실질 형태소 앞에서
홑받침	앞 음절의 끝소리를 뒤 음절의 첫 소리로 옮겨 발음함.	
겹받침		

① 'ㄱ, ㄴ, ㄷ, ㄹ, ㅁ, ㅂ, ㅇ'의 7개 자음 이외의 자음은 음절의 끝소리 규칙에 따라 'ㄲ, ㅋ'은 'ㄱ'으로, 'ㅅ, ㅆ, ㅈ, ㅊ, ㅌ'은 'ㄷ'[17]으로, 'ㅍ'은 'ㅂ'으로 바뀌어 발음한다.

② 그리고 7개 자음의 받침이 모음으로 시작하는 형식 형태소와 결합할 경우에는, 뒤 음절의 첫소리로 옮겨 발음한다.

③ 그러나 7개 자음 이외의 받침이 모음으로 시작하는 실질 형태소와 결합할 경우에는, 대표음으로 바뀌어서 뒤 음절의 첫소리로 옮겨 발음한다.

이는 각각 표준 발음법 제9항, 제13항, 제14항, 제15항과 관련된 설명이다. ①의 예는 '닦다' 등으로 표준 발음법 제9항에 해당된다. '옷 안', '옷 아래', '닭 앞', '닭 위'는 ③의 예로 표준 발음법 제15항에 대한 설명이다. 그런데 ②의 용

17) '디딤돌' 교과서(상:218)와 '해냄'의 교과서(상:206)에서는 'ㅅ, ㅆ, ㅈ, ㅊ, ㅌ, ㅎ'은 'ㄷ'으로 발음된다고 한다. 그런데 이러한 차이는 표준 발음법 자체의 문제이다. 표준 발음법, 제4장 받침의 발음, 제9항에서는 "'ㅅ, ㅆ, ㅈ, ㅊ, ㅌ'은 'ㄷ'으로 발음된다."라고 한다. 또 제5장 소리의 동화, 제18항에서는 "받침 'ㄷ(ㅅ, ㅆ, ㅈ, ㅊ, ㅌ, ㅎ)"은 'ㄴ, ㅁ' 앞에서 'ㄴ'으로 발음된다고 설명한다. 그런데 이 조항의 해설서에서는 "[ㄷ]으로 발음되는 'ㅅ, ㅆ, ㅈ, ㅊ, ㄷ, ㅌ' 받침은 'ㄴ, ㅁ' 앞에서 모두 [ㄴ]으로 발음된다." 라고 설명하고 있다.

례는 〈보기〉에 제시되지 않았다. 〈보기〉 중 남은 것은 '옷-이'와 '옷-을', '닭-이', '닭-을'뿐인데, '옷'과 '닭'은 음절 끝에서 발음될 수 있는 일곱 개의 자음에 포함되지 않는다. 여기에 해당하는 표준 발음법은 제13항과 제14항이다. 제13항은 "홑받침이나 쌍받침이 모음으로 시작된 조사나 어미, 접미사와 결합되는 경우에는, 제 음가대로 뒤 음절 첫소리로 옮겨 발음한다."이며, 제14항은 "겹받침이 모음으로 시작된 조사나 어미, 접미사와 결합되는 경우에는, 뒤엣것만을 뒤 음절 첫소리로 옮겨 발음한다."이다. 따라서 ②는 표준 발음법 규정대로 설명하거나 "7개 자음 이외의 받침이 모음으로 시작하는 형식 형태소와 결합할 때는, 뒤 음절의 첫소리로 옮겨 발음한다."라고 해야 한다.

'지학[방]'의 교과서에서는 음절의 끝소리 규칙에 겹받침의 발음을 포함시키고 있다. 그런데 교과서(상:140)에는 'ㄹ'계 겹받침에 대한 발음을 안내하는 부분이 있다. 여기서는 ''ㄹ'계 겹받침의 발음'이라는 제목으로 'ㄿ'과 'ㅂ'계인 'ㅄ'을 설명하고 있다. 또한 "'몫이[목씨]'처럼 뒤의 자음이 다음 음절의 첫소리로 이어져 발음한다."라고 설명한 부분이 있다. 이는 표준어 규정 제14항 "겹받침이 모음으로 시작된 조사나 어미, 접미사와 결합되는 경우에는, 뒤엣것만을 뒤 음절 첫소리로 옮겨 발음한다."와 관련된 것이다. 하지만 "이 경우, 'ㅅ'은 된소리로 발음"한다는 조건이 있다. 정확하게 말하면 교과서의 설명은 옳지 않다. '천재[김종]'의 교과서(상:96)에서도 음절의 끝소리 규칙을 다루면서 "단어 뒤에 모음으로 시작하는 형식 형태소가 오면, 앞 단어의 받침에 있던 소리들을 살려서 낸다."라고 설명하면서 그 예로 '없다-없어'를 제시하는데, 표준어 규정에서는 "겹받침 'ㄳ, ㄽ, ㅄ'의 경우에는 'ㅅ'을 연음하되 된소리 [ㅆ]으로 발음한다."라고 규정하기에 예외적인 사례를 제시하고 있다.

한편, 겹받침의 발음을 자음군 단순화 규칙으로 설명하는 '디딤돌' 교과서에서는 우리말에서 'ㄲ, ㅋ', 'ㅅ, ㅆ, ㅈ, ㅊ, ㅌ, ㅎ', 'ㅍ'이 각각 'ㄱ', 'ㄷ', 'ㅂ'으로 발음되는 현상을 '받침 규칙'이라 하고, 겹받침의 두 자음 중 어느 한 자음이 탈락하는 현상을 '자음군 단순화' 규칙이라고 한다. 그리고 이 둘을 묶어 음절의 끝소리 규칙이라고 부른다. 이런 '디딤돌' 교과서(상:223)의 설명 중에는 부정확한 것이 있다. 자음군 단순화 현상에서 "'ㄳ', 'ㄵ, ㄶ', 'ㄽ, ㄾ, ㅀ', 'ㅄ'

은 늘 뒤의 자음이 탈락하여 각각 'ㄱ, ㄴ, ㄹ, ㅂ'으로 발음"된다고 설명한다. 그런데 거센소리되기를 보면 '않던'[안턴], '닳지'[달치]와 같이 'ㅎ'이 뒤에 오는 자음과 축약되는 경우도 있기에 탈락 현상이 아닐 수도 있다. 양순임(2011:220)에서는 "/ㅎ/은 분절음의 자격을 잃긴 했으나, 뒤따르는 평음에 기음성 자질로 얹혀서 그 음성적 특성을 남기기 때문에, 탈락으로 보기 어렵다."라고 한다. 이문규(2011:271)에서는 "거센소리되기는 /ㅎ/이 앞뒤의 평장애음에 자신의 유기성 자질을 주어 거센소리로 바꾼 다음 자신은 탈락하는 현상이지만 /ㅎ/의 [+유기성] 자질이 앞이나 뒤의 한 자질로 편입되는 현상"으로도 볼 수 있다고 한다.

10. 축약

2007 개정 교육과정의 '내용 요소의 예'에는 축약 현상이 음운 변동 현상으로 제시되지 않았다. 그런데 제7차 교육과정의 『문법』(2010:71-72)에서는 거센소리되기나 두 음절이 한 음절로 줄어들면서 한쪽 모음이 반모음으로 바뀌는 현상을 축약 현상이라고 한다. 2007 개정 교육과정에 따른 검정 교과서 중 '금성'과 '텍스트' 교과서를 제외한 대부분의 교과서에서 축약 현상을 음운 변동 현상으로 다루고 있다. '텍스트' 교과서(상:110)에서는 "음운 탈락과 음운 축약의 차이점은 무엇일까?"라는 활동이 있지만 음운 축약 현상에 대한 설명은 없다.

검정 교과서 중에서 '교학'(상:92-94), '두산'(상:214-215), '중앙'(상:164), '지학[박]'(상:233), '지학[방]'(상:143-144), '창비'(상:181), '천재[김대]'(상:175), '천재[김종]'(상:175), '천재[박]'(하:113) 등에서는 자음 축약과 모음 축약을 모두 다룬다. 이에 비해 '디딤돌'(상:225), '미래'(하:106), '비상'(하:242), '신사고(상:186)', '해냄'(상:208-209) 등의 교과서는 'ㅎ' 축약 또는 거센소리되기만 축약 현상으로 다룬다. 이 중 '신사고' 교과서는 거센소리되기를 'ㅎ' 축약이라고 한다. '중앙' 교과서에서는 격음화 현상이라고 부르며, 모음 사이에서 일어나는 축약을 음절 축약(상:164)이라고 한다.

축약 현상 중 거센소리되기의 경우는 그 적용 순서가 바뀌면 표준 발음이 나오지 않는다. '두산' 교과서(상:214-215)에는 축약 현상의 용례에 '앉히다'를 제시하고 있다. '앉히다'의 표준 발음은 [안치다]인데, 이와 관련된 표준 발음법은 다음과 같다.

> 第10항 겹받침 'ㄳ', 'ㄵ', 'ㄼ, ㄽ, ㄾ', 'ㅄ'은 어말 또는 자음 앞에서 각각 [ㄱ, ㄴ, ㄹ, ㅂ]으로 발음한다.
>
> 第12항 받침 'ㅎ'의 발음은 다음과 같다.
>
> 1. 'ㅎ(ㄶ, ㅀ)' 뒤에 'ㄱ, ㄷ, ㅈ'이 결합되는 경우에는, 뒤 음절 첫소리와 합쳐서 [ㅋ, ㅌ, ㅊ]으로 발음한다.
>
> [붙임 1] 받침 'ㄱ(ㄺ), ㄷ, ㅂ(ㄼ), ㅈ(ㄵ)'이 뒤 음절 첫소리 'ㅎ'과 결합되는 경우에도, 역시 두 소리를 합쳐서 [ㅋ, ㅌ, ㅍ, ㅊ]으로 발음한다.

그런데 '앉히다'의 경우에는 제10항에 따라 'ㄵ'이 자음 'ㅎ'의 앞이기에 'ㄴ'으로 발음되어야 한다. 그런데 표준 발음인 [안치다]로 발음이 나기 위해서는 제10항을 먼저 적용할 것이 아니라 제12항 [붙임 1]을 먼저 적용시켜야 한다. 이는 '밝히다'와 '넓히다'의 경우도 마찬가지이다. 이는 음절의 끝소리 규칙을 먼저 적용한 후에 거센소리되기를 적용시키는 일반적인 설명에 어긋난다. '신사고' 교과서(상:187)에서도 '밝히다[발키다]'가 용례로 제시되어 있는데 같은 문제이다. 이에 대해 이문규(2011:274)에서는 'ㅎ'은 음절의 끝소리 규칙을 적용시킬 수 있는 조건 중 하나인 '자음 앞'이라는 조건을 충족시키지 못하는 것으로 파악해서 해결하고 있다. 이문규의 견해는 '앉히다'의 경우를 해결할 수는 있지만 'ㅎ'을 음절의 끝소리 규칙의 예외로 처리해야 한다는 문제가 있다.

실제 '두산'의 교과서에 제시된 '몇 해'의 경우 음절의 끝소리 규칙을 먼저 적용한 [멷 해]를 거쳐 [며태]로 발음된다. 또한 '비상'(하:244), '신사고'(상:187), '지학[박]'(상:233), '지학[방]'(상:142) 등의 교과서에서는 각각 '꽂히다', '맞히다', '젖히다' 등을 축약 현상의 용례로 제시한다. '비상' 교과서에서는 학습 활동을 통해 'ㅈ+ㅎ'이 'ㅊ'로 바뀌는 것으로 기술하고 있다. '신사고' 교과서에서도 '맞히다[마치다](ㅈ+ㅎ〉ㅊ)'를 거센소리되기의 예로 제시하고 있다. 하지만 이는 음절의 끝소리 규칙이 먼저 적용되고, 축약된 이후 구개음화가 일어난 경우이다. 즉 다음과 같은 음운 변동 과정을 겪은 것이다.

맞히다 → 맏히다 → 마티다 → 마치다
음절의 끝소리 규칙 축약 구개음화

음절의 끝소리 규칙에 의해 'ㅈ'은 어말 또는 자음 앞에서 'ㄷ'으로 발음되기 때문이다. 따라서 일부 검정 교과서의 설명처럼 바로 축약된다는 설명에는 문제가 있다.

그러나 이러한 문제는 표준 발음법 자체의 문제이다. 거센소리되기가 일어나는 음운 규칙의 적용 순서를 알 수 있는 단서가 국어의 로마자 표기법에 있다. 국어의 로마자 표기법 '제3장 표기상의 유의점' 제1항은 "음운 변화가 일어날 때에는 변화의 결과에 따라 다음 각호와 같이 적는다."라는 규정이다. 그 제3호는 구개음화가 되는 경우인데, 여기에 '맞히다[마치다] machida'가 용례로 제시되어 있다. 구개음화가 일어나기 위해서는 받침이 'ㄷ, ㅌ'이고, 그 뒤에 'ㅣ'나 반모음 'ǐ'로 시작하는 형식 형태소가 와야 한다. 표면적으로는 이런 환경이 아닌데, 어떻게 해서 구개음화가 되었을까? 이는 '맞히다'에서 어간 '맞-'의 받침 'ㅈ'이 'ㅎ' 앞에서 음절 끝소리 규칙에 따라 'ㄷ'으로 변했기 때문이다. 그 뒤에 거센소리되기가 되고, 구개음화가 될 수 있다. '꽂히다' 역시 '맞히다'와 똑 같은 음운 환경이다. 이와 관련된 표준 발음법 제12항의 1의 [붙임 2]에서는 "규정에 따라 'ㄷ'으로 발음되는 'ㅅ, ㅈ, ㅊ, ㅌ'의 경우"에도 뒤에 오는 'ㅎ'과 합쳐져 거센소리로 발음한다고 규정한다. 즉, 음절의 끝소리 규칙 적용 후, 거센소리로 발음한다고 규정한다. [붙임 2]에 제시된 용례는 '옷 한 벌'과 같이 둘 이상의 단어를 한 마디로 이어서 발음하는 경우라고 하지만 여기에는 한 단어인 '숱하다→[숟하다]→[수타다]'와 같은 용례도 있다. 그런데 '꽂히다'는 거센소리되기를 설명하고 있는 표준 발음법 제12항 제1의 [붙임 1]의 용례이기도 하다. 즉, 표준 발음법 제9항과 제10항에서는 'ㅈ'과 'ㄵ'을 어말 또는 자음 앞에서 각각 [ㄷ]과 [ㄴ]로 발음한다고 규정하지만 제12항 [붙임 1]에서는 'ㅈ(ㄵ)'이 뒤 음절 첫소리 'ㅎ'과 결합되는 경우에는 [ㅊ]으로 발음한다고 규정함으로써 음절의 끝소리 규칙의 예외가 되어 버렸다. 그리고 다시 [붙임2]에서는 'ㅎ' 앞에 오는 'ㅅ, ㅈ, ㅊ, ㅌ'은 'ㄷ'으로 발음한다고 규정한다.

이에 대해 윤국한(2007:172)에서는 '맞히다'를 구개음화로 볼 경우 /맏히-/로 변동시키는 과정을 전제해야 하는데, 이는 구개음화에 해당하지 않는다고 한다. 왜냐하면 구개음화는 형태소 표시 층위에서 일어나는 변동을 가리키는 개념이기 때문이라고 하면서, 바로 거센소리되기가 되는 것으로 설명한다.

11. 검정 교과서 음운 변동 현상 분류 문제

지금까지 2007 개정 교육과정의 '내용 요소의 예'를 중심으로 검정 교과서의 국어 음운 변동 현상에 대해 살펴보았다. 그 결과 교육과정의 '내용 요소의 예'를 반영하는 교과서도 있고, 반영하지 않는 교과서도 있었다. 또한 교육과정 '내용 요소의 예'로 제시되지 않은 음운 변동 현상을 설명하는 교과서도 있었으며, 각 교과서에 반영된 '내용 요소의 예'에 대한 설명도 다름을 알 수 있었다. 그리고 또 다른 문제는 각 교과서마다 음운 변동 현상의 유형을 분류하는 방식이 다르다는 점이다. 다음은 검정 교과서의 음운 변동 현상의 유형을 정리한 것이다.

| 표 35 | 검정 교과서의 음운 변동 현상의 유형 및 종류

<table>
<tr><th>교과서</th><th colspan="3">음운 변동 현상의 유형 및 종류</th></tr>
<tr><td rowspan="14">교학</td><td>교체</td><td colspan="2"></td></tr>
<tr><td rowspan="2">축약</td><td colspan="2">자음 축약</td></tr>
<tr><td colspan="2">모음 축약</td></tr>
<tr><td rowspan="4">탈락</td><td colspan="2">'ㅎ' 탈락</td></tr>
<tr><td colspan="2">'ㄹ' 탈락</td></tr>
<tr><td rowspan="2">모음 탈락</td><td>'ㅡ' 탈락</td></tr>
<tr><td>동일 모음 탈락</td></tr>
<tr><td>첨가</td><td colspan="2">'ㄴ' 첨가</td></tr>
<tr><td rowspan="4">동화</td><td colspan="2">비음화</td></tr>
<tr><td colspan="2">유음화</td></tr>
<tr><td colspan="2">구개음화</td></tr>
<tr><td colspan="2">모음조화</td></tr>
<tr><td></td><td colspan="2">두음 법칙</td></tr>
</table>

<table>
<tr><td rowspan="11">금성</td><td colspan="3">음절의 끝소리 규칙</td></tr>
<tr><td rowspan="2">자음 동화</td><td colspan="2">비음화</td></tr>
<tr><td colspan="2">설측음화</td></tr>
<tr><td colspan="3">구개음화</td></tr>
<tr><td colspan="3">된소리되기(경음화)</td></tr>
<tr><td colspan="3">모음조화</td></tr>
<tr><td colspan="3">두음 법칙</td></tr>
<tr><td rowspan="4">탈락</td><td rowspan="2">자음 탈락</td><td>'ㄹ' 탈락</td></tr>
<tr><td>'ㅎ' 탈락</td></tr>
<tr><td>모음 탈락</td><td>'ㅡ' 탈락</td></tr>
<tr><td colspan="2">동음 탈락</td></tr>
<tr><td rowspan="14">두산</td><td rowspan="5">교체</td><td>음절 끝 제약에 의한 교체</td><td>음절 끝소리 규칙</td></tr>
<tr><td rowspan="4">동화에 의한 교체</td><td>비음화</td></tr>
<tr><td>유음화</td></tr>
<tr><td>구개음화</td></tr>
<tr><td>'ㅣ' 모음 동화</td></tr>
<tr><td rowspan="2">축약</td><td colspan="2">자음 축약</td></tr>
<tr><td colspan="2">모음 축약</td></tr>
<tr><td rowspan="3">탈락</td><td>자음 탈락</td><td>겹받침 탈락</td></tr>
<tr><td rowspan="2">모음 탈락</td><td>동일 모음 탈락</td></tr>
<tr><td>'ㅡ' 탈락</td></tr>
<tr><td rowspan="4">첨가</td><td rowspan="3">자음 첨가</td><td>'ㄷ' 첨가</td></tr>
<tr><td>'ㄴ' 첨가</td></tr>
<tr><td>'ㄷㄴ' 첨가</td></tr>
<tr><td>모음 첨가</td><td>반모음 'ㅣ̆' 첨가</td></tr>
<tr><td rowspan="11">디딤돌</td><td rowspan="5">교체</td><td colspan="2">받침 규칙</td></tr>
<tr><td colspan="2">비음화</td></tr>
<tr><td colspan="2">유음화</td></tr>
<tr><td colspan="2">된소리되기</td></tr>
<tr><td colspan="2">구개음화</td></tr>
<tr><td rowspan="4">탈락</td><td rowspan="2">자음 탈락</td><td>자음군 단순화</td></tr>
<tr><td>'ㅎ' 탈락</td></tr>
<tr><td rowspan="2">모음 탈락</td><td>'ㅡ' 탈락</td></tr>
<tr><td>동음 탈락</td></tr>
<tr><td>첨가</td><td colspan="2">'ㄴ' 첨가</td></tr>
<tr><td>축약</td><td colspan="2">거센소리되기</td></tr>
<tr><td rowspan="7">미래</td><td rowspan="7">대치</td><td rowspan="4">동화</td><td>구개음화</td></tr>
<tr><td>유음화</td></tr>
<tr><td>비음화</td></tr>
<tr><td>모음조화</td></tr>
<tr><td colspan="2">두음 법칙</td></tr>
<tr><td colspan="2">음절의 끝소리 규칙</td></tr>
<tr><td colspan="2">경음화</td></tr>
</table>

<table>
<tr><td rowspan="3"></td><td colspan="2">첨가</td><td colspan="2">'ㄴ' 첨가</td></tr>
<tr><td colspan="2">축약</td><td colspan="2">거센소리되기</td></tr>
<tr><td colspan="2">탈락</td><td colspan="2">'ㅎ' 탈락</td></tr>
<tr><td rowspan="12">비상</td><td colspan="2">교체</td><td colspan="2">음절의 끝소리 규칙</td></tr>
<tr><td colspan="2" rowspan="3">자음 동화</td><td colspan="2">비음화</td></tr>
<tr><td colspan="2">유음화</td></tr>
<tr><td colspan="2">구개음화</td></tr>
<tr><td colspan="2">축약</td><td colspan="2">거센소리되기</td></tr>
<tr><td colspan="2" rowspan="3">탈락</td><td rowspan="2">자음 탈락</td><td>'ㄹ' 탈락</td></tr>
<tr><td>'ㅎ' 탈락</td></tr>
<tr><td>모음 탈락</td><td>'ㅡ' 탈락</td></tr>
<tr><td colspan="2">첨가</td><td colspan="2">'ㄴ' 첨가, 사이시옷</td></tr>
<tr><td colspan="2">모음조화</td><td colspan="2"></td></tr>
<tr><td colspan="2">두음 법칙</td><td colspan="2"></td></tr>
<tr><td colspan="2">된소리되기</td><td colspan="2"></td></tr>
<tr><td rowspan="14">신사고</td><td colspan="2" rowspan="2">교체</td><td colspan="2">음절의 끝소리(받침 소리) 규칙</td></tr>
<tr><td colspan="2">경음화</td></tr>
<tr><td rowspan="5">동화</td><td rowspan="2">자음동화</td><td colspan="2">비음화('ㄹ'의 비음화)</td></tr>
<tr><td>유음화</td><td></td></tr>
<tr><td></td><td>구개음화</td><td></td></tr>
<tr><td></td><td>모음조화</td><td></td></tr>
<tr><td>모음동화</td><td>'ㅣ' 모음 역행 동화</td><td></td></tr>
<tr><td colspan="2" rowspan="4">탈락</td><td>'ㄹ' 탈락</td><td></td></tr>
<tr><td>'ㅏ, ㅓ' 탈락</td><td></td></tr>
<tr><td>'ㅎ' 탈락</td><td></td></tr>
<tr><td>'ㅡ' 탈락</td><td></td></tr>
<tr><td colspan="2">첨가</td><td>사잇소리 현상</td><td>'ㄴ' 첨가, 'ㄷ' 첨가</td></tr>
<tr><td colspan="2">축약</td><td>'ㅎ' 축약 등</td><td></td></tr>
<tr><td colspan="2">불명확</td><td>두음 법칙</td><td></td></tr>
<tr><td rowspan="13">중앙</td><td colspan="2">음절의 끝소리 규칙</td><td colspan="2"></td></tr>
<tr><td colspan="2">두음 법칙</td><td colspan="2"></td></tr>
<tr><td rowspan="2">자음 동화</td><td>비음화</td><td colspan="2"></td></tr>
<tr><td>설측음화</td><td colspan="2"></td></tr>
<tr><td colspan="2">구개음화</td><td colspan="2"></td></tr>
<tr><td colspan="2">경음화(된소리되기)</td><td colspan="2"></td></tr>
<tr><td colspan="2" rowspan="3">탈락</td><td colspan="2">'ㄹ' 탈락</td></tr>
<tr><td colspan="2">'ㅡ' 탈락</td></tr>
<tr><td colspan="2">'ㅎ' 탈락</td></tr>
<tr><td colspan="2" rowspan="2">축약</td><td colspan="2">격음화 현상(거센소리되기)</td></tr>
<tr><td colspan="2">음절 축약 현상</td></tr>
<tr><td colspan="2" rowspan="2">첨가</td><td colspan="2">'ㅅ' 첨가</td></tr>
<tr><td colspan="2">'ㄴ' 첨가</td></tr>
</table>

<table>
<tr><td></td><td colspan="2">모음조화</td><td colspan="3"></td></tr>
<tr><td rowspan="16">지학
[박]</td><td colspan="2">두음 법칙</td><td colspan="3"></td></tr>
<tr><td colspan="2">음절의 끝소리 규칙</td><td colspan="3"></td></tr>
<tr><td rowspan="2">자음
동화</td><td>비음화</td><td colspan="3">'ㄹ'의 비음화</td></tr>
<tr><td>설측음화</td><td colspan="3"></td></tr>
<tr><td colspan="2">구개음화</td><td colspan="3"></td></tr>
<tr><td colspan="2">모음조화</td><td colspan="3"></td></tr>
<tr><td colspan="2" rowspan="2">축약</td><td colspan="3">자음 축약</td></tr>
<tr><td colspan="3">모음 축약</td></tr>
<tr><td colspan="2" rowspan="4">탈락</td><td colspan="2" rowspan="2">자음 탈락</td><td>'ㄹ' 탈락</td></tr>
<tr><td>'ㅎ' 탈락</td></tr>
<tr><td colspan="2" rowspan="2">모음 탈락</td><td>'ㅡ' 탈락</td></tr>
<tr><td>동일 모음 탈락</td></tr>
<tr><td colspan="5">경음화</td></tr>
<tr><td rowspan="3">음의
첨가</td><td>'ㄴ' 첨가</td><td colspan="3">합성어 또는 파생어</td></tr>
<tr><td>'ㄴ' 첨가</td><td colspan="3">사이시옷이 첨가된 합성어</td></tr>
<tr><td>'ㄴㄴ' 첨가</td><td colspan="3">사이시옷이 첨가된 합성어</td></tr>
<tr><td rowspan="17">지학
[방]</td><td colspan="2" rowspan="12">발음 편리</td><td colspan="3">음절의 끝소리 규칙</td></tr>
<tr><td rowspan="5">음운의 동화</td><td rowspan="2">자음
동화</td><td>비음화</td></tr>
<tr><td>설측음화</td></tr>
<tr><td colspan="2">구개음화</td></tr>
<tr><td colspan="2">모음 동화
('ㅣ' 모음 역행 동화)</td></tr>
<tr><td colspan="2">모음조화</td></tr>
<tr><td rowspan="2">축약</td><td colspan="2">자음 축약</td></tr>
<tr><td colspan="2">모음 축약</td></tr>
<tr><td rowspan="4">탈락</td><td rowspan="2">자음
탈락</td><td>'ㄹ' 탈락</td></tr>
<tr><td>'ㅎ' 탈락</td></tr>
<tr><td rowspan="2">모음
탈락</td><td>'ㅡ' 탈락</td></tr>
<tr><td>'ㅏ', 'ㅓ' 탈락</td></tr>
<tr><td colspan="2" rowspan="4">표현 강화</td><td>된소리되기</td><td colspan="2"></td></tr>
<tr><td rowspan="3">사잇소리 현상</td><td colspan="2">된소리</td></tr>
<tr><td colspan="2">[ㄴ] 소리 첨가</td></tr>
<tr><td colspan="2">[ㄴㄴ] 소리 첨가</td></tr>
<tr><td colspan="2">불명확</td><td colspan="3">두음 법칙</td></tr>
<tr><td rowspan="3">창비</td><td colspan="2" rowspan="3">교체</td><td colspan="3">음절의 끝소리 규칙</td></tr>
<tr><td colspan="3">비음화</td></tr>
<tr><td colspan="3">유음화</td></tr>
</table>

<table>
<tr><td rowspan="10"></td><td rowspan="2"></td><td colspan="3">경음화</td></tr>
<tr><td colspan="3">구개음화</td></tr>
<tr><td rowspan="3">탈락</td><td colspan="3">‘ㄹ’ 탈락</td></tr>
<tr><td colspan="3">‘ㅎ’ 탈락</td></tr>
<tr><td colspan="3">모음 탈락</td></tr>
<tr><td>첨가</td><td colspan="3">‘ㄴ’ 첨가</td></tr>
<tr><td rowspan="2">축약</td><td colspan="3">자음 축약</td></tr>
<tr><td colspan="3">모음 축약</td></tr>
<tr><td rowspan="2">기타</td><td colspan="3">두음 법칙</td></tr>
<tr><td colspan="3">모음조화</td></tr>
<tr><td rowspan="12">천재
[김대]</td><td>구개음화</td><td colspan="3"></td></tr>
<tr><td>모음조화</td><td colspan="3"></td></tr>
<tr><td>음절의 끝소리 규칙</td><td colspan="3"></td></tr>
<tr><td>비음화</td><td colspan="3"></td></tr>
<tr><td>유음화</td><td colspan="3"></td></tr>
<tr><td>두음 법칙</td><td colspan="3"></td></tr>
<tr><td>된소리되기</td><td colspan="3"></td></tr>
<tr><td>‘ㄴ’ 첨가</td><td colspan="3"></td></tr>
<tr><td>사잇소리 현상</td><td colspan="3"></td></tr>
<tr><td>축약</td><td colspan="3"></td></tr>
<tr><td rowspan="2">탈락</td><td colspan="3">‘ㄹ’ 탈락</td></tr>
<tr><td colspan="3">‘ㅡ’ 탈락</td></tr>
<tr><td rowspan="15">천재
[김종]</td><td rowspan="12">발음의 편의</td><td>음절의 끝소리 규칙</td><td colspan="2"></td></tr>
<tr><td>두음 법칙</td><td colspan="2"></td></tr>
<tr><td rowspan="2">자음 동화</td><td colspan="2">비음화</td></tr>
<tr><td colspan="2">설측음화(유음화)</td></tr>
<tr><td>구개음화</td><td colspan="2"></td></tr>
<tr><td>경음화(된소리되기)</td><td colspan="2"></td></tr>
<tr><td>모음조화</td><td colspan="2"></td></tr>
<tr><td rowspan="2">축약</td><td colspan="2">자음 축약</td></tr>
<tr><td colspan="2">모음 축약</td></tr>
<tr><td rowspan="3">탈락</td><td rowspan="2">자음 탈락</td><td>‘ㄹ’ 탈락</td></tr>
<tr><td>‘ㅎ’ 탈락</td></tr>
<tr><td colspan="2">모음 탈락</td></tr>
<tr><td rowspan="3">표현의 효과 강화</td><td rowspan="3">사잇소리 현상</td><td colspan="2">된소리</td></tr>
<tr><td colspan="2">‘ㄴ’ 첨가</td></tr>
<tr><td colspan="2">‘ㄴㄴ’ 첨가</td></tr>
</table>

<table>
<tr><td rowspan="15">천재
[박]</td><td colspan="3">교체</td><td colspan="2">음절의 끝소리 규칙</td></tr>
<tr><td rowspan="5">동화</td><td colspan="2" rowspan="3">자음
동화</td><td colspan="2">구개음화</td></tr>
<tr><td colspan="2">비음화</td></tr>
<tr><td colspan="2">유음화(설측음화)</td></tr>
<tr><td colspan="2" rowspan="2">모음
동화</td><td colspan="2">전설 모음화</td></tr>
<tr><td colspan="2">모음조화</td></tr>
<tr><td rowspan="2">축약</td><td colspan="4">자음 축약</td></tr>
<tr><td colspan="4">모음 축약</td></tr>
<tr><td rowspan="2">탈락</td><td colspan="4">'ㄹ'탈락</td></tr>
<tr><td colspan="4">모음 탈락</td></tr>
<tr><td colspan="3" rowspan="3">첨가</td><td rowspan="3">사잇소리 현상</td><td>사이시옷</td></tr>
<tr><td>'ㄴ' 첨가</td></tr>
<tr><td>경음화</td></tr>
<tr><td rowspan="2">기타</td><td colspan="4">경음화(된소리되기)</td></tr>
<tr><td colspan="4">두음 법칙</td></tr>
<tr><td rowspan="11">텍스트</td><td colspan="3">음절의 끝소리 규칙</td><td colspan="2"></td></tr>
<tr><td colspan="3">두음 법칙</td><td colspan="2"></td></tr>
<tr><td colspan="3">모음조화</td><td colspan="2"></td></tr>
<tr><td colspan="3">구개음화</td><td colspan="2"></td></tr>
<tr><td rowspan="2">자음
동화</td><td colspan="2">비음화</td><td colspan="2">'ㄹ'의 비음화</td></tr>
<tr><td colspan="2">유음화</td><td colspan="2"></td></tr>
<tr><td colspan="3">경음화</td><td colspan="2"></td></tr>
<tr><td rowspan="3">음운
탈락</td><td rowspan="2">자음
탈락</td><td>'ㄹ' 탈락</td><td colspan="2"></td></tr>
<tr><td>'ㅎ' 탈락</td><td colspan="2"></td></tr>
<tr><td colspan="2">모음 탈락</td><td colspan="2"></td></tr>
<tr><td colspan="3">'ㄴ' 첨가</td><td colspan="2"></td></tr>
<tr><td rowspan="9">해냄</td><td colspan="3" rowspan="5">소리의 교체</td><td colspan="2">비음화</td></tr>
<tr><td colspan="2">설측음화(유음화)</td></tr>
<tr><td colspan="2">음절의 끝소리 규칙</td></tr>
<tr><td colspan="2">된소리되기</td></tr>
<tr><td colspan="2">구개음화</td></tr>
<tr><td colspan="3">소리의 첨가</td><td colspan="2">'ㄴ' 첨가</td></tr>
<tr><td colspan="3" rowspan="2">탈락</td><td colspan="2">겹받침 탈락</td></tr>
<tr><td colspan="2">'ㅎ' 탈락</td></tr>
<tr><td colspan="3">표기와의 관계</td><td colspan="2">두음 법칙, 모음조화</td></tr>
</table>

'신사고' 교과서는 음운의 변동이 생기는 원인에 따라 발음을 쉽게 하려는 '발음 노력의 경제성 원리'와 뜻을 좀 더 분명하게 전달하려는 '표현 명료화의 원리'로 나누기도 한다. '발음 노력의 경제성의 원리'가 적용된 음운 변동 현상에는 동화, 축약, 탈락이 있고, 표현 명료화의 원리에는 경음화, 'ㄴ' 첨가 현상이 있다. '천재[김대]'의 교과서에 제시된 음운 변동 현상은 구개음화, 모음조화, 두음 법칙, 'ㄴ' 첨가, 축약, 탈락, 된소리되기 등이다. 나머지는 표준 발음법 조항을 통해서 추측한 것이다.

'천재[박]' 교과서의 2013학년도용 '검정도서 수정·보완 대조표'를 보면 현행 교과서 116쪽의 '첨가'를 '사잇소리 현상'으로 수정할 예정이며, '기타'는 삭제할 예정이라고 한다. 그 결과 현행 교과서에서 '기타'로 분류된 경음화(된소리되기), 두음 법칙은 독립된 항목이 된다.

12. 그 밖의 문제

여기서는 검정 교과서의 문제 중 유형 분류가 어려운 것을 장모음 표기 문제, 발음 형태 표시 오류, 현대 국어 자음 체계 문제, 문법 용어 및 설명 문제, 학습 활동 문제 등으로 나누어 살펴보았다.

1) 장모음 표기 문제

검정 교과서는 표준 발음을 다룰 때, 장모음 표기를 한 경우도 있지만 하지 않은 경우가 대부분이다. 이에 대해서는 '중앙'의 『국어(상)』에 대한 〈자체 수정에 의한 수정사항〉(일련 번호 35)에서 '밟소[밥쏘]'를 '밟소[밥:쏘]'로 자체 수정한 것을 참할 만하다. 또한 '천재[박]' 교과서의 2012학년도용 '검정도서 수정·보완 대조표'에서는 현행 교과서에 [조치], [신꼬], [조코]로 표기된 발음들을 각각 [조: 치], [신: 꼬], [조: 코]로 수정했다.

'두산'의 교과서는 표준 발음을 표시할 때, 장모음 표시를 하지 않고 있다. 정확한 발음을 아는 활동이기에 장모음 표기가 필요하다. 다른 검정 교과서에서는 장모음 표시를 하고 있는 점과 비교된다. '두산' 교과서에 용례로 제시된 '광한루[광할루], 대관령[대괄령], 의견란[의견난], 좋게[조케], 없다[업따], 삶[삼], 젊다[점따], 솜이불[솜니불], 뒷윷[뒨눋→뒨뉻], 난로[날로], 동원령[동원녕], 상류[상뉴]', '[밥따], [밥꼬], [밥찌]' 등은 장모음으로 발음하는 것이 표준 발음이다. 또한 '활동으로 다지기', '사고력 발전 3'에 '산란'이라는 단어도 있는데, 이 단어는 '산란01(山蘭)[살란]', '산란02(產卵)[살:란]', '산란03(散亂)[살:란]'의 뜻이 있다. 한자가 제시되지 않았기에 그 예로 제시하지 않는다. '신사고' 교과서의 '젊다[점따]', '대관령[대괄령]', '밟고[밥꼬]', '솜이불[솜니불]' 등도 장모음을 표기해야 한다. 이것은 같은 교과서에 있는 '신더라[신:떠라], 삼지[삼:찌]'와 비교된다. '지학[방]' 교과서의 '선택 학습'(상:164)에는 비록 잘못된 발음이지만 장모음 표시를 한다. 그런데 '곪다[곰따], 밟다[밥따], 밟소[밥쏘], 삶[삼], 난로[날로], 좋다[조타]' 등은 장모음 표시를 하지 않고 있다. 이 외의 검정 교과서에서 장모음 표시를 하지 않은 경우를 정리하면 다음과 같다.

| 표 36 | 장모음 표시가 없는 단어

교과서	장모음 표시 없는 단어	비고
미래	많이[마니]	
지학[박]	좋다[조타], 좋은[조은]	
창비	난로[날로], 솜이불[솜니불], 송별연[송벼련]	
천재[김대]	[들릴], [신꼬]	
텍스트	검열[검녈, 거멸], 송별-연[송벼련]	
해냄	[신꼬], [담꼬]	

2) 발음 형태 표시 오류

검정 교과서 중에서 발음형을 나타내는 기호인 [ ]를 사용하지 않았거나 표준 발음형을 잘못 나타낸 경우가 있다. '두산' 교과서의 '정리하기 1'의 단어들과 그 단어들의 표준 발음에는 발음 형태를 표시하는 [ ] 기호가 없다. 또한 '두산'의 교과서(상:218)에는 음운 변동 현상을 유형별로 설명하고 그 예를 적는 활동이 있는데, 여기에 '밤낮→밤낟', '지팡이→지팽이'가 언급된다. 그런데 이것은 발음형이기에 [밤낟], [지팽이]가 되어야 할 것이다. '디딤돌'과 '신사고' 교과서도 발음형을 나타내는 [ ] 기호를 사용한 것과 사용하지 않은 것이 있다. '신사고' 교과서의 경우 '같-'이 [갇]으로 발음된다고 설명(218, 6행)했다가 '같'이 '갇'으로 발음(218, 17행)된다고 하는 부분은 통일할 필요가 있다.

'신사고', '지학[방]', '천재[박]' 등의 교과서에는 표준 발음형을 잘못 나타낸 경우가 있다. '신사고' 교과서(상:212)의 '정리하기'에는 첨가 현상의 용례로 '깻잎'을 들고 있는데, 이것의 발음은 [깬닙]인데도 [깬닢]으로 표기하고 있다. 이 부분은 2012학년도용 '검정도서 수정·보완 대조표'에 의해 수정되었다. '지학[방]'의 교과서(상:141)에서는 'ㅣ' 모음 역행 동화를 설명하면서 '먹이다'의 'ㅣ' 모음 역행 동화된 발음 형태를 [멕이다]로 표시하고 있다. 또한 음운의 축약(상:142)을 설명하는 부분에서도 '맞추어'가 축약된 형태를 [맞춰]로 표시하고 있다. 이 부분은 2012학년도용 '검정도서 수정·보완 대조표'에서 각각 [메기다], [맏춰]로 수정되었다. '천재[박]' 교과서의 '적용 학습'(하:120)에서는 '맛있다'는 [마디따]가 원칙이지만 [마시따]도 허용한다고 한다. 그러나 표준발음법 제15항 '다만'에는 '맛있다'의 경우 "[마딛따]가 원칙이고, [마싣따]를 허용한다."라고 되어 있다. 이 부분은 2012학년도용 '검정도서 수정·보완 대조표'에서 수정되었다.

3) 표준어로 인정되는 'ㅣ' 모음 역행 동화

'신사고' 교과서(상:190)의 모음 동화에 대한 설명은 문제가 있다. 교과서에서는 모음 동화를 "모음이 앞뒤 모음의 영향을 받아 변함. 변한 발음이 일부(개구쟁이, 쇠고기, 서울내기)를 빼고는 표준음으로 인정되지" 않는다고 한다. 일단 "표준음으로 인정되지 않음."이라는 표현은 '표준 발음으로 인정되지 않음.'이 되어야 할 것이다. '신사고' 교과서의 이 설명은 'ㅣ' 모음 역행 동화인데, 표준어 규정 제9항에 규정되어 있다. 'ㅣ' 모음 역행 동화란 앞 음절의 후설 모음 'ㅏ, ㅓ, ㅗ, ㅜ' 등이 뒤 음절의 모음 'ㅣ'의 전설성에 동화되는 현상으로

'전설 모음화' 또는 '움라우트(umlaut)'라고도 불리는 현상이다.

표준 발음법에서는 'ㅣ' 모음 역행 동화는 표준 발음으로 인정하지 않지만 '-내기, 냄비, 동댕이치다'만 예외적으로 인정한다. 표준 발음법 제9항의 [붙임 2]를 보면 "'그것이 나타내는 속성을 많이 가진 사람'의 뜻을 더하는 접미사"인 '-쟁이'의 경우는 'ㅣ' 모음 역행 동화된 형태를 표준어로 삼는다고 설명하고 있다. 그러므로 예외적인 사항을 모두 제시한 것이 아니다.

또한 '소고기'가 '쇠고기'로 발음되는 것은 'ㅣ' 모음 역행 동화 현상이 아니기에 적절한 예가 아니다. '쇠고기'에 대한 국립 국어원 홈페이지(찾기 마당 > 어휘·용어정보 > 국어 어휘 역사)의 내용을 살펴보자.

> '쇠고기'는 15세기에 'ᄉᆈ고기'(救急方諺解 下:59)로 처음 보인다. 이 'ᄉᆈ고기'에 대해서는 '쇼'와 '고기' 사이에 속격의 '-ᄋᆡ'가 개재된 어형으로 보는 것이 일반적이다. 그렇다면 '*쇼ᄋᆡ고기'에서 'ᄉᆈ고기'가 나왔다는 것인데, 과연 이러한 변화가 가능한가에 대해서는 의문이다. '·' 탈락이 전제되어야 하기 때문이다. 이런 이유로 일부에서는 '쇼'와 '고기' 사이에 속격의 '-ㅣ'가 개재된 어형으로 보고, 이 '-ㅣ'를 '-ᄋᆡ'가 형태론적으로 조건된 이형태로 보기도 한다. 'ᄉᆈ고기'를 어떻게 분석하든 이것이 속격을 포함하고 있는 것은 분명하므로 그 의미는 '소의 고기'가 된다. 'ᄉᆈ고기'가 19세기 이후 '쇠고기'(太上感應篇圖說諺解 5:53)로 변한다. 그리고 20세기 초에 '소고기'가 등장하여 쓰이고 있다.

국립 국어원의 설명에 따르면 현대 국어의 '쇠-'는 접두사이며, 이 말은 '소(牛)+-ㅣ(-ᄋᆡ)'로 분석되며, 이때의 '-ㅣ' 또는 '-ᄋᆡ'은 속격 즉, 관형격 조사와 관련이 있다. 따라서 '소고기'가 [쇠고기]로 발음되는 것은 'ㅣ' 모음 역행 동화와는 관련이 없다. 또한 표준어 규정 제5절 '복수 표준어'에서는 '쇠-'는 전통적인 표현이나 '소-'도 우세해져 둘 다 표준어로 인정하고 있다. 만약 'ㅣ' 모음 역행 동화가 된다면 [소괴기]로 발음되어야 할 것이다. 한편, '쇠고기'의 어원에 대해서는 2008학년도 6월 모의평가에 11번 문항에 출제된 적이 있다. 여기서도 '쇠고기'는 '쇼+ᄋᆡ(관형격 조사)'는 'ᄉᆈ'로 축약된 것이라고 한다.

11. 〈보기〉를 바탕으로 탐구한 내용 중 타당하지 않은 것은?

〈보 기〉

○ '쇠고기'와 '소고기'는 모두 표준어이다.
○ 옛날에는 '쇠고기'를 '쇠고기(쇼+ᄋᆡ+고기)'라고 했다. 이 경우 '쇼+ᄋᆡ(관형격 조사)'는 '쇠'로 축약된다.
○ 옛날에는 '돼지고기'를 '도ᄐᆡ고기(돝+ᄋᆡ+고기)'라고 했다.

① '쇠고기'는 옛말의 구조를 고려할 때 소의 고기라는 뜻이군.
② '쇠고기'는 여러 단어가 합쳐져 한 단어로 발달한 경우라고 할 수 있겠군.
③ '쇠고기'의 옛말은 '돼지고기'의 옛말과 그 구조가 달랐다는 말이군.
④ '소고기'는 동물 이름에 바로 '고기'가 붙은 단어이군.
⑤ '닭고기'의 옛말은 'ᄃᆞᆯᄀᆡ고기(ᄃᆞᆰ+ᄋᆡ+고기)'라고 했겠군.

4) 현대 국어의 자음 체계

'천재[박]' 교과서(하:107)에서 현대 국어의 자음 체계를 나타낸 부분은 커다란 문제이다.

| 표 37 | '천재[박]' 교과서의 자음 체계

조음 위치 / 조음 방법	양순음 (두 입술)	치조음 (윗잇몸,혀끝)		경구개음 (센입천장, 혓바닥)	연구개음 (여린입천장, 혀 뒤)	후음 (목청 사이)
평음 (예사소리)	ㅂ	ㄷ	ㅅ	ㅈ	ㄱ	ㅎ
격음 (거센소리)	ㅍ	ㅌ	ㅆ	ㅊ	ㅋ	
경음 (된소리)	ㅃ	ㄸ		ㅉ	ㄲ	
비음	ㅁ	ㄴ			ㅇ	
유음			ㄹ			

'천재[박]' 교과서에 제시된 국어의 자음 체계는 국어학 일반의 분류뿐만 아니라 제7차 고등학교 『문법』 교과서나 다른 검정 교과서와도 차이가 있다. 제7

차 『문법』 교과서의 교사용 지도서(2010:84)에서 자음은 조음 방법에 따라 파열음, 마찰음, 비음, 유음으로 나누고, 소리의 세기에 따라 예사소리, 거센소리, 된소리로 나눈다. '천재[박]'의 교과서는 소리의 세기와 조음 방법에 따라 자음을 분류하고 있다. 그리고 'ㅆ'이 격음(거센소리)으로 분류된다는 문제점도 있다. 한편, 교사용의 교과서(하:107)에는 정상적으로 제시되어 있다. 이에 비해 교사용 지도서(하:169)는 'ㅆ'만 '경음(된소리)'로 되어 있고, 분류 체제는 교과서와 같다. 즉, '천재[박]'의 교과서와 교사용 지도서, 교사용 교과서의 자음 분류 체제는 다 다르다. 이 부분은 2012학년도용 '검정도서 수정·대조표'에서는 수정되었지만 교과서 검정 과정에서 이 정도를 걸러내지 못한다는 것은 이해가 되지 않는다.

5) 문법 용어 및 설명 문제

여기서는 문법 용어 사용이나 교과서 내의 설명이 불명확한 경우를 검정 교과서별로 나누어 살펴보자. 먼저, '미래'의 교과서(하:101)에는 "표준 발음법이나 한글 맞춤법과 같은 표기 규정이 없는 상황에 놓이게 된다면……."이라는 설명이 있다. 그런데 표준 발음법은 표기 규정이 아니기에 잘못된 설명이다.

둘째, '창비'의 교과서(상:178)는 관형형 어미라는 용어를 사용한다. 이에 비해 '신사고'의 교과서(상:189)와 '지학[박]'의 교과서(상:233) 등에서는 관형사형 어미라는 용어를 사용한다. 관형사형 어미는 '신사고' 『국어(상)』에 대한 〈수정보완권고서에 의한 수정사항〉 '자체 수정에 의한 수정사항'(일련 번호 189)에서 '관형사형 '-ㄹ' 뒤'로 된 것을 '관형사형 어미 '-ㄹ' 뒤'로 자체 수정했다. '창비' 교과서의 2013학년도용 '검정도서 수정·보완 대조표'에서는 이 부분의 내용을 수정할 예정인데, '관형형 어미'라는 용어는 그대로 사용하고 있다.

셋째, '천재[김종]' 교과서(상:94)에서 형태소를 설명하는 부분도 문제가 있다. 교과서에서는 형태소는 "뜻을 가진 가장 작은 말의 단위. 자립성의 여부에 따라 자립 형태소와 의존 형태소로 나눌 수 있으며, 의미의 유무에 따라 실질 형태소와 형식 형태소로 나눈다."라고 한다. 교과서의 이런 설명은 마치 형식 형태소는 의미가 없다는 표현으로 받아들일 수 있다. 정확하게 말하면 '실질적 의미 유무'이다. 본문에서도 "'꽃아'의 '아'는 실질적인 의미를 갖지 않고 문법적인 의미만을 갖는 형태소"라고 설명하고 있다.

넷째, '해냄' 교과서(상:209)의 거센소리에 대한 설명이다. '해냄' 교과서에서는 거센소리를 "숨이 거세게 나오는 파열음. 'ㅊ, ㅋ, ㅌ, ㅍ' 따위가 있다."라고 풀이한다. 하지만 'ㅊ'은 파열음이 아니라 파찰음이기에 '해냄' 교과서의 설명은 잘못되었다. 한편, '디딤돌' 교과서(상:213)는 성취 기준 [10-문법-(5)]를 다루면서 '거센소리'를 설명하는데, 거센소리의 종류로 'ㅊ, ㅋ, ㅌ, ㅍ, ㅎ'을 들고 있지만 'ㅎ'은 거센소리가 아니다. '디딤돌' 교과서의 2012학년도용 '검정도서 수정·대조표'에서 'ㅎ'은 삭제되었다.

6) 학습 활동 문제

'해냄'의 교과서(상:212)에는 '㉠ 한글날', '㉡ 참지', '㉢ 식용유', '㉣ 같이', '㉤ 죽는', '㉥ 열풍', '㉦ 짧게', '㉧ 엿볼'을 소리 나는 대로 적고, 어떤 종류의 음운 변동이 일어나는지를 정리하는 활동이 있다. 이들은 각각 [한글랄], [참찌], [식용뉴], [가치], [중는], [열풍], [짤께], [엳뽈]로 소리 난다. 따라서 '해냄' 교과서의 음운 변동 현상에 의하면 ㉠은 유음화, ㉡은 된소리되기, ㉢은 'ㄴ' 첨가, ㉣은 구개음화, ㉤은 비음화, ㉦은 자음군 단순화 규칙·된소리되기, ㉧은 음절의 끝소리 규칙·된소리되기가 적용되었다. 그런데 '㉥ 열풍'은 [열풍]으로 발음되기에 음운 변동이 일어나지 않았다. 2012학년도용 '검정도서 수정·보완 대조표'에서는 '㉥ 열풍'은 삭제되었다.

03 성취 기준 [10-문법-(3)] 관련 검정 교과서의 문제

성취 기준 [10-문법-(3)]은 '장면에 따른 표현 방식을 안다.'이다. 그 '내용 요소의 예'로는 담화에서 장면에 따라 심리적 태도 등의 표현이 달라진 부분 찾기, 원근 표현, 부정 표현 등 심리적 태도와 관련된 다양한 표현 방식 이해하기, 담화에 따라 심리적 태도를 표현하는 방식이 달라지는 이유 설명하기 등이다. 또한 피동 및 사동 표현, 높임 표현 등도 '내용 요소의 예'에 포함된다. 원근 표현은 지시 표현에 대한 지도를 통해 수행하며, 물리적 거리뿐만 아니라 심리적 거리도 고려하여 지도한다. 부정 표현, 피동 및 사동 표현은 사태를 해석하는 화자의 관점과 관련하여 지도하며, 높임 표현은 상대와의 심리적 거리 등에 초점을 두어 지도한다. 발화의 의미를 구체적인 상황 맥락과 관련시켜 분석하고, 화자(필자)의 심리적 태도가 무엇인지를 정확히 파악하도록 지도한다.

| 표 38 | 성취 기준 [10-문법-(3)] 단원 구성

교과서	단원 구성
교학(상)	'6. 문학과 표현', '(2) 장면과 표현'
금성(하)	'1. 문학과 개성'
두산(하)	'5. 사회 속의 언어', '(1) 표현에 숨어 있는 마음'
디딤돌(상)	'4. 무대 속으로', '1. 봉산탈춤'
미래(하)	'4. 다양한 표현과 이해', '(2) 봉산탈춤'
비상(하)	'1. 친구와 함께 그리는 풍경', '(1) 첫인상이라는 이름의 선입견'
신사고(하)	'1. 함께 이야기하는 세상', '(2) 장면에 따라 달라요'
중앙(상)	'6. 다양한 표현과 소통 방식', '1. 언어의 다양성', '2. 장면과 언어'
지학[박](상)	'4. 언어와 표현의 다양성', '2. 천변풍경'
지학[방](하)	'5. 한국 문학의 전통', '02. 태평천하'
창비(하)	'1. 문학을 통한 삶의 길 찾기', '[2] 외딴 방'
천재[김대](하)	'2. 표현 방식 탐구하기', '01. 장면에 따른 표현 방식'
천재[김종](상)	'5. 언어와 사회의 만남', '(2) 장면에 따른 표현'
천재[박](하)	'1. 문학과 개성', '(3) 결혼'
텍스트(상)	'Ⅵ. 세상을 읽는 눈', '3. 상황에 맞는 표현'
해냄(하)	'1. 나와 세상', '(2) 장면에 따른 표현 방식'

먼저 검정 교과서에서 성취 기준 [10-문법-(3)]을 다루는 단원의 구성을 살펴보면 〈표 38〉과 같다.

위 표에서 알 수 있는 것은 성취 기준 [10-문법-(3)]은 〈문법〉 영역의 다른 성취 기준과 함께 대단원을 구성하는 것이 아니라 주로 〈문학〉 영역과 함께 대단원을 구성하고 있다는 점이다. 이 중 '금성' 교과서는 소단원 '(1) 작가의 개성'에서는 장면에 따라 다르게 나타나는 표현 방식을 살펴보고, 소단원 '(2) 곡성역에서 만난 할아버지'에서는 장면에 따라 원근 표현이 달리 사용되는 양상을 살펴본다. 그리고 소단원 '(3) 결혼'에서는 등장인물의 심리에 따른 피동·사동 표현, 높임 표현을 살펴본다. 즉, '금성'의 교과서는 '문학과 개성'이라는 대단원 전체를 통해 성취 기준 [10-문법-(3)]을 학습하는 구조이다.

그런데 2007 개정 교육과정의 성취 기준 [10-문법-(3)]을 반영하는 검정 교과서는 교육과정에 제시된 '내용 요소의 예'를 반영하는 범위가 다르며, '내용 요소의 예'에 대한 개념도 차이가 있다. 또한 교과서에 수록된 언어 자료가 원문과 다른 경우도 있다. 여기서는 교육과정에 제시된 '내용 요소의 예'를 중심으로 문제가 되는 검정 교과서를 살펴보기로 한다.

1. 원근 표현

2007 개정 교육과정의 '내용 요소의 예'인 원근 표현은 제7차 교육과정에서는 지시 표현이었다. 2007 개정 교육과정에서는 "원근 표현은 지시 표현에 대한 지도를 통해 수행하며, 물리적 거리뿐만 아니라 심리적 거리도 고려하여 지도한다."라고 되어 있다. 그런데 검정 교과서 중에는 지시 표현이라는 용어만 사용하는 경우와 원근 표현이라는 용어만 사용하는 경우, 두 용어를 모두 사용하는 경우가 있다. '신사고' 교과서와 '텍스트' 교과서에서는 지시 표현을 다룬다. '금성', '두산', '비상', '지학[박]', '창비', '천재[박]', '해냄' 등의 교과서에서는 원근 표현을 다룬다. 그리고 '교학', '디딤돌', '미래', '중앙', '천재[김대]', '천재[김종]' 등의 교과서는 지시 표현과 원근 표현을 같은 개념으로 다루고 있다. 한편, '지학[방]'의 교과서(하:201)는 지시 표현이나 원근 표현이라는 용어는

사용하지 않지만 학습 활동 '2-(2)'에 지시 관형사 '그'와 관련된 심리적 태도에 대해 말해 보는 활동이 있다.

먼저 '교학' 교과서의 설명을 보면, '단원 열기'(상:292)와 '활동 전에'(상:294)가 다름을 알 수 있다.

> ◇ '단원 열기'
> **원근 표현**·부정 표현 등 심리적 태도와 관련된 다양한 표현 방식을 이해하는 활동을 한다.
>
> ◇ '활동 전에'
> **지시 표현**은 지시 관형사 '이, 그, 저'와 지시 대명사 '이것, 그것, 저것' 등을 이용한 표현 방법으로 ……

다음은 '미래' 교과서의 설명인데, 지시 표현과 원근 표현을 구분 없이 사용하고 있음을 알 수 있다.

> ◇ '지식 검색'(하:147)
> "심리적 태도는 **지시 표현**, 높임 표현, 피동 표현, 사동 표현 등 다양한 표현 방식을 통해 드러난다."
>
> ◇ '정리하기'(하:152)
> "심리적 태도는 …… 높임 표현, **원근 표현**, 피동 및 사동 표현 등 다양한 표현 방식을 통해 드러난다."

'디딤돌' 교과서(상:159)에서는 지시 표현이라는 용어를 사용하지만 '단원의 마무리'(상:200)에서는 원근 표현이라고 한다. '중앙'의 교과서(상:261)도 지시 표현이라는 용어를 사용하다가 '단원의 마무리'(상:290)에서는 원근 표현으로 바뀐다. '천재[김대]'의 교과서도 '지식 마당'(하:54)에서는 교육과정과 같은 원근 표현이라는 용어를 사용했는데, '지식 마당'(하:54)의 삽화 부분과 '이해 마당'(하:66), '단원의 마무리'(하:106) 등에서는 지시 표현이라는 용어를 사용한다. '천재[김종]' 교과서에서도 '들어가기'(상:173)와 다른 곳(상:174, 175)에서는 지시 표현이라는 용어를 사용하지만 '대단원 마무리'(상:192)에서는 원근 표현이라는 용어를 사용한다.

2. 부정 표현

제7차 교육과정의 '문법'에서는 부정 표현에 대한 명확한 정의가 없지만, 『국어(하)』(2010:118)에서는 "어떤 명제를 부정하는 표현"이라고 한다. 또한 교사용 지도서(2010:160)에서는 '안'은 "명제의 단순한 부정을 표현하는 단순 부정"에 쓰이거나 "동사문에 한해 행위주(行爲主)의 의지를 반영하는 의지 부정의 표현"에 쓰인다고 한다. 이에 비해 '못'은 "행위주의 능력 부족이나 외적 원인으로 행위가 일어나지 못할 때"에 쓰인다고 한다. 한편, 남기심·고영근(1996:367)에서는 부정 표현을 다음과 같이 설명하고 있다.

> '아니(안)'나 '아니하다'에 의한 부정문은, 형용사나 체언이 서술어인 경우에는 그 주체의 속성으로 인해서 어떤 상태가 그렇지 않음을 나타내고, 동사가 서술어인 경우에는 그 주체(곧 행동주)의 의지에 의해서 어떤 행위가 일어나지 않는 것을 나타낸다고 하였다. 그런데 행동주의 의지가 아닌 그의 능력이나 그 외의 다른 외부의 원인 때문에 그 행위가 일어나지 못하는 것을 표현할 때는 '못'이나 '못하다'가 쓰인다.

그런데 2007 개정 교육과정에 따른 검정 교과서 중에는 부정 표현에 대한 설명에 문제가 있는 교과서들이 있다.

먼저 '교학'의 교과서(상:294)는 부정 표현을 다음과 같이 설명하고 있다.

> 부정 표현은 부정 부사 '안, 못'과 부정 용언 '아니하다, 못하다'를 이용하여 부정의 의미를 나타내는 것이다. '안'과 '아니하다'는 발화 주체의 의지에 의한 부정의 의미를 나타내고, '못'과 '못하다'는 발화 주체의 능력 부족, 또는 상황에 의한 부정이라는 화자의 태도를 나타낸다.

여기서 '아니하다, 못하다'는 정확하게 말하면 부정을 나타내는 보조 용언이다. 또한 "'안', '아니하다'에 의한 부정문은 '발화 주체의 의지에 의한 부정의 의미를 나타내고, '못'과 '못하다'는 발화 주체의 능력 부족, 또는 상황에 의한 부정이라는 화자의 태도를 나타낸다."는 설명은 이해할 수가 없다. '발화 주체'가 아니라 '주어' 또는 '서술어의 주체'가 되거나 제7차 『국어(하)』와 같이 '행위주'가 되어야 한다. 그래서 '안' 부정문은 "주어의 의지에 어떤 동작이 일어나지 않았음을 나타내는 의지 부정이고, '못' 부정은 주어의 능력이 부족하여 어떤 일이 일어나지 못함을 나타내는 능력 부정이다. 한편, '두산'의 교과서(하:195)에서는 "'안'은 그저 어떤 일이 일어나지 않았음을 나타내기도 하지만, 때로는 그러한 일을 하지 않은 주어의 의지를 나타내기도 한다."라고 설명되어 있다.

'금성'의 교과서(하:18)에서는 "부정문은 장면에서 화자나 청자의 행위를 부정할 때 사용한다."라고 정의하고 있다. 부정문을 이런 식으로 정의하게 되면 "철수가 밥을 못 먹었다."나 "철수가 밥을 안 먹었다."와 같이 주어가 3인칭인 문장은 설명할 수가 없다. 또한 교과서(하:19)에서는 "부정어의 위치에 따라 긴 부정문과 짧은 부정문으로" 나누고 있다. 그런데 제7차 교육과정의 고등학교 『문법』 교사용 지도서(2010:226)나 제7차 『국어(하)』에서는 "길이에 따라 '안, 못' 부정문은 짧은 부정문, '아니하다, 못하다'는 긴 부정문"으로 나누고 있다.

'신사고' 교과서(하:27)에서는 부정과 긍정 표현을 설명하고 있다. '미리 알아두기'에서는 "장면이나 심리적 태도에 따라 현상이나 사태를 부정이나 긍정의 형태로 표현"하는 것으로 정의한다. 그리고 그 예로 "물이 반 밖에 없어.[18]/물이 반이나 있어."를 제시한다. 그리고 '활동 2'에서도 "아직도 수업이 10분이나 남았네."와 "수업이 겨우 10분 남았다고요."를 그 예로 제시한다. 즉, 다른 교과서들과 달리 부정 부사나 부정을 나타내는 보조 용언을 통한 부정 표현을 설명하는 것이 아니다.

'중앙'의 교과서(상:272)에서는 학습 활동을 통해 부정 표현을 학습하는데, '신사고' 교과서와 비슷한 방식으로 부정 표현을 설명한다. 교과서에는 한 가

18) 맞춤법에 맞게 쓰면 "물이 반밖에 없어."인데, 2012학년도용 '검정도서 수정·보완 대조표'에서 수정되었다.

족으로 보이는 네 사람이 식탁에 앉아 있는 삽화가 있다. 삽화에서 '지영이'로 보이는 한 인물만 밥을 먹지 않고 있다. 그 말풍선의 대화는 "글쎄, 지영이는 ______", "지영이가 밥 먹기 싫은가 봐.", "지영이는 밥 먹기 싫은 게 틀림없어." 등이다. 이 삽화를 바탕으로 이루어지는 활동 (1)은 "위의 장면에서 부정 표현이 어떻게 다르게 나타났는지 찾아보자."이고, (2)는 "말풍선의 빈 부분에 부정 표현을 넣어 문장을 완성시켜 보자."이다. 그런데 활동 (1)의 경우에는 부정의 보조 용언이나 부정 부사가 실현된 부정 표현이 나타난 대화가 없다.

한편, '지학[방]'의 교과서(하:201)는 부정 표현이라는 용어는 사용하지 않지만 학습 활동 '2-(2)'에 "누가 돈 아니래요? 잔돈 내세요!"의 '아니래요'와 관련된 심리적 태도에 대해 말해 보는 활동이 있다. '디딤돌', '미래', '텍스트'의 교과서는 부정 표현에 대한 설명이 없다. 다만, '디딤돌' 교과서의 경우 '단원의 마무리'(상:200)에는 부정 표현이라는 용어를 사용하지만 본문에는 이와 관련된 내용이나 활동이 없다. '텍스트' 교과서(상:279)에서는 "'장가는 못 들었습니다.'를 '장가는 안 들었습니다.'로 바꿀 경우, 의미가 어떻게 달라지는지 말해" 보는 활동이 있다.

3. 피동 표현

제7차 교육과정의 『국어(하)』(2010:161)에서는 피동 표현을 "주체가 다른 주체에 의해서 어떤 동작을 당함을 표현하는" 것으로 정의한다. 또한 제7차 교육과정에 따른 고등학교 『문법』 교과서(2010:183)에서는 주어가 동작을 제 힘으로 하는 것을 능동(能動)이라 하고, 주어가 다른 주체에 의해서 동작을 당하게 되는 것을 피동(被動)이라고 정의한다. 그런데 2007 개정 교육과정에 따른 검정 교과서 중에는 피동 표현의 개념을 잘못 설명하거나 피동의 반대 개념을 사동으로 제시하는 교과서가 있다.

'미래' 교과서의 '지식 검색'(하:148)에서는 피동 표현을 다음과 같이 설명하고 있다.

피동(사동) 표현
사태를 해석하는 화자의 관점과 밀접하게 관련된다. 예를 들어 능동 표현 대신에 피동 표현을 사용한 문장은 자신이 주체가 되어 행동한 것이 아니라 주어진 상황을 어쩔 수 없이 받아들일 수밖에 없었다는 심리적 태도를 반영한다. 피동 표현은 사건에 대한 책임 회피의 목적으로 사용되기도 하고, 사건에 대한 객관적인 전달을 목적으로 삼을 때 사용되기도 한다.

여기서 '피동(사동) 표현'이 무엇을 의미하는지 혼란스럽다. 교과서의 설명대로 피동의 반대 개념은 능동이고, 사동의 반대 개념은 주동이다. 교과서의 설명은 능동과 피동에 대한 설명이지 사동에 대한 설명은 아니다. '금성'(하:19), '두산'(하:197), '신사고'(하:27), '해냄'(하:55) 등의 교과서에서는 피동 표현과 대비되는 개념으로 능동 표현을 설명하고 사동 표현과 대비되는 개념으로 주동 표현을 설명한다.

'비상' 교과서(하:33)에서도 피동 표현을 설명하고 있는데, 문제가 있다.

(2) S# 16의 상황에서 '진우'가 상황을 어떻게 해석하고 있는지 정리해 보고, 피동 표현을 쓴 이유에 대해 말해 보자.

진우 : 생일 아는 게 뭐 별거야? 네 생일 11월 29일, 정민이 생일 4월 8일, 은심이가……6월이던가? 아직 은심이까지는 접수가 안 **<u>됐네.</u>**

그런데 교과서 학습 활동의 문제는 '되다'의 활용형인 '됐네'를 피동 표현으로 볼 수 있느냐이다. 제7차 교육과정의 『국어(하)』(2010:122)와 고등학교 『문법』 교과서(2010:184), 교사용 지도서(2010:222)에는 피동 표현의 실현 방법을 다음과 같이 설명하고 있다.

『국어(하)』
주체가 다른 주체에 의해서 어떤 동작을 당함을 표현하는 것을 피동 표현이라 한다. 이 때 사용되는 문법 요소가 피동법으로, 접미사 '-이-, -히-, -리-, -기-'와 '-어지다', '-되다', '-게 되다' 등이 표현에 사용된다.

『문법』
파생적 피동문 : 능동사의 어간+피동 접미사(-이-, -히-, -리-, -기-, -되-)
통사적 피동문 : -게 되다, -어지다

이와 같은 제7차 교육과정의 『국어(하)』 나 고등학교 『문법』 교과서의 설명에도 문제가 있다. 왜냐하면 『국어(하)』 의 설명에 따르면 '-어지다', '-게 되다'를 접미사로 이해할 가능성이 있다. 또한 『문법』 교과서에서 설명하는 '-되-'는 서술성을 가진 일부 명사 뒤에 붙어 '피동'의 뜻을 더하고 동사를 만드는 접미사인데, 교과서의 설명을 보면 능동사 어간에 결합하는 것으로 해석할 수 있다. 통사적 피동문의 경우는 능동사의 어간에 보조적 연결 어미 '-게'와 보조 동사 '되다'가 결합한 형태이다. 어쨌든 제7차 교육과정의 『국어(하)』 나 『문법』 교과서는 '-되-' 또는 '-되다'를 접미사로 파악하고 있다.

이러한 설명을 참고할 때, '비상' 교과서의 학습 활동은 문제가 있다. 피동 표현은 '신사고' 교과서(하:27)의 '범인, 드디어 검거돼'와 같은 형태가 되어야 한다. '비상' 교과서의 학습 활동에서 예로 든 '접수가 안 됐네.'는 피동 표현이 아니라 부정 표현이다.

'지학[박]'의 교과서(상:128)에서는 피동 표현을 누나와 동생이 TV 뉴스를 보면서 대화를 하는 삽화로 학습한다.

기자 호주에서 한 어설픈 도둑이 차를 훔치려다 차에 갇혀 붙잡히는 황당한 사건이 발생했습니다. 26일 호주 캔버라에서 차를 훔치려던 도둑이 갑자기 차 문이 잠기는 바람에 옴짝달싹 못하고 체포된 것입니다.
누나 어머, 저것 좀 봐. 정말 어설픈 도둑이네.
동생 하하하, 어떻게 저런 일이……
누나 경찰이 도둑을 잡은 게 아니라…….
동생 도둑이 경찰에게 그냥 붙잡혔네!

- 나타난 피동 및 사동 표현
- 심리적 태도와 관련된 특징

학습 활동의 제목은 '(3) 피동 표현'이지만 그 활동은 이 삽화에 '나타난 피동 및 사동 표현'을 찾는 것이다. 더군다나 제시된 내용에서 사동 표현은 찾을 수가 없다. '누나'의 두 번째 발화인 "경찰이 도둑을 잡은 게 아니라……."로 볼 때, '피동 표현과 능동 표현'이 되어야 한다.

'천재[김종]'의 교과서(상:179)에서는 피동 표현을 다음과 같이 설명하고 있다.

> 주어가 자신의 힘으로 행하는 동작을 능동이라고 한다면, 주어가 남의 행동에 의해 동작을 당하는 것을 피동이라고 한다. 피동문의 피동사는 능동사 어간에 '-이-, -히-, -리-, -기-'를 결합시키거나, '-되다', '-어지다', '-게 되다'를 결합해 만들 수 있다.

그런데 '-되다', '-어지다', '-게 되다'가 결합하는 것이 능동사 어간인지 알 수 없다. 소위 말하는 통사적 피동문의 경우는 능동사 어간이라고 할 수 있지만 '-되다'는 서술성을 가진 일부 명사 뒤에 붙어 '피동'의 뜻을 더하고 동사를 만드는 접미사이기에 이 표현은 잘못 이해될 수도 있다. 또한 교과서의 설명에 따르면 '-어지다'와 '-게 되다'가 붙은 말은 피동사가 된다. 그런데 '-어지다'는 피동의 보조 용언이지만 항상 앞의 말에 붙여 쓸 뿐이다. '-게 되다'는 보조적 연결 어미와 보조 용언 구성이기에 피동사는 아니다. 제7차 교육과정에 따른 '문법' 교사용 지도서(2010:222)에도 이렇게 설명되어 있다.

'천재[박]' 교과서(하:52)에서도 피동 표현을 "주체가 다른 주체에 의해서 어떤 동작을 당함을 표현하다. 접미사 '-이-/-히-/-리-/-기-'와 '-어지다', '-게 되다' 등이 사용된다."라고 설명한다. 그런데 이 표현은 '-어지다', '-게 되다'가 접미사인 것처럼 이해될 수 있다.

한편, '디딤돌', '지학[방]', '텍스트' 교과서는 피동 및 사동 표현을 설명하지 않고 있다. 단, '디딤돌' 교과서(상:200)의 '단원의 마무리'에는 피동·사동 표현이라는 용어는 사용한다.

4. 사동 표현

제7차 교육과정의 『국어(하)』(2010:122)에서는 사동 표현을 "주체가 다른 주체에게 어떤 동작을 하도록 시킴을 표현하는"것이라고 한다. 또한 제7차 교육과정에 따른 고등학교 『문법』 교과서(2010:185)에서는 주어가 동작이나 행위를 직접 하는 것을 주동(主動)이라 하고, 주어가 남에게 동작을 하도록 시키는 것을 사동(使動)이라고 한다.

'천재[김종]'의 교과서(상:179)와 '천재[박]'의 교과서(하:52)에서는 사동 표현을 비슷하게 설명하고 있다.

> '천재[김종]'
> 주어가 직접 동작을 하는 것을 주동이라고 하고, 남에게 동작을 하도록 시키는 것을 사동이라고 한다. 사동문에서 사동의 의미를 드러내는 사동사는 주동사의 어간에 사동 접미사 '-이-/-히-/-리-/-기-/-우-/-구-/-추-' 등을 붙이거나 접미사 '-시키다'를 결합시켜 만들 수 있고, 어미와 보조 용언을 결합해 '-게 하다'를 붙여서 만들 수 있다.
>
> '천재[박]'
> 주체가 다른 주체에게 어떤 동작을 하도록 시킴을 표현한다. 접미사 '-이-/-히-/-리-/-기-/-우-/-구-/-추-'와 '(-)시키다', '-게 하다' 등이 사용된다.

제7차 고등학교 『문법』 교사용 지도서(2010:224)에서는 '시키다'를 어휘적 사동의 예로 보기도 하고 접미사로도 보아 파생적 사동으로도 설정하였다. 그래서 '천재[박]' 교과서에서는 '(-)시키다'로 표현한 것 같다. 그런데 '천재[박]'의 교과서의 설명을 따르자면 '-게 하다'를 접미사로 파악할 가능성이 있다.

그리고 '천재[김종]' 교과서의 경우 접미사 '-시키다'가 주동사 어간에 결합하는 것으로 이해할 수도 있다. 접미사 '-시키다'는 서술성을 가지는 일부 명사 뒤에 결합하여 '사동'의 뜻을 더한다. 또한 "어미와 보조 용언을 결합해 '-게 하다'를 붙여서 만들 수 있다."는 "보조적 연결 어미와 보조 용언이 결합한 '-게 하다'를 붙여서 만들 수 있다."가 되어야 한다.

한편, '두산'의 교과서는 능동·피동을 설명하고, 사동 표현을 설명하지 않는다. '디딤돌', '지학[방]', '텍스트' 등의 교과서는 피동 및 사동 표현을 설명하지 않고 있다. '디딤돌' 교과서(상:200)에서는 사동 표현이라는 용어를 사용하지만 교과서 내에 사동 표현을 학습하는 부분은 없다.

5. 높임 표현

제7차 교육과정에 따른 고등학교 『문법』 교과서(2010:173)에서는 말하는 이가 어떤 대상이나 상대에 대하여 그의 높고 낮은 정도에 따라 언어적으로 구별하여 표현하는 방식이나 체계를 높임법이라고 한다. 2007 개정 교육과정에 따른 검정 교과서들은 모두 '내용 요소의 예'인 높임 표현을 다루고 있다. 단, '지학[방]'의 교과서는 높임 표현이라는 용어는 사용하지 않지만 학습 활동에 이와 유사한 내용이 있다. 그런데 검정 교과서 중에는 높임 표현에 대한 설명에 문제가 있는 경우가 있다.

첫째, 교육과정과는 다른 용어를 사용하는 경우가 있는데, '신사고' 교과서(하:33)에서는 높임 표현과 높임법이라는 용어를 사용한다.[19]

둘째, '천재[박]' 교과서(하:51)의 국어 상대 높임 체계에 대한 설명에 문제가 있다. 교과서에서는 '서술형, 의문형, 명령형, 청유형'에 따라서 대표적인 종결 어미를 제시하고 있다. 그런데 제7차 교육과정에 따른 『문법』 교과서(2010:173)에서는 '평서법, 의문법, 명령법, 청유법, 감탄법'에 따라 대표적인 종결 어미의 예를 들고 있다. 즉, '천재[박]'의 교과서에는 '평서법'이 '서술형'으로 제시되어 있고, '감탄법'이 빠져 있다. 그뿐만 아니라 '청유형'의 '하십시오체'에 해당하는 종결 어미로 '-십시다'를 제시하고 있는데, 제7차 교육과정에 따른 『문법』 교과서에는 '가시지요'가 제시되어 있어 차이가 있다. 고영근(1996:356)에서는 "합쇼체[20](현행 학교 문법 용어로는 하십시오체)의 자리에는 '-시지요'가 대용

---

19) 성취 기준 [10-문법-(3)]을 학습하는 단원은 아니지만 '디딤돌' 교과서(상:173)는 높임 표현 대신 '경어 표현'이라는 용어를 사용하고, '지학[방]' 교과서(하:167)에서도 높임법이라는 용어를 사용한다.

20) 제7차 『국어(하)』 '3. 함께 하는 언어 생활'에서도 높임 표현을 다룬다. 그런데 2002년판 교과

되는 일이 많다."라고 설명한다. 그렇지만 〈표준국어대사전〉에는 '-시지요'가 하나의 종결 어미로 등재되어 있지 않다. 이와 달리 서정수(1994:920)에서는 "청유법의 아주높임 형태는 '(으)십시다'가 대표적이며, '시지요'가 대용되는 일이" 많다고 한다. '천재[박]' 교과서의 2012학년도용 '검정도서 수정·보완 대조표'에서는 서술형이 평서형으로 수정되었다. 그러나 감탄형은 추가되지 않았다. 또한 교과서(하:51)에서는 상대 높임법을 '화자'가 '청자'를 높일 때 사용한다고 하는데, 상대 높임법은 화자가 청자가 높이거나 낮출 때 사용한다. 이 부분도 2012학년도용 '검정도서 수정·보완 대조표'에서 수정되었다.

셋째, '해냄' 교과서(하:43)의 높임 표현에 대한 설명도 부정확하다. 교과서에서는 "주체 높임법에서는 주격 조사 '께서'와 어미 '-(으)시'를 통해 서술의 주체를" 높인다고 설명하는데, 정확하게 하자면 선어말 어미 '-(으)시-'를 통해 주체 높임은 실현된다.

6. 성취 기준 [10-문법-(3)] '내용 요소의 예' 반영 분석

지금까지 살펴본 성취 기준 [10-문법-(3)]의 '내용 요소의 예'를 반영하는 검정 교과서를 분석하면 다음과 같다. 〈표 39〉에서 알 수 있는 것처럼 높임 표현을 제외하고는 검정 교과서에 따라 교육과정의 '내용 요소의 예'를 반영하는 정도가 조금씩 다르다. 특히 교과서에 따라 지시 표현과 원근 표현이라는 용어를 사용하고 있으며, '중앙'과 '천재[김대]' 등의 교과서에서는 같은 단원 안에 두 용어를 모두 사용하고 있다. 또한 부정 표현과 사동 및 피동 표현은 교과서에 따라 아예 언급하지 않은 경우도 있다. '텍스트' 교과서의 경우는 '생략 부분 찾기, 시제, 서법' 등 다른 교과서에 없는 부분이나 교육과정에 없는 내용을 '생각 보태기'에서 비중 있게 다루기도 한다. '텍스트' 교과서의 이 부분은 제7차 교육과정의 『국어(하)』에서 다루었던 내용이다.

서(2002:115)의 '알아두기'에는 '하십시오체'를 '합쇼체'라고 한다.

| 표 39 |　성취 기준 [10-문법-(3)]의 '내용 요소의 예' 반영 분석

(○: 교과서 수록, ×: 교과서 미수록, △: 교육과정의 용어를 사용하지 않음.)

	교학	금성	두산	디딤	미래	비상	신사고	중앙	지학[박]	지학[방]	창비	천재[김대]	천재[김종]	천재[박]	텍스트	해냄
앎의 표현	×	×	○	×	×	×	×	×	×	×	×	×	×	×	×	×
지시 표현	○			○	○		○	○		△		○	○		○	
원근 표현	○	○	○		○	○		○	○	△	○	○	○	○		○
부정 표현	○	○	○	×	×	○	○	○	○	△	○	○	○	○	△	○
피동	○	○	○	×	○	○	○	○	○	×	○	○	○	○	×	○
사동	○	○	×	×	○	○	○	○	×	×	○	○	○	○	×	○
높임 표현	○	○	○	○	○	○	○	○	○	△	○	○	○	○	○	○
생략 부분 찾기	×	×	×	×	×	×	×	×	×	×	×	×	×	×	○	×
시제	×	×	×	×	×	×	×	×	×	×	×	×	×	×	○	×
서법	×	×	×	×	×	×	×	×	×	×	×	×	×	×	○	×

7. 언어 자료 문제

2007 개정 교육과정에는 성취 기준 [10-문법-(3)]을 학습하기 위한 언어 자료의 수준과 범위가 제시되어 있다. 검정 교과서 중에서 '금성'과 '천재[박]'의 교과서는 이강백의 희곡 〈결혼〉을 언어 자료로 학습한다. 이강백의 〈결혼〉은 다른 검정 교과서에서 〈문학〉 영역의 성취 기준에 도달하기 위한 언어 자료로도 수록되어 있다. 이 중 성취 기준 [10-문법-(3)]을 학습하는 언어 자료로 '금성' 교과서에 수록된 〈결혼〉은 원문과 너무 다르다. 〈결혼〉을 제재로 수록하고 있는 교과서 중 '금성', '텍스트', '해냄' 등의 교과서는 〈이강백 희곡 전집 1〉(평민사, 2001)을 원문으로 했고, '신사고' 교과서는 〈이강백 희곡 전집 1〉(평민사, 1991)이다. 한편, '천재[박]' 교과서는 '평민사'의 1982년판 〈이강백 희곡 전집

1〉이다.

이 중 '금성'의 교과서는 원문 내용이 완전히 훼손되었다. 대부분의 교과서는 자료 출처를 밝힌 뒤, "학생들의 학습 수준과 수업 목표를 고려하여 그 내용이나 표현을 부분적으로 고치기도" 했음을 밝힌다. 그렇지만 '금성' 교과서에 수록된 〈결혼〉이라는 작품은 원문과 너무 다르다. '금성'의 교과서의 원문 오류는 내용이 많기에 [부록]에서 따로 다루고 여기서는 '천재[박]' 교과서의 오류만 살펴보도록 한다.

〈결혼〉을 교과서에 수록하는 과정에서 띄어쓰기나 맞춤법을 수정한 부분을 제외하고 원문 내용과 다른 부분을 정리하면 다음과 같다. ( ) 안이 원문의 내용이다.

| 표 40 | '천재[박]' 교과서 수록 <결혼>의 원문 비교

쪽/행	교과서 내용(원문 내용)
34/16	하인, 느닷없이 …… 구두를 벗겨간다. (**여자는 몹시 당황한다.**) 남자는 만류하지만……
41/22	여자, 남자와 함께 의자로 돌아간다. 탁상(**의자**) 위에……
42/1-2	이번엔 모자가 탁상(**의자**)에서……여간 다행이 아니로군요.(**다행이군요.**) ……탁상은(**의자는**) 크구요. 만약 탁상이(**의자가**) ……
43/9	하인, 남자에게서(**벗겨낸**) 저고리를 들고 나간다.
43/12	네, 비록 맨발에다 저고리(**윗 저고리**)는
44/3	하인, 돌아와서 두 남녀 앞에(**두 남녀에게**) 우뚝 선다.

이 중에서 41쪽과 42쪽은 의미적으로는 교과서의 내용이 맞다. 아마도 학습자를 위해 수정한 것처럼 보인다. 이에 비해 2001년판을 출처로 하는 '해냄' 교과서는 '의자'와 '탁상'을 모두 '탁자'로 수정했다.

04 성취 기준 [10-문법-(4)] 관련 검정 교과서의 문제

2007 개정 교육과정의 성취 기준 [10-문법-(4)]는 '국어의 로마자 표기법과 외래어 표기법을 알고 정확하게 사용한다.'이다. 그 '내용 요소의 예'에는 국어의 로마자 표기법과 외래어 표기법 알기, 국어의 로마자 표기법과 외래어 표기법에 맞게 사용하기, 국어를 정확하게 표기하려는 태도 기르기 등이 있다. 이 성취 기준을 학습하기 위한 언어 자료는 규범을 지키지 않은 실제 언어 자료나 규범에 관련된 여러 논쟁점을 소개한 글에서부터 학생들이 쉽게 접하는 단어를 자료로 하여 규범에 적용할 수 자료, 학생들 자신의 이름, 주소, 학교 이름 등 국어의 로마자 표기법을 이용하여 표기할 수 있는 자료, 혼란스럽게 사용되는 외래어를 중심으로 외래어 표기법에 맞게 표기할 수 있는 자료 등이다.

그런데 2007 개정 교육과정에 따른 검정 교과서는 성취 기준 [10-문법-(4)]의 '내용 요소의 예'를 반영하는 정도가 다르며, '내용 요소의 예'에 대한 개념도 차이가 있다. 먼저 이 성취 기준의 단원 구성을 정리하면 아래 표와 같다. 성취 기준 [10-문법-(4)]의 단원 구성의 특징은 주로 성취 기준 [10-문법-(2)]와 함께 대단원을 이루고 있다는 점이다. 이는 교육과정에서 제시한 내용별 연계성 때문이다. 단, '교학'의 교과서는 [10-문법-(2)]와 〈읽기〉 영역으로 대단원을 구성하고 있으며, '디딤돌' 교과서는 성취 기준 [10-문법-(5)], 성취 기준 [10-문법-(2)]와 함께 대단원을 구성한다. '천재[박]'의 교과서는 〈읽기〉 영역과 함께 대단원을 구성하며, '텍스트' 교과서는 〈듣기〉, 〈문학〉 영역과 함께 대단원을 구성하고 있다.

| 표 41 | 성취 기준 [10-문법-(4)] 단원 구성

교과서	단원 구성
교학(상)	'2. 생활과 규약', '(3) 국어 규범의 실천'
금성(상)	'7. 우리말의 규범', '(2) 외래어 표기법과 국어의 로마자 표기법'
두산(상)	'5. 올바른 언어생활', '(2) 문명 사회로 나아가는 문자 생활'
디딤돌(상)	'5. 우리말, 우리글 톺아보기', '(2) 우리말의 음운 규칙'
미래(하)	'3. 우리말의 모습', '(2) 외래어 표기법과 국어의 로마자 표기법'
비상(하)	'6. 우리말의 규칙과 규범', '(2) 로마자 표기법과 외래어 표기법'
신사고(상)	'5. 국어 지킴이', '(2) 외래어, 로마자를 바르게 쓰는 법'
중앙(상)	'4. 정확한 언어생활', '2. 외래어를 한글로, 국어를 로마자로'
지학[박](상)	'7. 바른 국어 생활', '(2) 외래어 표기법과 로마자 표기법'
지학[방](상)	'4. 정확한 발음', '02 외래어 표기법과 국어의 로마자 표기법
창비(상)	'5. 생활 속의 국어', '[2] 국어의 로마자 표기와 외래어 표기'
천재[김대](상)	'4. 발음과 표기의 탐구', '03. 국어와 세계의 만남'
천재[김종](상)	'3. 올바른 국어 생활', '(2) 국어의 로마자 표기법과 외래어 표기법'
천재[박](하)	'6. 매체와 소통', '(2) 세계와 소통하기'
텍스트(하)	'Ⅳ. 삶과 규칙', '02 로마자와 외래어 읽고 쓰기'
해냄(상)	'5. 국어, 바르게 읽고 쓰기', '(2) 로마자 표기법과 외래어 표기법'

1. 국어의 로마자 표기법

여기서는 국어의 로마자 표기법을 다루는 검정 교과서들에 나타난 문제를 국어의 로마자 표기의 차이, 내용 기술 문제, 용어 사용 문제로 나누어 살펴보자.

1) 국어의 로마자 표기 문제

국어의 로마자 표기가 교과서마다 차이가 나는 경우나 오류가 있는 경우가 있다. 국어를 로마자로 표기하는 방법에는 전자법(轉字法, transliteration)과 전음법(轉寫法, transcription)이 있다. 이 중 전자법은 실제의 음운 변화와 관계없이 로마자로 표기할 글자의 형태를 고정하는 방법으로 로마자로 표기할 언어의 형태를 쉽게 환원시킬 수 있지만 실제 발음과 차이가 있다. 이에 비해 전음법은 실제 발음은 잘 나타내지만 로마자로 표기된 언어의 철자로 환원시키기 어렵다는 문제가 있다. 현행 국어의 로마자 표기법은 국어의 표준 발음을 따라 적는 것을 원칙으로 하므로 전음법을 따르고 있다.

그런데 일부 검정 교과서는 국어의 로마자 표기 방법 중 전자법 표기가 다른 경우가 있는데, '독립문', '속리산', '신라' 등이다. 먼저 '독립문'의 전자법 표기를 언급하고 있는 교과서들의 표기를 비교하면 다음과 같다.

| 표 42 | '독립문' 의 전자법 표기 비교

표기	교과서	교과서 설명
Doklibmun	제7차 고등학교 『문법』(2010:269)	전자법
Doklipmun	교학(상:108)	표기
Doglibmun	두산(상:228)	한글 표기대로 로마자화
	미래(하:120)	그 원형이 유지되게
	지학[박](상:248)	전자법

제7차 고등학교 『문법』 교과서와 '지학[박]' 교과서에서만 전자법이라는 용어를 사용하고 다른 검정 교과서들은 전자법과 비슷한 표현을 하고 있다. 예를 들어 '교학'의 교과서(상:108)는 "독립문이라는 의미가 제대로 전달"되게 하기 위해서는 'Doklipmun'으로 표기한다고 한다. 한편, '미래'의 교과서에서는 '독립문'의 전자법 표기로 'Doglibmun', 'Dogribmun' 두 가지를 예로 들고 있다.

'독립문'의 전자법 표기와 관련된 내용이 국립국어원 홈페이지의 '온라인 가나다'에 실려 있다.

답변 제목 : 전자법 규정 (로마자)
작성자 국립국어원 답변일자 2007.11.30.
작성자 : 이수연

안녕하십니까?

지난 번 답변의 핵심은 고유 명사인 '독립문'의 로마자 표기를 임의대로 할 수 없다는 것입니다. 〈로마자 표기법〉 제8항 "학술 연구 논문 등 특수 분야에서 한글 복원을 전제로 표기할 경우에는 한글 표기를 대상으로 적는다."라는 조항에서 명시하고 있는 '학술 연구 논문 등 특수 분야'에 고유 명사인 '독립문'을 표기할 가능성은, 단정 지어 말씀 드릴 수는 없지만, 거의 없지 않을까 생각합니다.

또한 제8항에서 제시하고 있는 예들을 보아도 알 수 있듯이, 제8항에서 설명하고 있는 전자법의 예들은 고유 명사와는 달리 모두 소문자로 시작하는 일반 단어들입니다. 따라서 고유 명사인 '독립문' 표기를 예로 들어 전자법과 전음법 규정을 설명하는 것은 적절해 보이지는 않습니다.

이제 다시 질문을 해 주셨으니 '독립문'이 고유 명사라는 점은 일단 두고, 문의하시는 내용의 핵심인 로마자 표기법의 '전자법' 규정에만 초점을 맞추어, '독립문'이 일반 명사로 학술 연구 논문 등 특수 분야에서 사용될 때 전자법 규정에 따라 그 표기가 어떻게 될까를 생각해 보겠습니다.

말씀하신 대로 〈로마자 표기법〉 제8항의 설명 " 'ㄱ, ㄷ, ㅂ, ㄹ'은 'g, d, b, l'로만 적는다."와 그 아래 제시하고 있는 예들 중 '독립'의 표기 'doglib'을 고려하면, '독립문'의 전자법 규정에 따른 표기는 마땅히 'doglibmun'이 될 것입니다.

국어 어문 규정을 주관하는 국립국어원의 입장에 따르면 제7차 고등학교 『문법』 교과서와 '교학' 교과서의 설명이 틀렸다. 이는 제7차 교육과정의 『문법』 교사용 지도서(2010:313)에 있는 '신라'와 '속리산'의 전자법 표기를 통해서도 유추할 수 있다. 교사용 지도서에서는 '신라'와 '속리산'을 전자법으로 표기하면 'Sinla'와 'Soglisan'이 된다고 한다. 따라서 국어의 로마자 표기법 제8항에 따라 'Doglibmun'으로 표기해야 한다.

'속리산'을 전자법에 따라 적는 방식도 교과서마다 조금씩 다르다.

| 표 43 | '속리산'의 전자법 표기 비교

표기	교과서	교과서 설명
Soklisan	두산(상:206)	
	천재[김종](상:114)	전자법, 글자 그대로 표기
Soglisan	지학[박](상:248)	전자법
	텍스트(하:169)	전자법
Sokrisan	지학[방](상:156)	한글 맞춤법에 따라

'두산'의 교과서는 "존은 왜 '속리산'을 '속리산(Soklisan)'으로 적지 않고, '송니산(Songnisan)'으로" 적었다는 활동에서 유추한 것이다. 위 표에서 알 수 있듯이 '속'의 'ㄱ'을 '지학[박]'의 교과서와 '텍스트'의 교과서는 'g'로 적고 나머지는 교과서는 'k'로 적고 있다. 그리고 '지학[방]'의 교과서에서는 '속리산'의 'ㄹ'을 'r'로 표기했고, 나머지 교과서는 'l'로 표기했다. '속리산'의 전자법 표기는 '독립문'의 전자법 표기에서 유추할 수 있다. 즉, "학술 연구 논문 등 특수 분야에서 한글 복원을 전제로 표기할 경우에는 한글 표기를 대상으로 적는다." 라는 국어의 로마자 표기법 제8항을 참조해야 한다. 그래서 "'ㄱ, ㄷ, ㅂ, ㄹ'은 'g, d, b, l'로만 적는다."를 적용하면 'Soglisan'이 되어야 할 것이다. 한편, '지학[방]' 교과서에서는 '한글 맞춤법에 따라' 적는다고 하는데, 무슨 의미인지 알 수 없다. 국어의 로마자 표기법은 국어를 로마자로 적는 방법을 말하는데, 한글 맞춤법은 관계가 없다. 제7차 교육과정의 『문법』 교과서의 교사용 지도서(2010:313)에서는 '속리산'의 전자법 표기를 'Soglisan'으로 한다.

'신라'의 전자법 표기도 교과서에 따라 다르다.

| 표 44 | '신라'의 전자법 표기 비교

표기	교과서	교과서 기술
Sinla	금성(상:250)	글자 중심 표기법
	지학[방](상:156)	한글 맞춤법에 따라
Sinra	디딤돌(상:220)	[실라]로 발음되는 '신라'는 Sinra, Silla로 적는다.
	비상(하:252)	한글 표기대로 적는 전자법

'금성'과 '지학[방]'의 교과서는 앞에서 말한 국어의 로마자 표기법 제8항을 적용시킨 표기이다. 이에 비해 '디딤돌'과 '비상' 교과서의 표기는 국어의 로마자 표기법 제2항 [붙임 2]인 " 'ㄹ'은 모음 앞에서는 'r'로, 자음 앞이나 어말에서는 'l'로 적는다. 단, 'ㄹㄹ'은 'll'로 적는다."라는 규정을 적용시킨 것이다. 그런데 전자법에 따르면 'Sinla'가 맞는 표기이다. 한편, '미래'의 교과서(하:120)는 'Sinla', 'Sinra'를 전자법 표기의 예로 들고 있다. 제7차 교육과정의 『문법』 교사용 지도서(2010:313)에서는 '신라'의 전자법 표기를 'Sinla'로 한다.

한편, '창비' 교과서(상:187)에서는 '한라산'을 글자 그대로 적으면, 즉 전자법에 따라 표기하면 'Hanrasan'이라고 한다. 이 표기도 국어의 로마자 표기법 제2항의 [붙임 2]를 따른 것이다.

또한 국어의 로마자 표기에 오류가 있는 경우가 있다. '미래' 교과서(하:119)의 학습 활동 중에는 "다음 내용을 참고하여 집 주소를 로마자로 표기해" 보는 활동이 있다. 여기서는 '산동면'의 로마자 표기를 'Sangdong-myeon'으로 표기하고 있다. 그런데 'Sangdong-myeon'은 우리말로 옮기면 '산동면'이 아니라 '상동면'이 된다. '산동면'을 국어의 로마자 표기법에 맞게 표기하면 'Sandong-myeon'이다. '산동면'을 '상동면'으로 바꾸든지 아니면 'Sangdong-myeon'을 'Sandong-myeon'으로 바꾸어야 한다. 그런데 이 부분의 오류는 2012학년도용 '검정도서 수정·보완 대조표'에서 'Sandong-myeon'으로 수정되었다.

2) 내용 문제

여기서는 검정 교과서에 기술된 국어의 로마자 표기법에 대한 내용 문제를 표기 오류와 음운 변동 현상에 대한 설명 문제 등으로 나누어 살펴본다.

첫째, 표기의 오류이다. '교학' 교과서(하:102)에서는 'ㄹ'은 모음 앞에서는 'r'로, 자음 앞이나 어말에서는 'ㅣ'로 적는다고 한다. 그러나 이때는 'ㅣ'가 아니라 'l' 로 표기되어야 한다. 또한 "단, 'ㄹ, ㄹ'은 'll'로 적는다." 도 'ㄹㄹ' 이 되어야 한다. 'ㅣ'로 표기된 부분은 2012학년도용 '검정도서 수정·보완 대조표'에 의해 'l'로 수정되었다.

둘째, '금성' 교과서(상:250)의 'ㄴ' 첨가 현상에 대한 설명이다. 교과서에서는 'ㄴ' 첨가 현상을 합성어에서 앞의 말이 모음으로 끝나고 뒤의 말이 'ㅁ, ㄴ'으로 시작하거나 앞 말의 음운과 관계없이 뒤의 말이 모음 'ㅣ'나 반모음 'ǐ'로 시작될 때 'ㄴ'이 첨가되는 현상이라고 설명한다. 그리고 그 예로 '잇몸(잇+몸)→[인몸]'과 '콩+엿→[콩녇]'을 들고 있다. 그런데 'ㄴ' 첨가 현상은 합성어에서만 일어나지 않고, 파생어에서도 일어난다. 표준어 규정 제29항은 "합성어 및 파생어에서, 앞 단어나 접두사의 끝이 자음이고 뒤 단어나 접미사의 첫음절이 '이, 야, 여, 요, 유'인 경우에는, 'ㄴ' 음을 첨가하여 [니, 냐, 녀, 뇨, 뉴]로 발음한다."이다. 'ㄴ'이 첨가되기 위해서는 뒤의 말이 'ㅣ' 모음이나 반모음 'ǐ'로 시작되어야 한다.

셋째, 국어의 로마자 표기와 음운 변화 결과에 대한 설명의 문제이다. 현행 국어의 로마자 표기법은 음운 변화가 일어날 때에는 변화의 결과를 표기에 반영하는데, 이에 대한 검정 교과서의 설명에 문제가 있다. '미래' 교과서(상:117)에서는 "비음화, 구개음화와 같은 동화나 첨가, 축약 등을 모두 표기에 반영한다."라고 설명한다. 하지만 교과서에도 설명되어 있듯이 국어의 로마자 표기법 '제3장 표기상의 유의점' 제1항 4의 '다만'에 의해 축약 현상의 하나인 거센소리되기 중 체언에서 일어나는 거센소리되기는 표기에 반영하지 않는다. 거센소리되기와 관련된 문제는 '해냄'의 교과서(상:220)에서도 발견된다. [로마자 표기법의 주요 원칙] 중에 "한글 표기와 발음이 다른 경우로 거센소리되기와 된소리되기가 있지만, 이들은 발음대로 적지 않고 한글 표기대로 적는다."라고 한다. 그런데 국어의 로마자 표기법 '제3장 표기상의 유의점' 제1항 4는 "'ㄱ, ㄷ, ㅂ, ㅈ'이 'ㅎ'과 합하여 거센소리로 나는 경우"는 표기에 반영하고 있다. '다만' 체언에서의 거센소리되기를 표기에 반영하지 않을 뿐이다. 그런데 '선생님 강의용'이라는 강의용 교과서 샘플에서는 용언의 어간과 어미가 결합할 때, 거센소리가 나는 경우는 표기에 반영한다고 되어 있다. 또한 '비상' 교과서(하:252)에서는 "체언에서는 거센소리되기와 된소리되기를 표기에 반영하지 않는다."라고 기술하고 있다. 국어의 로마자 표기법 '제3장 표기상의 유의점' 4의 [붙임]은 "된소리되기는 표기에 반영하지 않는다."인데, 그 용례를 체언만 제시하고 있다. 그런데 이 규정을 체언에 국한시킨다는 내용은 어디에도 없다. 이는 체언에만 국한된 것이 아니다. 이런 기술은 마치 용언의 활용형의 경우에는 된소리되기를 표기에 반영한다는 해석을 낳을 수 있다.

넷째, 국어의 로마자 표기법과 다른 설명이 있다. '텍스트' 교과서(하:168)에서는 "'ㄱ, ㄷ, ㅂ, ㅈ'을 모음 앞에서는 'g, d, b, j'로, 자음 앞이나 단어 끝에서는 'k, t, p'로 통일했다." 라고 한다. 국어의 로마자 표기법 제2항의 [붙임 1]은 "'ㄱ, ㄷ, ㅂ'은 모음 앞에서는 'g, d, b', 자음이나 어말에서는 'k, t, p'로 적는다."로 'j'에 대한 설명은 없다. 물론 교과서의 설명을 보면 't'가 나와 있기에 문제가 되지 않을 수도 있다. 그렇더라도 음절의 끝에서 't'로 소리 나는 'ㅅ, ㅆ, ㅊ, ㅌ' 등도 언급해야 한다.

3) 용어 사용 문제

대부분의 검정 교과서에서 국어의 로마자 표기법과 로마자 표기법이라는 용어를 혼동해서 사용하고 있다. 교육과정평가원 홈페이지에 탑재된 2010년 교과용도서 검정 고등학교 국어 〈수정·보완대조표〉를 보면, 이 두 용어를 통일하려는 시도가 있었던 것으로 보이지만 일부만 수정한 것을 알 수 있다. '금성' 『국어(상)』에 대한 〈수정보완권고서에 의한 수정사항〉(일련 번호57), '중앙' 『국어(상)』에 대한 〈수정보완권고서에 의한 수정사항〉(일련 번호 90)에서 '로마자 표기법'으로 된 것을 '국어의 로마자 표기법'으로 수정할 것을 권고했고, 출판사도 이에 따라 수정했다.

쪽	줄	심사본 내용	수정·보완 권고 사항	수정·보완	수정·보완	비고 (정정요구자)
195	3	'로마자 표기법'	'국어의 로마자 표기법'	국어의 로마자 표기법	정확한 내용으로 수정하고 통일성을 고려하여 작은따옴표를 없앰.	검정심의회
187	6	로마자 표기법		국어의 로마자 표기법	통일성 고려해 수정	자체수정
199	1, 2	'외래어 표기법'…'로마자 표기법'에 맞게		외래어 표기법…국어의 로마자 표기법에 맞게	문장 부호	자체수정

그런데 '비상'의 교과서는 '로마자 표기법'이라는 용어만 사용하고, 많은 교과서들은 이 두 용어를 혼란스럽게 사용하고 있다. '창비' 교과서는 '로마자 표기법'과 '국어의 로마자 표기법'을 혼동해서 쓰고 있다. 2010년 교과용도서 검정 고등학교 국어 〈수정·보완대조표〉를 보면 '창비' 교과서에 대해서는 수정 권고가 있지만 '비상' 교과서에 대해서는 수정 권고가 없다. 이를 정리하면 다음과 같다.

| 표 45 | 검정 교과서의 '국어의 로마자 표기법' 용어 비교

교과서	용 어	출 처
금성	국어의 로마자 표기법	상 : 248, 250 등
	국어 로마자 표기법	상 : 253
두산	국어의 로마자 표기법	상 : 205, 222, 223, 228 등
	로마자 표기법	상 : 204, 228, 231
미래	국어의 로마자 표기법	하 : 112, 113, 116 등
	로마자 표기법	하 : 117, 122
신사고	국어의 로마자 표기법	상 : 181, 187 등
	로마자 표기법	상 : 209
중앙	국어의 로마자 표기법	상 : 188
	로마자 표기법	상 : 176, 185, 188, 189 등
지학[박]	국어의 로마자 표기법	상 : 247, 248, 252 등
	로마자 표기법	상 : 222, 223, 247 등
	'로마자 표기법'	상 : 187
창비	국어의 로마자 표기법	상 : 187, 195, 196, 199 등
	로마자 표기법	상 : 187, 188, 194, 200, 201
텍스트	국어의 로마자 표기법	하 : 147, 163, 165, 176
	'국어의 로마자 표기법'	하 : 164, 167
	로마자 표기법	하 : 164, 165, 166, 168 등
	'로마자 표기법'	하 : 164
해냄	국어의 로마자 표기법	상 : 202, 216, 217
	로마자 표기법	상 : 202, 216, 217, 219 등

이 중 '해냄' 교과서는 '단원 한눈에 보기'(상 : 203)에서 '로마자·외래어 표기법'이라는 용어를 사용하기도 한다. 이와 비슷한 용어는 '금성' 교과서에서도 사용되었다. '금성'의 『국어』(상)에 대한 〈자체 수정의 의한 수정사항〉(일련번호 1)을 보면 '외래어·로마자 표기법'을 '외래어 표기법과 국어의 로마자 표

기법'으로 수정했던 것과 비교된다.

둘째, 학교 문법과 다른 용어를 사용하는 교과서가 있다. '두산'의 교과서에서는 '된소리화(경음화)'라는 생소한 용어를 사용하고 있으며, 국어의 로마자 표기법 '제3장 표기상의 유의점' 제3항과 제4항과 제4항의 (1), 제7항을 묶어 '다. 고유명의 표기'라는 소제목으로 재정리하고 있다. '다. 고유명의 표기'라는 소제목을 검정심의회의 〈수정보완권고서에 의한 수정사항〉에서 '다. 고유명사의 표기'로 수정·권고했지만 다음과 같은 이유를 들어 반영하지 않았다.

> '다'항에 포함된 것들 중에는 고유명사라고 보기 어려운 것도 있음. 가령, '다'항의 4번째 항목인 '인명, 회사명, 단체명 등은 그동안 써 온 표기를 쓸 수 있다.'라고 하였는데, 여기에서 단체명은 더러 고유명사와 같은 단어로 된 것도 있지만 그 이상의 단위로 된 것도 있기 때문임.(예: '노래를 사랑하는 모임', '국경 없는 의사회', '경인 지역 출신 자전거 동호회' 등) '고유명'은 단어 차원의 명칭을 포함하여 그 이상의 단위도 포괄할 수 있는 명칭이므로 '고유명사'보다는 '고유명'이라고 하는 것이 더 바람직하다고 판단함.

하지만 학교 문법에서 사용하는 일반적인 문법 용어 대신 낯선 용어를 사용하는 것은 학습자들에게 부담을 줄 수 있다.[21]

셋째, 표준 발음을 표시할 때 장모음을 표시하지 않은 경우가 있다. '신사고' 교과서(상:207)에서 국어의 로마자 표기법을 학습하는 단어 중 '좋고'의 발음 [조코]에 장모음을 표시하지 않았다. 물론 국어의 로마자 표기법 제2장 표기 일람, 제1항의 [붙임 2]에서는 "장모음의 표기는 따로 하지 않는다."라고 하기에 중요하지 않다. 그러나 '샛별'의 발음을 [새:뼐/샏:뼐]로 제시했다면 '좋고' 역시 [조코]가 아닌 [조:코]가 되어야 한다.

넷째, 소단원 제목 문제이다. '신사고' 교과서에서 성취 기준 [10-문법-(4)]를 학습하는 소단원의 제목은 '(2) 외래어, 로마자를 바르게 쓰는 법'이다. 그러나 성취 기준 [10-문법-(4)]는 국어를 로마자로 바르게 표기하는 방법을 학습하는

21) '두산' 교과서(상:213)는 이 외에도 'ㅣ' 모음 동화라는 용어를 사용하기도 한다. 'ㅣ' 모음 동화는 '전설 모음화'라고도 부른다. 이 음운 변동 현상을 학교 문법에서는 전통적으로 'ㅣ' 모음 역행 동화라고 한다.(이문규:2011, 220)

것이다. 따라서 '로마자를 바르게 쓰는 법'이 아니라 '국어를 로마자로 바르게 쓰는 법'이 되어야 한다.

2. 외래어 표기법

여기서는 16종 검정 교과서의 외래어 표기법에 대한 설명 중 문제가 되는 것들을 내용 문제, 용어 사용 문제, 발음 표시 문제 등으로 나누어 살펴보자.

1) 내용 문제

여기서는 16종 검정 교과서에 기술된 외래어 표기법과 관련된 내용 문제를 음운 변동 현상과 음운 구별 문제, 외래어 표기법 제1항의 해설 문제, 외래어 표기법 설명 문제 등으로 나누어 살펴보았다.

첫째, 된소리되기와 된소리 즉, 음운 변동 현상과 음운을 구별하지 못하는 경우이다. '디딤돌' 교과서 '꼭 알아두기'(상:221)의 '된소리되기와 외래어 표기법'에서는 "된소리되기는 표기에 반영되지 않는다. 이는 국어의 로마자 표기법에서도 마찬가지이다."라고 되어 있다. 교과서의 이런 설명은 국어의 로마자 표기법에는 맞는 설명이다. 그런데 외래어 표기법은 외국어에서 빌어다가 쓰는 국어의 일부인 외래어를 우리말로 표기하는 방법을 규정한 것이다. 외래어 중에는 무성 파열음이 국어의 거센소리에 가까운 것도 있고, 된소리에 가까운 것도 있다. 이 무성 파열음을 언어에 따라 거센소리로 적거나 된소리로 적는 것은 불합리한 부담을 가중시킬 수 있다. 그래서 외래어 표기법의 기본 원칙 제4항에서 "파열음 표기에는 된소리를 쓰지 않는 것을 원칙으로 한다."라고 규정한 것이다. 즉, 외래어 표기법에서는 된소리를 원칙적으로 표기하지 않는다는 것이다. 이에 비해 된소리되기는 국어의 음운 변동 현상 중의 하나로 된소리가 아닌 소리가 된소리로 발음되는 현상이기에 서로 다른 차원이다.

둘째, 외래어 표기법 제1항인 "외래어는 국어의 현용 24자모만으로 적는다."에 대한 해석이다. '비상' 교과서(하:254)에서는 "이 규정은 외래어는 한글로만 적는다는 의미이다."로 설명하고 있다. 이에 비해 외래어 표기법 제1항의 해석을 보면 국어의 현용 24자모 외에 특별한 글자나 기호를 만들어서까지 그 원음을 충실하게 표기하지 않겠다는 의미로 설명한다. 그뿐만 아니라 제7차 교육과정에 따른 『문법』 교과서(2010:265)와 '금성'(상:248), '미래'(하:113), '신사고'(상:199), '지학[박]'(상:242), '중앙'(상:177), '창비'(상:190), '천재[김 대]'(상:187), '천재[박]'(하:253), '텍스트'(하:171) 등의 교과서에서는 우리말에 없는 외국어 발음을 적기 위해 별도의 문자를 만들거나 옛 한글 자모를 사용하지 않는다는 의미로 풀이하고 있다. 그리고 외래어는 외국어에서 빌어다가 국어의 일부로 쓰는 말이기에 당연히 한글로 적지 무슨 말로 적는다는 말인가.

셋째, '신사고' 교과서(상:212)의 '통합적으로 정리하기', '(2) 외래어, 로마자를 바르게 쓰는 법'의 설명에도 문제가 있다. 외래어 표기법을 보면 '파열음은 된소리로 표기하지 않는다.'라고 기술하고 있다. 하지만 파열음 중에는 외래어 표기법의 기본 원칙 제5항에 따라 '껌, 빨치산, 삐라, 짬뽕, 히로뽕' 등은 된소리를 표기하는 경우가 있기에 '원칙으로 한다.'라는 조건을 넣어서 기술해야 정확하다.

넷째, 외래어 표기법 규정을 불명확하게 설명한 경우가 있다. '지학[방]' 교과서(상:157)에서는 "모음과 비음 앞의 [l] 소리는 'ㄹㄹ'로 적는다."라고 설명한다. 또한 '창비'의 교과서(상:191)에서도 영어의 [l] 발음은 어말이나 자음 앞에서는 받침 'ㄹ'로 적으며, 모음 앞에서는 'ㄹㄹ'로 적는다는 규정이 있다고 설명한다. 그러나 외래어 표기법 '제3장 표기 세칙, 제1절 영어의 표기, 제6항 3)'은 "어중의 [l]이 모음 앞에 오거나, 모음이 따르지 않는 비음([m], [n]) 앞에 올 때에는 'ㄹㄹ'로 적는다. 다만, 비음([m], [n]) 뒤의 [l]은 모음 앞에 오더라도 'ㄹ'로 적는다."이다. 즉, '창비' 교과서의 설명대로라면 [l]이 모음 앞에 오는 모든 경우에 'ㄹㄹ'로 적을 수 있다고 해석될 수 있다. 그렇게 되면 'lighter[láitər]'의 외래어 표기도 'ㄹㄹ'로 적을 수 있다. 또한 규정에서도 알 수 있듯이 "비음([m], [n]) 뒤의 [l]은 모음 앞에 오더라도 'ㄹ'로" 적어야 한다. 이에 비해 '두산' 교과서(상:226)에서는 'Hamlet[hæmlit] 햄릿', 'Henley[henli] 헨리'를 예로 들어 이 규정을 설명하고 있다.

2) 그 밖의 문제

여기서는 성취 기준 [10-문법-(4)]의 내용 중에서 외래어 표기법과 관련된 검정 교과서의 문제 중 유형 분류가 어려운 것들을 정리한다.

첫째, 외래어 표기법에 대한 학습 활동의 문제가 있는 경우이다. '천재[박]' 교과서의 학습 활동 중 '목표 학습'(하:259)에 있는 활동을 살펴보자.

(2) 잘못된 표기를 바르게 고쳐 써 보자. 그리고 그렇게 고친 이유에 해당하는 규칙과 연결해 보자.

잘못된 표기	바른 표기
북(book)	
캐쉬(cash)	
싸인(sign)	

해당 규칙
파열음 표기에는 된소리를 쓰지 않는 것을 원칙으로 한다.
어말의 [ʃ]는 '시'로 적고, 자음 앞의 [ʃ]는 '슈'로 적는다.
받침에는 'ㄱ, ㄴ, ㄹ, ㅁ, ㅂ, ㅅ, ㅇ'만을 쓴다.

이 활동은 해당하는 정답이 없다. '싸인(sign)'은 잘못된 표기인데, 연결할 해당 규칙은 아마도 "파열음 표기에는 된소리를 쓰지 않는 것을 원칙으로 한다." 일 것이다. 그런데 'ㅆ'은 파열음이 아니다. '천재[박]'의 교사용 교과서(하:259)나 교사용 지도서(하:341)도 정답을 잘못 설명하고 있다.

둘째, '국어의 외래어 표기법'이라는 용어를 사용하는 경우가 있다. '신사고' 교과서(상:197)의 '이 단원의 목표'에서는 '국어의 외래어 표기법'이라는 용어를 사용하는데, 이는 적절한 용어가 아니다. '국어의 로마자 표기법'은 국어를 로마자로 표기하는 방법이라는 의미이다. 따라서 '국어의 외래어 표기법'은 외래어 표기법이라는 용어가 맞다. 실제로 교과서의 다른 부분에서는 외래어 표기법이라는 용어를 사용하고 있다. '중앙' 교과서(상:182)에서도 '국어의 외래어 표기법'이라는 용어를 사용하고 있다.

셋째, 발음에 대한 정보가 없다는 문제점이다. 외래어를 정확하게 표기하려면 발음에 대한 정보가 있어야 가능하다. 실제 '비상' 교과서(하:253)에서는 "외래어를 우리말 표기로 바꿀 때에는 그 외래어의 본래 발음을 참고해야 한다." 라고 설명하고 있으며, '지학[방]'의 교과서(상:157)에서도 "외래어 모음 표기는 순전히 발음에 의존해서 결정되므로 발음 기호를 확인한 후 그에 따라 외래어 표기법을 적용해야 한다."라고 밝히고 있다. 하지만 이 두 교과서도 발음 정보를 제시하지 않고 있다. '교학', '신사고', '천재[박]' 등의 일부 교과서에서는 발음 정보를 제시하지만 대다수의 교과서가 발음 정보를 제시하지 않고 있다. 제7차 고등학교 『문법』 교과서도 외래어 표기법을 설명할 때 발음 정보를 제시하지 않고 있다.

넷째, 표기 규정에 관한 설명 문제이다. '교학'의 교과서(상:100)에는 "4대 언어 규범인 한글 맞춤법, 표준어 규정, 국어의 로마자 표기법, 외래어 표기법 중 국어의 로마자 표기법과 외래어 표기법은 표기에 관한 언어 규범"이라고 설명되어 있다. 그런데 한글 맞춤법 역시 표기에 관한 언어 규범이며, 표준어 규정 중에 표준 발음법을 제외한 부분 역시 표기와 관련이 있다.

다섯째, 발음을 나타내는 기호 [ ]를 사용하지 않은 경우가 있다. '두산'의 교과서(상:225)에서는 영어의 표기 방식을 설명하고 있다. 여기서 자음 'ts, dz' 등은 발음이기에 [ ]로 나타내야 한다. 그 아래에서는 비음 [m], [n]을 표기할 때는 'ㅁ, ㅇ'으로 한다는 형식으로 나타내고 있다.

05 성취 기준 [10-문법-(5)] 관련 검정 교과서의 문제

2007 개정 교육과정의 성취 기준 [10-문법-(5)]는 '한글의 창제 원리와 한글의 독창성을 안다.'이다. 성취 기준 [10-문법-(5)]의 단원 구성을 정리하면 다음과 같다.

| 표 46 | 성취 기준 [10-문법-(5)] 단원 구성

교과서	단원 구성
교학(하)	'1, 국어의 역사, (2) 한글의 독창성'
금성(상)	'3. 자랑스러운 한글', '(1) 한글의 창제 원리', '(2) 한글의 우수성'
두산(하)	'4. 우리말이 걸어온 길', '(2) 한글의 창제 원리와 우수성'
디딤돌(상)	'5. 우리말, 우리글 톺아보기', '(1) 훈민정음의 창제'
미래(상)	'3. 우리말 우리글', '(2) 훈민정음'
비상(상)	'5. 우리의 말과 글', '(2) 훈민정음', '(3) 한글의 현재와 미래'
신사고(하)	'6. 국어가 걸어온 길', '(1) 국어의 탄생'
중앙(하)	'4. 우리말 우리글', '2. 한글 창제의 원리'
지학[박](하)	'7. 말의 길, 글의 힘', '(2) 자랑스러운 유산, 한글'
지학[방](하)	'1. 우리말의 발자취', '2. 중세 국어'
창비(하)	'5. 우리말이 걸어온 길', '[1] 우리의 자랑, 한글'
천재[김대](하)	'5. 국어 생활의 역사적 흐름', '02 중세의 국어 생활'
천재[김종](하)	'2. 국어의 옛 모습', '(2) 한글 창제의 원리'
천재[박](상)	'3. 우리말과 글의 역사', '(2) 한글의 독창성'
텍스트(하)	'Ⅱ. 우리말 우리글', '02 훈민정음의 창제 원리'
해냄(하)	'6. 우리의 말과 글', '(1) 한글의 특징과 창제 원리'

위 표에서 알 수 있는 것처럼 성취 기준 [10-문법-(5)]는 주로 성취 기준 [10-문법-(1)]과 함께 단원을 구성하고 있는데, 이는 교육과정에서 제시한 내용별 연계성과 언어 자료의 유사성 때문이다. 이런 내용별 연계성과 언어 자료의 유사성

때문에 '지학[방]'의 교과서는 성취 기준 [10-문법-(5)]를 독립된 단원이 아니라 성취 기준 [10-문법-(1)]을 학습하는 소단원 '(2) 중세 국어'에서 학습하도록 구성되어 있다. 또한 '천재[김대]'의 교과서도 성취 기준 [10-문법-(5)]를 독립된 단원으로 구성하지 않고, 성취 기준 [10-문법-(1)]을 학습하는 소단원 '02 중세의 국어 생활'에서 학습하도록 되어 있다. 이에 비해 '금성' 교과서의 경우 이 성취 기준만으로 독립된 대단원을 구성하고 있다. 한편, '신사고' 교과서는 성취 기준 [10-문법-(5)]를 '6. 국어가 걸어온 길' 소단원 '(1) 국어의 탄생'에서 학습하는데, 성취 기준과 소단원 제목이 어울리지 않는다. 소단원의 제목인 '국어의 탄생'은 말 그대로 우리말의 탄생과 관련된 것인데, 이 소단원에서 이와 관련된 내용은 없다. 더군다나 '활동 2'는 한글의 창제와 관련된 것이다. 이 외에도 성취 기준 [10-문법-(5)]와 관련된 문제점으로는 한글의 창제 원리에 대한 설명의 차이와 언어 자료의 문제 등이 있다. 이를 내용 문제와 언어 자료의 문제로 나누어 살펴보자.

1. 내용 문제

성취 기준 [10-문법-(5)]를 다루는 검정 교과서들의 문제점을 소리와 글자의 혼동 문제, 훈민정음 자음 글자와 모음 글자의 제자 원리에 대한 설명 문제, 훈민정음 창제 당시 글자에 대한 설명 문제, 우리말 음절의 수에 대한 설명 문제 등으로 나누어 살펴보자.

1) 소리와 글자의 혼동

'훈민정음'은 우리말을 표기하는 문자 체계이다. 즉, 눈으로 볼 수 없는 소리를 '훈민정음'이라는 문자 체계로 시각화한 것이다. 그런데 대부분의 검정 교과서에서는 소리와 글자를 혼동하고 있다. 즉, 자음과 모음은 소리이며, 이것을 나타내는 문자는 자음 글자(자음자, 초성자), 모음 글자(모음자, 중성자) 등으로 표현되어야 한다. 이는 성취 기준 [10-문법-(1)]을 다루는 단원에서도 발생했던 문제이다.

'교학'의 교과서(하:42)에서는 "이 다섯 글자를 기본으로 획을 더하여 다른 자음들을 만들었다."라고 한다. 그런데 다른 부분(하:40)에서는 "훈민정음의 기본이 되는 글자는 'ㄱ, ㄴ, ㅁ, ㅅ, ㅇ' 다섯 개의 초성자(初聲字)"라 하고 있다. '금성'의 교과서(하:103)는 "자음은 아래 그림과 같이 발음 기관의 모양이나 발음 작용을 본떠 만들었다."라고 설명하고 있으며, '두산'의 교과서(하:180)는 "발음 기관과 천·지·인을 본떠 자음과 모음을 만들었다."라고 설명한다. 이에 비해 '두산' 교과서의 다른 부분(하:167)에서는 "초성의 기본자는 발음 기관의 모양"을 본떠 만들고 "중성의 기본자는 자연의 모양"을 본떠서 만들었다고 한다. '신사고' 교과서의 '단원의 마무리'(하:250)에도 소리와 글자를 구분하지 못하는 그림이 있다. '중앙'의 교과서(하:193)도 "자음은 '소리'에 근거하여 사람의 발음 기관의 모양을 보고 만들었다."라고 설명하고 있다. '지학[박]'의 교과서(하:239)에서도 "자음의 경우 인간의 발성 기관을 모방하여 만들되 …… 발음 기관의 모양을 본떠 만든 자음은……"이라고 설명한다. 이에 비해 '단원의 마무리' 등에서는 '한글의 자음 자모', '모음 자모'라고 설명한다. '지학[방]'의 교과서(하:18)도 "훈민정음은 과학적 원리에 따라 자음과 모음"을 만들었다고 설명한다. '창비'의 교과서(하:68)에도 "자음은 사람의 발음 기관을 본떠서" 만들었다는 설명이 있다. 한편, 같은 곳에서는 '모음의 기본 글자', '발음 기관을 본떠 만든 자음 글자 다섯 개'라고 한다. '천재[김대]'의 교과서(하:264)에는 "다음 표의 빈칸을 채우고, 이를 바탕으로 초성을 만든 원리에 대해 탐구합니다."라는 학습 활동이 있다. '천재[김종]'의 교과서(하:96)에서는 "한글의 기본 자음인 'ㄱ, ㄴ, ㅁ, ㅅ, ㅇ'의 5개만으로도 나머지 자음 문자들을 모두 만들어 낼 수가 있다."라고 설명한다. '천재[박]'의 교과서(상:138-139)에서도 '초성의 제자 원리', '중성의 제자 원리'라고 설명한다. '해냄'의 교과서(하:220)에서는 "어떤 모양을 본떴다는 것인데 초성, 즉 자음은 발음 기관의 모양을" 본떴다고 설명한다. '해냄' 교과서의 이러한 설명은 '2. 제자 원리', '(1) 자음자', '(2) 모음자'라는 읽기 자료에 나와 있다.

2) 글자에 대한 설명

여기서는 훈민정음 창제 당시 자모에 대한 설명 중에서 문제가 있는 검정 교과서의 설명들을 살펴보기로 한다.

첫째, '금성'의 교과서(상:111)는 자음의 조음 위치를 잘못 설명하고 있다. "예컨대 'ㄱ'을 발음할 때 혀가 경구개(센입천장)에" 닿는다고 설명하지만 사실이 아니다. 'ㄱ'은 연구개음이다. 교과서의 다른 부분(상:240)에서는 "경구개음인 'ㅈ'"이라고 되어 있다. 이 부분은 2012학년도용 '검정도서 수정·대조표'에 따라 수정되었다.

둘째, 훈민정음 자음 글자의 상형에 대한 설명이다. '신사고' 교과서(하:226)에서는 "치음(齒音, 잇소리) ㅅ은 이 모양을 본뜨고"로 설명하고 있다. 그런데 학습 활동(하:231)에서는 '잇소리'를 '이가 잇몸에 붙은 모양'을 본뜬 것이라고 설명한다. 〈훈민정음 해례〉 〈제자해〉를 보면 '齒音ㅅ. 象齒形'으로 되어 있으며, 이와 잇몸은 원래 붙어 있다.

셋째, 몇몇 자음 글자의 명칭이 다른 경우가 있다. 다음은 '지학[방]' 교과서(하:21)의 설명이다.

> 혀끝소리 ㄴ은 혀가 윗잇몸에 붙는 모양을 본뜨고, ……유음 ㄹ과 유성 치 마찰음 ㅿ도 또한 혀와 이의 모양을 본뜨기는 하였으나 그 체(體 : 바탕으로 삼은 기본 글자)를 달리하여 획을 더한 뜻이 없다.

'혀끝소리', 'ㄴ'은 자음 글자의 제자 원리를 설명하는 부분(하:19)에서는 '혓소리'로 되어 있다.[22] 또한 〈훈민정음 해례〉 〈제자해〉의 원문이나 교과서의 자음 체계표에는 'ㄹ'은 '반혓소리(半舌音)'로 되어 있고, '금성'의 교과서(상:104)에도 반설음 'ㄹ'이라고 한다. 그리고 'ㅿ'의 음가를 '유성 치 마찰음'이라고 했는데, 이런 음가는 존재하지 않는다. 〈훈민정음〉의 설명으로는 '반치음'이며,

---

22) '교학'(하:53), '금성'(상:103), '두산'(하:172), '디딤돌'(상:209), '미래'(상:108), '비상'(상:192), '중앙'(하:185), '지학[방]'(하:234), '창비'(하:67), '천재[김대]'(하:263), '천재[김종]'(하:101), '천재[박]'(하:137), '텍스트'(하:74), '해냄'(하:220) 등의 교과서에서는 '혓소리' 또는 '설음'이라는 용어를 사용한다.

나찬연(2010ㄴ:26) 등에서는 그 음가를 '유성 치조 마찰음'이라고 추정한다.

넷째, '천재[김종]'의 교과서(하:82)와 '천재[박]'의 교과서(상:139)에 나오는 각자 병서 글자에 대한 설명의 문제이다. 〈훈민정음〉, 〈예의〉에는 글자 운영에 관한 규정으로 병서법(竝書法)을 두고 있다. 병서란 초성과 종성의 글자를 합해서 사용할 때는 두 글자를 왼쪽에서 오른쪽으로 나란히 쓰는 방법으로 같은 글자를 나란히 쓰는 각자 병서(各自竝書)와 다른 글자를 나란히 쓰는 합용 병서(合用竝書)가 있다. 〈훈민정음〉의 각자 병서에는 'ㄲ, ㄸ, ㅃ, ㅆ, ㅉ, ㆅ, ㆀ, ㅥ' 등이 있다. 이처럼 각자 병서는 대체로 전청(全淸) 글자를 나란히 쓴다. 그러나 〈훈민정음〉에서는 "오직 후음에서만 차청인 ㅎ이 전탁 소리가 된다.(唯喉音次淸爲全濁者)"라고 하였다. 즉, 후음의 전청 글자인 'ㆆ' 대신 'ㅎ'으로 병서 글자를 쓴다. 그런데 '천재[김종]'의 교과서(하:82)와 '천재[박]'의 교과서(상:139)에서는 'ㆆㆆ'을 후음의 각자 병서 글자라고 한다. '천재[김종]'의 교과서는 중세 국어의 특징을 설명하는 부분이며, '천재[박]'의 교과서는 훈민정음의 제자 원리를 설명하는 부분이다. 한편, '천재[김종]'의 자습서(하:87)와 교사용 교과서(하:82)에서는 'ㆆㆆ'을 후음의 각자 병서 글자라고 하며, 이 교과서에 대한 '평가 문제'(하:59)에서는 'ㆅ'을 후음의 각자 병서 글자로 설명하고 있다. '천재[박]' 교과서의 교사용 교과서(상:139), 자습서(상:158), 평가 문제(상:103)에는 'ㆅ'이라고 한다. '천재[박]' 교과서의 이 부분은 2012학년도용 '검정도서 수정·대조표' 에서는 'ㆅ'으로 수정되었다.

다섯째, 모음 글자의 합용자를 잘못 표기한 경우이다. '천재[박]'의 교과서(상:141)에서는 "기본자, 초출자, 재출자를 합성하여 'ㅘ, ㆇ, ㅝ, ㆊ' 등의 합용자를" 만들었다고 한다. 그러나 이때 'ㆊ'는 'ㆋ'가 되어야 한다. 이 부분은 2012학년도용 '검정도서 수정·대조표' 에서 'ㆋ'로 수정되었다.

3) 훈민정음의 제자 원리

앞에서 잠깐 언급했듯이 훈민정음의 제자 원리에 대한 설명은 제7차 교육과정의 『국어(하)』와 『문법』의 설명이 다르며, 『문법』의 경우는 교과서 내부에서도 차이가 있었다. 먼저 훈민정음의 제자 원리에 대한 제7차 교육과정의 『국어(하)』(2010:30)의 설명을 살펴보자.

한글은 상형(象形)의 원리를 기본으로 하여 기본자를 먼저 만들고, 이에 획을 더하는 가획(加劃)의 원리와 문자를 합하는 합용(合用)의 원리에 의하여 창제되었다. 자음 자모는 발음하는 기관의 모양을 본떠 'ㄱ, ㄴ, ㅁ, ㅅ, ㅇ' 다섯 자를 기본으로 만든 다음, 각각 획을 더하는 가획과 글자를 나란히 쓰는 병서(竝書)의 원리를 적용하였다.

소리나는 위치에 따라 \ 소리의 성질에 따라	불청불탁(不淸不濁)	전청(全淸)	차청(次淸)	전탁(全濁)
어금닛소리[牙音]	ㆁ	ㄱ	ㅋ	ㄲ
혓소리[舌音]	ㄴ	ㄷ	ㅌ	ㄸ
입술소리[脣音]	ㅁ	ㅂ	ㅍ	ㅃ
잇소리[齒音]		ㅅ ㅈ	 ㅊ	ㅆ ㅉ
목소리[喉音]	ㅇ	ㆆ	ㅎ	ㆅ
반혓소리[半舌音]	ㄹ			
반치음[半齒音]	ㅿ			

모음 자모는 성리학(性理學)에서 말하는 우주의 기본 요소인 삼재(三才), 즉 천(天), 지(地), 인(人)을 상형한, 'ㆍ, ㅡ, ㅣ'를 기본자로 하여 초출, 재출, 합용의 원리를 적용하여 만들었다.

	기본자(基本字)		초출자(初出字)		재출자(再出字)		합용자(合用字)
①	ㆍ	→	ㅗ, ㅏ	→	ㅛ, ㅑ	⋯ ⋯	ㅘ, ㆇ
②	ㅡ	→	ㅜ, ㅓ	→	ㅠ, ㅕ	⋯ ⋯	ㅝ, ㆊ
③	ㅣ						

여 ㅣ 상합자(與 ㅣ相合字) : ①, ②에 ③의 'ㅣ'를 합용한 자

ㆎ	→	ㅚ, ㅐ	→	ㆉ, ㅒ	⋯⋯	ㅙ, ㆈ
ㅢ	→	ㅟ, ㅔ	→	ㆌ, ㅖ	⋯⋯	ㅞ, ㆋ

여기서 알 수 있는 내용은 훈민정음의 자음 글자의 제자 원리는 상형과 가획, 병서이며, 모음 글자의 제자 원리는 상형, 초출, 재출, 합용이다.

그런데 제7차 교육과정의 고등학교 『문법』 교과서의 훈민정음 제자 원리에 대한 설명은 다르다. 『문법』 교과서의 대단원 '3 국어와 한글'의 소단원 '2 위대한 문화 유산, 한글'에 한글의 우수성과 한글의 제자 원리가 설명되어 있다. 그런데 앞에서도 설명했듯이 『문법』 교과서(2010:41-43)에서는 훈민정음 초성 글자의 제자 원리로 상형, 가획, 병서, 연서의 원리를 들고 있고, 중성 글자의 제자 원리로 상형, 합성, 합용의 원리를 들고 있다. 그런데 '옛말의 문법'(2010:279)에서는 이어쓰기(연서, 連書), 나란히쓰기(병서, 竝書)는 제자 원리가 아니라 글자 운용에 대한 부대 규정이라고 한다. 이러한 『문법』 교과서의 설명과 유사한 검정 교과서는 '천재[박]' 교과서이다. '천재[박]'의 교과서(상:138)에서는 '초성의 제자 원리'로 상형, 가획, 이체를 들고, 병서와 연서는 '초성을 쓰는 방법'이라고 한다.[23)]

한편, 제7차 교육과정의 고등학교 『문법』 교과서(2010:279)에는 초성 17자를 표 형식으로 제시하고 있다.

| 표 47 | 제7차 교육과정 『문법』 교과서의 초성 17자 체계

어금닛소리[아음]	ㄱ	ㅋ	ㆁ
혓소리[설음]	ㄷ	ㅌ	ㄴ
입술소리[순음]	ㅂ	ㅍ	ㅁ
잇소리[치음]	ㅈ, ㅅ	ㅊ	
목소리[후음]	ㆆ	ㅎ	ㅇ
반혓소리[반설음]			ㄹ
반치음[반치음]			ㅿ

고등학교 『문법』 교과서(2010:279)에서는 세로 첫째 줄은 전청(全淸), 둘째 줄은 차청(次淸), 셋째 줄은 불청불탁(不淸不濁)이라고 한다. 여기서 '국어' 과목의 초성 체계와는 약간의 차이가 있다는 것을 알 수 있다. 즉, 불청불탁의 위치가 다르고, 치음의 배열 순서가 '국어' 과목에서는 위에서 아래로 'ㅅ', 'ㅈ'의 순서

23) 한편, '초성의 제자 원리와 방법'이라는 도움말은 제목부터 불명확하다. 먼저 '초성의 제자 원리'가 아니라 '초성 글자' 또는 '초성자'의 제자 원리가 되어야 한다. 또한 도움말의 두 번째 항목인 '초성을 쓰는 방법'도 '초성 글자를 쓰는 방법'이 되어야 한다.

인데 비해 '문법' 과목에서는 왼쪽부터 'ㅈ, ㅅ'의 순서로 제시되어 있다. 2007 개정 교육과정에 따른 검정 교과서 중에 '천재[김종]'의 교과서(하:101)는 'ㅈ'을 제시한 후, 'ㅅ'을 제시하고 있다. 이에 비해 '신사고' 교과서(하:227)에서는 제7차 교육과정에 따른 『국어(하)』와 같이 'ㅅ'이 위에 있고, 'ㅈ'이 아래에 있다. '지학[방]' 교과서(하:19)와 '텍스트' 교과서(하:73)는 왼쪽에서부터 'ㅅ'을 제시하고 있다. 이를 정리하면 〈표 48〉과 같은데, '천재[김종]' 교과서와 '텍스트' 교과서는 전탁 글자를 설명하지 않고 있으며, 치음의 '불청불탁'은 없기에 제외했다. '불청불탁'의 위치가 '천재[김종]' 교과서와 '텍스트' 교과서가 가장 뒤고, '신사고' 교과서와 '지학[방]' 교과서는 제7차 『국어(하)』 교과서와 같이 가장 앞이다.

| 표 48 | 훈민정음 초성 체계에서 치음 'ㅅ'의 배치 비교

교과서	전청	차청	전탁
신사고	ㅅ ㅈ	 ㅊ	ㅆ ㅉ
지학[방]	ㅅ, ㅈ	ㅊ	ㅆ, ㅉ
천재[김종]	ㅈ, ㅅ	ㅊ	
텍스트	ㅅ, ㅈ	ㅊ	

이 부분에 대한 〈훈민정음〉, 〈제자해〉의 설명은 다음과 같다.

> 又聲音淸濁而言之. ㄱ ㄷ ㅂ ㅈ ㅅ ㆆ 爲全淸. ㅋ ㅌ ㅍ ㅊ ㅎ 爲次淸. ㄲ ㄸ ㅃ ㅉ ㅆ ㆅ 爲全濁. ㆁ ㄴ ㅁ ㅇ ㄹ ㅿ 爲不淸不濁. ㄴ ㅁ ㅇ 其聲 最不厲 故次序雖在於後. 而象形制字則爲之始. ㅅㅈ 雖皆爲全淸. 而ㅅ比ㅈ 聲不厲. 故亦爲制字之始.
>
> (또 말소리를 청탁으로 말하면 ㄱ, ㄷ, ㅂ, ㅈ, ㅅ, ㆆ은 전청이다. ㅋ, ㅌ, ㅍ, ㅊ, ㅎ은 차청이다. ㄲ, ㄸ, ㅃ, ㅉ, ㅆ, ㆅ은 전탁이다. ㆁ, ㄴ, ㅁ, ㅇ, ㄹ, ㅿ은 불청불탁이다. ㄴ, ㅁ, ㅇ은 그 소리가 가장 세지 않으므로 비록 차례는 뒤에 있으나 모양을 본떠서 글자를 만드는 데 처음이 되었고, ㅅ, ㅈ은 비록 다 전청이나 ㅅ은 ㅈ보다 소리가 세지 않으므로 또한 글자를 만드는데 처음으로 삼았다.)

이와 같은 〈제자해〉의 설명에 의하면 불청불탁을 제일 뒤에 둔 『문법』 교과서와 '천재[김종]'의 교과서와 '텍스트' 교과서의 설명이 맞다. 또한 'ㅈ'을 'ㅅ'

앞에 둔 『문법』 교과서와 '천재[김종]'의 교과서의 설명이 맞다.

다음으로 훈민정음 제자 원리에 대한 검정 교과서의 설명을 정리하면 다음과 같다. 아래 표는 교과서에 명시적으로 제시된 것만 정리한 것이다. 단, '천재[김대]'의 교과서는 자음 글자의 창제 원리로 상형, 가획, 이체를 들고 있지만 모음 글자의 제자 원리에 대한 설명은 없으므로 제외했다.

| 표 49 | 검정 교과서의 훈민정음 제자 원리 비교

교과서	훈민정음 제자 원리	
교학, 금성	초성	상형, 가획, 병서, 연서
	중성	상형, 합성, 합용
두산	초성	상형, 가획
	중성	상형, 입술의 오므림과 벌림
디딤돌	초성	상형, 가획
	중성	상형, 합성
미래	초성	상형, 가획
	중성	상형, 초출자(기본자의 합), 재출자(음가에 'ㅣ'을 더함)
비상	초성	상형, 가획
	중성	상형, 초출자, 재출자
신사고	초성	상형, 가획, 병서, 이체
	중성	상형, 초출자, 재출자, 병서, 합용[24]
중앙	초성	상형, 가획
	중성	상형
지학[박]	초성	상형, 가획, 병서
	중성	상형, 초출자, 재출자, 합용
지학[방]	초성	상형, 가획, 병서(문자를 합함)
	중성	상형, 초출자, 재출자, 합용
창비	초성	상형, 가획, 연서, 병서
	중성	상형, 가획, 합용
천재[김종]	초성	상형, 가획, 합용
	중성	상형, 초출, 재출, 합용
천재[박]	초성	상형, 가획, 이체
	중성	상형, 합성(초출자, 재출자), '기본자, 초출자, 재출자 합용자에 'ㅣ'를 합성 ', '기본자, 초출자, 재출자를 합성'
텍스트	초성	상형, 가획, 연서, 병서
	중성	상형, 초출자, 재출자
해냄	초성	상형, 가획
	중성	상형, 합성(가획)

24) '단원의 마무리'(하:250)에서는 자음 글자의 창제 원리로 상형, 가획, 병서를 들고 있고, 모음 글자는 상형, 초출, 재출, 합용을 들고 있다.

(1) 초성 글자의 제자 원리

〈표 49〉에서 보는 것처럼 훈민정음 초성 글자의 제자 원리에 대한 설명 중 '교학'의 교과서와 '금성'의 교과서는 같고, 나머지 교과서는 모두 다르다. 초성 글자의 제자 원리에 대한 설명은 〈훈민정음〉, 〈제자해〉에 있다.

> 初聲凡十七字 牙音 ㄱ 象舌根閉喉之形. 舌音 ㄴ 象舌附上齶之形. 脣音 ㅁ 象口形. 齒音ㅅ 象齒形. 喉音ㅇ 象喉形. ㅋ比ㄱ 聲出稍厲 故加劃. ㄴ而ㄷ ㄷ而ㅌ ㅁ而ㅂ ㅂ而ㅍ ㅅ而ㅈ ㅈ而ㅊ ㅇ而ㆆ ㆆ而ㅎ 其因聲加劃之義皆同. 而唯ㆁ爲異. 半舌音ㄹ 半齒音ㅿ 亦象舌齒之形而而其體 無加劃之義焉.
> (초성은 모두 열일곱자이다. 아음 ㄱ은 혀의 뿌리가 목구멍을 막는 모양을 본떴다. 설음 ㄴ은 혀가 윗잇몸에 붙는 모양을 본떴다. 순음 ㅁ은 입의 모양을 본떴다. 치음 ㅅ은 이의 모양을 본떴다. ㅋ은 ㄱ보다 소리가 좀 세게 나는 까닭에 획을 더하였고, ㄴ과 ㄷ, ㄷ과 ㅌ, ㅁ과 ㅂ, ㅂ과 ㅍ, ㅅ과 ㅈ, ㅈ과 ㅊ, ㅇ과 ㆆ, ㆆ과 ㅎ은 그 소리에 따라 획을 더한 뜻은 다 같다. 그러나 오직 'ㆁ'만은 다르다. 반설음 ㄹ, 반치음 ㅿ 역시 혀와 이의 모양을 본떴으나, 그 모양이 다를 뿐이지 획을 더하는 뜻은 없다.

〈훈민정음〉, 〈제자해〉의 설명에 따르면 초성 글자의 제자 원리는 상형과 가획, 이체이다. 검정 교과서 중에서 이를 맞게 설명한 것은 '천재[박]'의 교과서뿐이다. 한편, '지학[박]' 교과서(하:21)에는 〈훈민정음〉, 〈제자해〉의 일부를 현대어로 풀이해 놓은 학습 활동이 있다. 이 학습 활동을 볼 때, 자음 글자의 제자 원리는 상형과 가획, 이체이다.

(2) 중성 글자의 제자 원리

검정 교과서 중에서 '두산'의 교과서(하:168)는 중성 글자는 천지인(天地人) 삼재(三才)를 본떠 기본자를 만들고, 입술의 오므림과 벌림을 따라 글자를 아우른 것으로 설명하고 있다. 그런데 〈제자해〉에서는 'ㅗ'의 경우 "ㅗ與ㆍ同而口蹙 其形則ㆍ與一合而成 取天地初交之義也.(ㅗ는 ㆍ와 같으나 입이 오므라진다. 그 모양은 ㆍ와 ㅡ가 합쳐져서 이루어졌는데, 이는 천지가 처음으로 사귀는 뜻을 취했다.)"라고 한다. 입술의 오므림과 벌림은 〈제자해〉의 '구축(口蹙)'과 '구장(口張)', 즉 음운적 특징을 말하는 것이고, 글자는 형이상학적인 방법으로 만들었다.

'신사고' 교과서(하:229)에서는 "모음은 상형의 원리에 따라 천지인(天地人) 삼재(三才)의 형상을 본뜬 기본자(ㆍ, ㅡ, ㅣ)를 바탕으로 입의 오므림과 벌림에 따라 초출자(初出字)(ㅗ, ㅏ, ㅜ, ㅓ)와 재출자(再出字)(ㅛ, ㅑ, ㅠ, ㅕ), 병서(ㅘ, ㅝ), 그리고 이들 모음에 다시 ㅣ를 합용한 글자(ㆎ, ㅢ, ㅚ, ㅐ, ㅟ, ㅔ, ㆉ, ㅒ, ㆌ, ㅖ, ㅙ, ㅞ)로 구성된다."라고 설명하고 있다. 검정 교과서 중에서 '신사고' 교과서만이 중성 글자를 만드는 원리로 병서를 들고 있다. 허웅(1984:325)에서도 중성 글자를 병서할 수 있다고 한다. 그런데 허웅에서 설명하는 병서는 〈제자해〉가 아니라 〈합자해〉의 설명이기에 제자 원리가 아니다. '신사고' 교과서처럼 모음 글자의 제자 원리로 많은 교과서에서 합용의 원리를 들고 있다. 이 역시 제자 원리가 아니라 〈합자해〉에 나오는 말이다.

다음으로 모음 글자의 제자 원리 중 초출자와 재출자에 대한 검정 교과서의 설명을 살펴보자.

| 표 50 | 검정 교과서 초출자, 재출자 설명 비교

교과서	설명
신사고 (하:229)	기본자를 바탕으로 입의 오므림과 벌림에 따라 초출자와 재출자
지학[박] (하:236)	초출자 : 기본자끼리 결합한 것 재출자 : 초출자에 기본자를 다시 결합
천재[김종] (하:101)	초출자 : 혀의 상태와 모양을 고려하고 기본자를 활용하여 초출자를 만듦. 재출자 : 기본자와 초출자를 활용하여 재출자를 만듦.
천재[박] (상:140)	초출자 : 'ㆍ'가 하나만 쓰인 'ㅗ, ㅏ, ㅜ, ㅓ' 재출자 : 각각의 초출자에 'ㆍ'가 하나씩 더 붙어 만든 'ㅛ, ㅑ, ㅛ, ㅕ'

위 표는 검정 교과서의 초출자와 재출자에 대한 설명을 정리한 것이다. 이에

대한 〈훈민정음〉, 〈제자해〉의 설명은 다음과 같다.

> 次下八聲 一闔一闢. ㅗ與·同而口蹙 其形則·與ㅡ合而成 取天地初交之義也. ㅏ與·同而口張 其形則ㅣ與·合而成 取天地之用發於事物待人而成也. ㅜ與ㅡ同而口蹙 其形則ㅡ與·合而成 亦取天地初交之義也. ㅓ與ㅡ同而口張 其形則·與ㅣ合而成 亦取天地之用發於事物待人而成也. ㅛ與ㅗ同而起於ㅣ. ㅑ與ㅏ同而起於ㅣ. ㅠ與ㅜ同而起於ㅣ. ㅕ與ㅓ同而起於ㅣ.
> ㅗ ㅏ ㅜ ㅓ始於天地 爲初出也. ㅛ ㅑ ㅠ ㅕ起於ㅣ而兼乎人 爲再出也. ㅗ ㅏ ㅜ ㅓ之一其圓者 取其初生之義也. ㅛ ㅑ ㅠ ㅕ之二其圓者 取其再生之義也. ㅗ ㅏ ㅛ ㅑ之圓居上餘外者 以其出於天而爲陽也. ㅜ ㅓ ㅠ ㅕ之圓居下與內者 以其出於地而爲陰也. ·之貫於八聲者 猶陽之統陰而周流萬物也. ㅛ ㅑ ㅠ ㅕ之皆兼乎人者 以人爲萬物之靈而能參兩儀也. 取象於天地人 而三才之道備矣. 然三才爲萬物之先 而天又爲三才之始 猶· ㅡ ㅣ三字爲八聲之首而·又爲三字之冠也.
> (이 아래 여덟 소리는 하나가 합이면 하나는 벽이다. ㅗ는 ·와 같으나 입이 오므라진다. 그 모양은 ·와 ㅡ가 합쳐져서 이루어졌는데, 이는 천지가 처음으로 사귀는 뜻을 취했다. ㅏ는 ·와 같으나 입이 펴진다. 그 모양은 ㅣ와 ·가 합쳐져서 이루어졌는데, 이는 천지의 운용이 사물에서 나타나지만 사람을 기다려서 이루어지는 것을 취했다. ㅜ와 ㅡ는 같으나 입이 오므라진다. 그 모양은 ㅡ와 ·가 합쳐져서 이루어졌는데, 이 역시 천지가 처음으로 사귀는 뜻을 취했다. ㅓ와 ㅡ는 같으나 입이 펴진다. 그 모양은 ·와 ㅣ가 합쳐져서 이루어졌는데, 이 역시 천지의 운용이 사물에서 나타나지만 사람을 기다려서 이루어지는 것을 취했다. ㅛ는 ㅗ와 같으나 ㅣ에서 시작한다. ㅑ는 ㅏ와 같으나 ㅣ에서 시작한다. ㅠ는 ㅜ와 같으나 ㅣ에서 시작한다. ㅕ는 ㅓ와 같으나 ㅣ에서 시작한다.
> ㅗ ㅏ ㅜ ㅓ는 천지에서 시작하므로 초출이다. ㅛ ㅑ ㅠ ㅕ는 ㅣ에서 시작하여 사람을 겸하였으므로 재출이다. ㅗ ㅏ ㅜ ㅓ의 원이 하나인 것은 그것이 처음 생겨난 뜻을 취했다. ㅛ ㅑ ㅠ ㅕ의 원이 둘인 것은 다시 생겨난 뜻을 취했다.

〈제자해〉의 설명에 의하면 초출자는 'ㅡ'나 'ㅣ'에 '·'를 하나만 더한 글자이다. 재출자는 'ㅡ'나 'ㅣ'에 '·'를 둘을 더한 글자이다. '신사고' 교과서는 "기본자를 바탕으로 입의 오므림과 벌림에 따라 초출자와 재출자를" 만들었다고 설명하는데, '입의 오므림과 벌림'은 음성적 특징일 뿐이다. 또한 '입의 오므림과 벌림'에 따라 '초출자와 재출자'를 만들었다는 설명은 입이 오므라지는 것은 초출자이고 벌어지는 것은 재출자로 이해할 수 있는 설명이다. '지학[박]'의 교과서와 '천재[김종]'의 교과서 설명은 유사하지만 역시 잘못 설명하고 있다.

4) 교과서에 따른 우리말 음절의 수 차이

검정 교과서 중에서 '금성', '비상', '창비', '천재[김종]' 등이 우리말 음절의 수를 설명하고 있다. '비상' 교과서의 학습 활동 중 '확장 목표'(상:197)에서는 한글을 조합하면 "1,096개의 한국어 음절을 이룰 수" 있다고 한다. 그런데 '금성'의 교과서(상:111)에서는 40자의 자모만으로 1만 1172개의 음절을 표현할 수 있다고 한다. '창비'의 교과서(하:70)와 '천재[김종]'의 교과서(하:100)에서도 표현할 수 있는 우리말의 음절의 수는 11, 172개라고 한다. 한편, 제7차 교육과정에 따른 고등학교 『문법』 교과서(2010:45)에서는 표현할 수 있는 우리말 음절의 수를 다음과 같이 설명한다.

> 한글은 다른 어느 글자보다도 뛰어난 표음 능력(表音能力)을 지닌 글자이다. 한글은 초성(ㄱㄴㄷㄹㅁㅂㅅㅇㅈㅊㅋㅌㅍㅎㄲㄸㅃㅆㅉ) 19자, 중성(ㅏㅑㅓㅕㅗㅛㅜㅡㅣㅐㅒㅔㅖㅘㅙㅚㅝㅞㅟㅢ) 21자, 종성(ㄱㄴㄷㄹㅁㅂㅅㅇㅈㅊㅋㅌㅍㅎㄲㄳㄵㄶㄺㄻㄼㄽㄾㄿㅀㅄㅆ) 27자의 67자가 서로 조합하게 된다. 받침 없는 글자가 399자(19×27), 받침 있는 글자는 10, 733자(399×27)가 되어 모두 합하면 11, 172자라는 엄청난 수의 음절(가, 노, 괴, 각, 논, 똬, ……)을 만들 수 있다.

검정 교과서에 따라서는 11, 172개의 음절을 만들어 내는 과정은 또 다르다. '금성'의 교과서나 '천재[김종]'의 교과서는 40자(또는 40개)의 자모이지만 '창비'는 24자이다. 이에 비해 제7차 교육과정에 따른 고등학교 『문법』 교과서는 67자이다. '비상' 교과서는 자모의 수를 밝히지 않는다.

우리말 음절의 개수에 대한 견해는 학자들마다 다르다. 정철(1962:111)의 경우 우리말에서 실현되는 음절의 수를 1,096 가지로 계산했다.[25] 허웅(1989:229)에서는 이론적으로 3,520개의 음절이 만들어진다고 한다. 이는 초성에 올 수 있

25) 허웅(1989:229), 이문규(2011:107)에서 재인용했다.

는 자음 19개와 중성에 올 수 있는 단모음 10개, 이중 모음 12개, 종성에서 소리 나는 자음 7개로 계산한 것이다. 배주채(2003:83-87)에서는 중성이 'ㅢ'일 때와 'ㅢ'가 아닐 때로 나누어 계산하여 2, 592개라고 한다. 또한 음절표를 이용할 경우 그 숫자는 11,172개라고 한다. 양순임(2011:149-150)에서는 현실 발음을 고려할 때, 음성형을 대상으로 2,738개의 음절을 계산한다. 이는 초성의 자음 18개, 중성의 모음 20개(단모음 8개, 이중 모음 12개), 종성의 자음 7개로 계산한 것이다. 그런데 표기형 또는 기저형에서는 11,172개로 계산한다. 이 음절의 수는 단모음 10개, 이중 모음 11개, 초성의 자음 18개, 종성의 27개로 계산한 것이다. 이문규(2011:106)에서는 초성 자리에 올 수 있는 자음을 18개, 중성 자리에 올 수 있는 모음을 22개, 종성 자리에 올 수 있는 자음을 7개로 하여, 발음될 수 있는 음절의 유형은 3,056개라고 한다.

학자 문법의 경우에는 연구 방법이나 학설에 따라 다양한 견해가 나올 수 있지만 학교 문법은 학교 교육을 위한 것이다. 따라서 우리말에서 결합 가능한 음절의 숫자에 대해서는 통일이 필요하다.

5) 그 밖의 내용 문제

여기서는 성취 기준 [10-문법-(5)]와 관련된 검정 교과서의 문제 중 유형 분류가 어려운 것들을 정리했다.

첫째, 'ㅎ'을 거센소리에 포함시키는 교과서가 있다. '디딤돌' 교과서(상:213)에서는 거센소리를 설명하면서 그 종류로 'ㅊ, ㅋ, ㅌ, ㅍ, ㅎ'을 들고 있다. 그러나 'ㅎ'은 분절음이고 'ㅊ, ㅋ, ㅌ, ㅍ'에 얹히는 [ʰ]는 독립된 분절음 자격이 없다. 이문규(2011:37)에서는 거센소리는 파열음이나 파찰음 안에서 예사소리나 된소리와 구별되는 성질로 작용하기 때문에 [ㅎ]을 거센소리로 분류하지 않는다고 한다. 그런데 '디딤돌' 교과서의 2012학년도용 '검정도서 수정·대조표'에서 'ㅎ'을 삭제했다. 또한 '해냄'의 교과서(상:209)에도 거센소리에 대한 설명이 있다. '해냄' 교과서에서는 거센소리를 "숨이 거세게 나오는 파열음. 'ㅊ, ㅋ, ㅌ, ㅍ' 따위가 있다."라고 정리한다. 하지만 'ㅊ'은 파열음이 아니라 파찰음이기에 '해냄' 교과서의 설명도 잘못되었다.

둘째, '텍스트' 교과서(하:70)의 '훈민정음에서의 사잇소리 표기'에 대한 설명에도 문제가 있다.

- 조건
  - 체언과 체언 사이
  - 앞 체언이 울림소리로 끝날 때
- 형태
  - 고유어 뒤에서

앞 체언의 끝소리	사잇소리	뒷 체언의 첫소리
울림소리	ㅅ	안울림소리
울림소리	ㅿ	울림소리

  - 한자 뒤에서

<table>
<tr><th colspan="2">앞 말의 끝소리</th><th colspan="2">사잇소리</th><th>뒷말의 첫소리</th></tr>
<tr><td rowspan="6">불청불탁
(不淸不濁)</td><td>ㆁ</td><td rowspan="5">전청
(全淸)</td><td>ㄱ</td><td rowspan="5">안울림소리</td></tr>
<tr><td>ㄴ</td><td>ㄷ</td></tr>
<tr><td>ㅁ</td><td>ㅂ</td></tr>
<tr><td>ㅱ</td><td>ㅸ</td></tr>
<tr><td>ㅇ</td><td>ㆆ</td></tr>
<tr><td>울림소리</td><td colspan="2">ㅿ</td><td>울림소리</td></tr>
</table>

교과서 '생각 보태기'의 사잇소리 표기 글자 중 'ㅿ'이 쓰인 경우는 〈훈민정음〉, 〈언해본〉에서 찾을 수 없다. 또한 '불청불탁'은 훈민정음의 초성 체계 가운데 'ㆁ', 'ㄴ', 'ㅁ', 'ㅇ', 'ㄹ', 'ㅿ' 따위에 공통되는 음성적 특질을 이르는 말로 현대 음성학의 유성 자음에 해당한다. 그런데 교과서에서는 불청불탁이 울림소리를 포함하고 있다. 울림소리 즉, 유성음에는 유성 자음뿐만 아니라 모음도 포함되기에 정확한 설명이 아니다. 그리고 'ㄱ, ㄷ, ㅂ, ㅸ, ㆆ, ㅿ' 등은 사잇소리가 아니라 사잇소리를 표기하는 글자이다. 교과서의 다른 '생각 보태기'(하:71)의 설명도 정확하지 않다. 이 '생각 보태기'의 제목은 '"훈민정음" 언해본의 한자음 표기'이다. 여기서 "한자음은 한자 오른쪽에 작게 적었다."라고

하면서 그 예로 '中듕國귁'을 들고 있는데, 이는 '中듕國귁'이 되어야 한다. 또한 '이영보래(以影補來)'를 설명하면서 그 예로 '月워ᇙ, 戌슈ᇙ, 佛뿌ᇙ, 八바ᇙ' 등을 들고 있는데 교과서에 제시된 〈훈민정음〉, 〈언해본〉에는 '戌슈ᇙ'만 쓰였다.

셋째, 중세 국어의 음운 체계에 설명의 문제다. '텍스트' 교과서의 '단원의 마무리'(하:105)에는 '중세 국어와 현대 국어의 음운 체계 알기'가 제시되어 있다. 여기에서 중세 국어의 자음으로 'ㄱ, ㅋ, ㄲ, ㄴ, ㄷ, ㅌ, ㄸ, ㅁ, ㅂ, ㅍ, ㅃ, ㅅ, ㅆ, ㅈ, ㅊ, ㅉ, ㅇ, ㆆ, ㅎ, ㄹ, ㅿ'을 들고 있고, 현대 국어 자음으로는 'ㄱ, ㄴ, ㄷ, ㄹ, ㅁ, ㅂ, ㅅ, ㅇ, ㅈ, ㅊ, ㅋ, ㅌ, ㅍ, ㅎ, ㄲ, ㄸ, ㅃ, ㅆ, ㅉ'을 들고 있다. 그런데 중세 국어의 자음 글자인 'ㆁ'이 빠져 있다.

2. 언어 자료 문제

여기서는 성취 기준 [10-문법-(5)]를 학습하는 언어 자료의 문제에 대해서 살펴보기로 한다. 먼저 '교학'의 교과서(하:42)에는 원문의 내용을 수정하면서 의미 변화가 생긴 부분이 있다. 교과서에는 "이 네 자모가 사라지면서 문자도 쓰지 않게 되었다."라는 설명이 있다. 여기에 쓰인 '자모(字母)'란 "한 개의 음절을 자음과 모음으로 갈라서 적을 수 있는 낱낱의 글자"라는 의미이기에 이런 설명은 말이 되지 않는다. 이는 "각각의 음소에 해당하는 자모들을 모아서 쓴다."라는 설명과도 모순된다. 이 언어 자료 출처는 『우리 문화 길라잡이』(국립국어원, 2002:345)인데, 여기서는 "이 네 자모들의 소리가 사라지면서"로 되어 있다. 교과서 수록 과정에서 누락된 듯하다.

'텍스트' 교과서에는 〈훈민정음〉과 관련된 표기 오류가 있다. '텍스트' 교과서(하:71)에는 '·ᄀᆞᄐᆞ니'로 표기하고 있는데, 이는 '·ᄀᆞ·ᄐᆞ·니' 가 되어야 한다. 이 부분은 2012학년도용 '검정도서 수정·보완 대조표' 에서 '·ᄀᆞᄐᆞ·니'로 수정했다.

06 표기 문제

국어 교과서는 국어 교육 목표에 따라 학습자의 언어 발달 단계를 고려하여, 국어 능력을 신장할 수 있도록 일정한 방침에 의거하여, 편집·간행된 교과용 도서이다. 교과서는 법령에 의해 편찬·간행되는데, 교과서와 관련된 법령 중에는 '교과용도서에 관한 규정'이 있다. 이 규정 제4장, 제26조 제3항에서는 교과용 도서를 편찬하거나 발행하는 자는 국어기본법 제18조에 따른 어문규범을 준수해야 한다고 규정한다.

따라서 검정 교과서는 국어 어문 규범인 한글 맞춤법, 표준어 규정, 외래어 표기법, 국어의 로마자 표기법을 준수해야 한다. 그런데 일부 교과서에서는 이를 지키지 않고 있다. 또한 띄어쓰기가 교과서마다 다른 경우도 많다. 여기서는 검정 교과서의 〈문법〉 내용 영역 등에 나타나는 맞춤법, 띄어쓰기 등의 오류를 살펴보고, 교과서마다 차이가 나는 부분은 [부록]에서 다룬다. 먼저 띄어쓰기 오류부터 살펴보자.

첫째, '만큼'의 띄어쓰기이다. '만큼'은 의존 명사와 조사로 쓰인다. '만큼'이 용언의 관형사형 뒤에 쓰일 때에는 의존 명사이기에 띄어 쓴다. 그러나 체언 뒤에서는 조사로 쓰이기에 앞 말에 붙여 쓴다. 그런데 '교학'의 교과서(상:332)에서는 '유용한만큼'으로 붙여 쓰고 있다. '유용한 만큼'으로 써야 한다.

둘째, '뿐'과 관련된 띄어쓰기이다. '뿐'도 의존 명사와 조사로 쓰이는 말이다. '뿐'이 용언의 관형사형 뒤에 쓰일 때에는 의존 명사이므로 띄어 쓰고, 체언 뒤에서는 조사로 쓰이므로 붙여 쓴다. 그런데 '디딤돌' 교과서(상:165)에서는 '지위 뿐만 아니라'로 띄어 쓴다. 이때 '-뿐'은 체언 뒤에 바로 붙는 조사이므로 붙여 써야 한다. 이 부분은 2012학년도용 '검정도서 수정·대조표'에 의해 수정되었다. 그런데 2012학년도용 '지학[방]' 교과서의 '검정도서 수정·보완 대조표'에는 교과서(상:124)의 '그뿐만 아니다'를 '그 뿐만 아니다'로 수정하고 있다.

이때의 '-뿐'은 조사이므로 앞 말에 붙여 써야 한다. 한편, '뿐'이 의존 명사로 쓰일 때에도 앞에 반드시 관형어가 와야 한다. 즉, '그뿐만 아니라', '이뿐만 아니라'의 형식이 되어야 한다. 그런데도 '디딤돌' 교과서(상:150)에는 '뿐만 아니라'와 같은 형태로 표기하고 있다.

'뿐'의 띄어쓰기와 관련된 또 다른 문제는 어미 '-ㄹ뿐더러'이다. '-ㄹ뿐더러'는 "어떤 일이 그것만으로 그치지 않고 나아가 다른 일이 더 있음을 나타내는 연결 어미"이다. 따라서 앞 말에 붙여 써야 한다. 하지만 '디딤돌' 교과서(하:234)에서는 '다를 뿐더러'로 띄어 쓰며, '신사고' 교과서(하:232)에서도 '구분될 뿐더러'로 띄어 쓰고 있다. '-ㄹ뿐더러'의 띄어쓰기에 대해서는 '중앙'의 『국어(상)』에 대한 〈수정보완권고서에 의한 수정사항〉(일련 번호 28)을 참조할 수 있다. 여기서는 '찾을 수 없을 뿐더러'를 '찾을 수 없을뿐더러'로 수정할 것을 권고했고, 출판사는 이를 받아들였다. '금성'의 『국어(상)』에 대한 〈수정보완권고서에 의한 수정사항〉(일련 번호 36)에서도 '비용이 들 뿐더러'를 역시 '비용이 들뿐더러'로 수정할 것을 권고했고 출판사도 이를 받아들였다.

셋째, '꽃값'의 띄어쓰기이다. '신사고' 교과서(상:194)의 '꽃값'은 '꽃 값'이 되어야 한다. 원래는 '꽃 값'으로 표기되었는데, 교과서 〈수정·보완 권고 사항〉에서 '꽃값'으로 바꿀 것을 권고했고, 출판사도 이를 받아들였다. 하지만 '꽃값'처럼 붙여 쓰는 경우는 기생, 창기 따위와 관계를 가지고 그 대가로 주는 돈이라는 뜻인 '해웃값'의 의미일 때이다. 교과서의 문맥에서는 '꽃 값'이 맞다.

넷째, '못되다'의 띄어쓰기이다. '천재[김대]'의 교과서(상:170)에는 "바람직한 학습 과정이 못되므로"로 되어 있는데, 여기서 '못되므로'는 '못 되므로'로 띄어 써야 한다. '못되다'로 붙여 쓰는 경우는 "성질이나 품행 따위가 좋지 않거나 고약하다." 또는 "일이 뜻대로 되지 않은 상태에 있다."라는 의미일 경우이다. 또한 '일상 생활(상:178)'도 '일상생활'로 붙여 써야 한다.

다섯째, '씨'의 띄어쓰기이다. '씨'는 명사, 의존 명사, 대명사로 쓰인다. 명사로 쓰이는 경우는 문집이나 비문 따위의 문어에 쓰여 같은 성(姓)의 계통을 표시하는 말이다. 의존 명사로 쓰이는 경우는 성년이 된 사람의 성이나 성명, 이름 아래에 쓰여 그 사람을 높이거나 대접하여 부르거나 이르는 말이다. 대명사로 쓰이는 경우는 '그 사람'을 높여 이르는 삼인칭 대명사이다. 대명사 '씨'는 주로 글에서 쓰는데, 앞에서 성명을 이미 밝힌 경우에 쓸 수 있다. 그런데 접미사 '-씨'는 인명에서 성을 나타내는 명사 뒤에 붙어 '그 성씨 자체', '그 성씨의 가문이나 문중'의 뜻을 더한다. 그래서 '박 씨'와 '박씨'는 다르다. '박 씨'로 띄어 쓸 경우는 그 사람을 높여 부르는 것이며, '박씨'는 '그 성씨 자체', '그 성씨의 가문이나 문중'이라는 뜻이다. 그런데 '금성'의 교과서(상:256)에서는 '문화 류 씨 산복 종친회'로 띄어 쓰고 있다. '천재[박]'의 교과서(하:261)에서도 "김 씨는 로마자 표기법에 따르면 'Gim'이지만 …… 이 씨도 원칙은 'I'이지만 …… 박 씨는 'Bak'가 맞지만" 등으로 띄어 쓰고 있다. 이에 비해 '교학'(상:104), '비상'(하:246), '천재[김종]'(상:123), '텍스트'(하:179) 등의 교과서에서는 '그 성씨 자체' 또는 '그 성씨의 가문이나 문중'을 나타날 때에는 붙여 쓰고 있다. 한편, 제7차 『문법』 교사용 지도서의 '국어 규범 학습 자료'(2010:344)를 보면 성씨를 가리킬 때는 붙여 쓴다고 한다.

다음으로 어휘 선택이나 맞춤법 문제를 살펴보자. '금성' 교과서는 잘못된 어휘를 사용하고 있다. 교과서의 '단원을 열며'(하:60)에는 국어는 "과거로부터 면면이 이어져 내려오면서 우리의 문화를 반영해 온 역사적 산물"이라는 설명이 있다. 그런데 이때 '면면이'는 '면면히'가 되어야 한다. '면면(面面)이'는 "저마다 따로따로. 또는 여러 면에 있어서"라는 뜻이다. 이에 비해 '면면(綿綿)히'는 "끊어지지 않고 죽 잇따라"의 뜻이다. 교과서의 문맥에서는 '면면이'가 아니라 '면면히'가 되어야 한다.

'신사고' 교과서(하:247)와 '천재[김종]'의 교과서(하:85)는 'ㅂ' 불규칙 용언에 관형사형 전성 어미가 결합된 활용형을 잘못 표기하고 있다. '신사고' 교과서의 경우는 '예스런'으로 표기하고, '천재[김종]'의 교과서는 '자연스런'이라고 표기하고 있다. 그런데 이 말들은 각각 '예스러운', '자연스러운'의 형태가 되어야 한다. '자랑스러운'이 맞고 '자랑스런'이 틀린 것과 같은 이치이다. '창비'의 교과서(상:24)에서는 '소중스런', '자랑스런'으로 표기되었던 것을 2012학년도용 '검정도서 수정·대조표'에서 '소중스러운', '자랑스러운'으로 수정했다.

'중앙' 교과서(하:169)에도 맞춤법에 맞지 않는 표기가 있다. 교과서에서는

〈두시언해〉, 〈춘망〉의 한 구절인 '여희여슈믈'에 대한 어휘 풀이는 '여의였음을(이별하였음을)'로 한다. 그런데 그것의 현대어 풀이는 '여의었음을'로 하고 있다. 이 말은 '여의다'의 어간 '여의-' 뒤에 과거 시제 선어말 어미 '-었-'이 결합된 형태이므로 '여의었음을'이 되어야 한다.

제4장

글을 마치며

제4장

글을 마치며

국어 교과서는 국어 교육 목표에 따라 학습자의 언어 발달 단계를 고려하여, 국어 능력을 신장할 수 있도록 법령에 의거하여 편집·간행된 교과용 도서이다. 이런 국어 교과서는 관점 반영, 내용 제공 및 구체화, 학습 동기 유발, 교수·학습 자료와 방법 제공, 평가 자료 제공, 연습을 통한 기능 정착 등의 기능을 갖추어야 한다. 이 책에서는 국어 교과서가 갖추어야 할 기능 중에서 교수·학습 자료 제공 기능과 평가 자료 제공 기능에 초점을 두고 2007 개정 교육과정의 〈문법〉 내용 영역을 구체화하고 있는 검정 교과서를 살펴보았다.

교육과정에서 언급하고 있는 교육 목표 및 내용은 교과서의 여러 기능 중, 교수·학습 자료 제공 기능과 밀접한 관련을 맺고 있다. 왜냐하면 국어 교육의 목표를 달성하기 위해서는 효과적인 교수·학습이 이루어져야 하고, 효과적인 교수·학습은 적절한 교수·학습 자료를 통해서 이루어진다. 그리고 이 교수·자료를 바탕으로 평가가 이루어지기 때문이다.

국어 교육의 궁극적인 목적은 국어 능력 신장에 있다. 이 국어 능력 신장을 위해 '국어' 교과의 영역은 듣기, 말하기, 읽기, 쓰기, 문법, 문학으로 체계화되었다. 이 여섯 가지 영역 중 어느 하나라도 문제가 있을 때에는 국어 교육 목표 달성은 어렵다. 그런데 지금까지 살펴본 것처럼 2007 개정 교육과정에 따른 검정 『국어』 교과서에 구체화된 〈문법〉 영역의 교수·학습 자료는 문제가 많았다. 일단 교과서에 제시된 언어 자료에는 오류가 있고, 그 출처도 불명확하다. 그 다음으로는 검정 교과서에서 제공된 교수·학습 자료의 내용이 교과서에 따라 차이가 많으며, 교육과정에 언급된 내용 요소를 생략한 경우도 있었다. 이 문제는 바로 평가 자료로서의 기능과 관련된다.

2007 개정 교육과정에 따르면 성취 기준은 학습자가 국어 수업을 통해 도달해야 할 국어 능력의 내적·외적 특성으로서 평가 내용의 근거가 된다. 그러나 이것은 평가 장면에서 직접적인 평가 내용으로 활용하기에는 포괄적이다. 그래서 성취 기준을 구체화한 내용 요소를 마련했다. 내용 요소는 성취 기준에 도달하기 위해서 학습자가 세부적으로 배우고 익혀야 할 세부 내용을 지식, 기능, 맥락 범주에서 추출, 선정한 것이다. 그리고 평가 내용을 선정할 때에는 성취 기준을 구체화한 내용 요소들을 고려할 필요가 있다고 했다. 물론 교육과정에서는 "내용 요소는 하나의 예시로서 교실 단위의 교수·학습 장면에서 구체화, 상세화, 간략화할 수 있으며 교체·통합·변형이 가능하다."라고 한다. 하지만 특정 교과서에서 다루지 않은 내용 요소가 있다면 학교 단위의 성취도 평가에서는 별 문제가 없겠지만 국가 수준의 성취도 평가에는 문제가 될 수 있다.

우리나라는 학교 단위의 성취도 평가뿐만 아니라 국가 수준의 성취도 평가인 수능을 운영하며, 이 수능을 위해 고등학교 전 학년이 모의고사라는 것을 치러 학생 개개인의 성취도를 평가한다. 그렇기 때문에 검정 『국어』 교과서에 제시된 이론이나 개념은 교육과정의 내용에 바탕을 두어야 한다. 이것이 전제될 때에만 검정 교과서는 성취도 평가 자료로서의 기능을 한다. 특히, 학교 단위로 이루어지는 평가의 대부분은 교과서 내의 언어 자료를 지문으로 활용하기 때문에 교과서 내의 언어 자료는 더 중요하다. 검정 교과서의 상황이 이렇다면 결국 학생들은 서로 다른 언어 자료로 서로 다른 이론이나 개념을 학습한 상태에서 국가 수준의 성취도 평가를 치를 가능성이 높다. 또한 국어 교과서인데도 불구하고 맞춤법 오류나 띄어쓰기 오류, 어휘 선택의 문제도 다수 발견되었다. 따라서 아무리 좋은 교육과정이라도 검정 교과서 체제에서는 국어 교육의 목표를 달성하기 어려워 보인다.

검정 교과서 발행 이후 '교육과학기술부 교육과정·교과서 정보 서비스'에서는 검정 교과서의 오류 사항을 최소화하고자 2010년 4월부터 교과서의 수정·보완사항을 매월 단위로 학교에 안내하고 있다. 또한 '한국 검정 교과서'의 'e-자료실'에는 매년 3월 1일을 기준으로 교육과학기술부로부터 수정·보완이 승인된 내역을 확인할 수 있는 '수정보완보고서(결과)'와 '수정보완보고서(계획)'가 있어 검정 교과서 내용 중 정정된 내용과 정정 예정인 내용을 확인할 수 있다. 그러나 이미 살펴보았듯이 수정·보완 내용들은 교과서 검정 과정에서 걸러야 하는 것들이었고, 그 내용 수준이 높은 것도 아니다. 교과서 발행 후에 수정·보완이 된다는 것은 교과서에 대한 신뢰도 문제도 있지만 일부 학습자들은 틀린 것을 배울 가능성은 여전히 남아 있다. 특히, 문제가 되는 것은 어떤 출판사의 교과서는 검정 심사 과정에서 오류를 발견해서 수정하거나 자체 수정 등을 통해 수정했지만 같은 오류가 다른 교과서에서는 걸러지지 않았다는 것은 검정 심사 체제의 가장 큰 문제점이다. 이는 검정 심사가 내용 영역별로 이루어지는 것이 아니라 교과서별로 이루어지고 있다는 것을 알 수 있게 한다.

이러한 검정 교과서 체제의 문제점을 해결하는 가장 좋은 방법은 국정 교과서 체제로의 전환이다. 그것이 오류를 최소화할 수 있으며, 만약 오류가 발생하더라도 형평성 문제는 생기지 않는다. 국정 체제로의 전환이 불가능하다면 검정 심사 체제를 강화시키는 방법뿐이다. 이를 위해서는 교과서별로 검정 심사를 하는 것이 아니라 내용 영역별로 모든 검정 교과서를 심사함으로써 교과서 간의 내용 차이를 줄일 수 있을 것이다. 또한 기존 국정 교과서의 이론이나 개념, 언어 자료를 무비판적으로 수용해서 검정 교과서의 수록하는 태도도 버려야 한다.

교육은 급변하는 시대 변화에 부응하기 교육과정을 수시 개정 체제로 바꾸고, '국어' 과목마저 국정 체제에서 검정 체제로 전환했다. 이러한 변화로 인해 교과서의 관심이 높아지고 있다. 그러나 높아지는 교과서에 대한 관심은 많은 부분이 경제적 원인 때문일 것이다. 또한 최근에는 정치적 이유로 인해 검정 교과서의 특정한 내용에 대한 관심이 높다. 그런데 교과서에 대한 교육적 관심은 거의 없다.

교과서는 학교 교육의 기본이 되고, 개별 교과에 관한 표준 저작물이며 학습의 과정에서 중심 역할을 하는 책이다. 교육과정과 연관 지을 때, 교과서는 교육과정과 실제로 전개되는 교수 · 학습 과정을 연결시켜 주는 교량 역할을 담당하며, 교육 내용을 선정·조직하고 교수 방법을 제공하는 교수 · 학습 활동의 보조 기능을 담당한다. 그런데 이렇게 중요한 기능을 하는 교과서의 내용이나 수록된 언어 자료에 대해서는 무비판적이다. 교과서에 대한 이러한 태도에서 벗어날 때, 검정 교과서는 국어 교과서로서의 기능을 할 수 있을 것이다.

부 록

1. 교과서 수록 작품 내용 비교
2. 검정 교과서의 띄어쓰기

부 록

1. 교과서 수록 작품 내용 비교

[부록]에서는 〈문법〉 내용 영역의 성취 기준을 학습하기 위해 수록된 언어 자료 이외의 옛말 언어 자료를 원문과 비교해 보았다. 이들 언어 자료들은 대부분 〈문학〉 영역과 관련되어 있다.

1. 〈제망매가〉 해독 내용

〈제망매가〉를 수록하고 있는 교과서는 '미래', '비상', '지학[박]', '창비', '천재[박]', '천재[김종]' 등이다. '미래', '지학[박]', '창비', '천재[박]'의 교과서는 현대어 풀이를 수록하고 있다. 이에 비해 '비상'의 교과서는 『증정 고가연구』(양주동:1983)에 수록된 양주동의 해독을 수록했고, '천재[김종]'의 교과서는 1987년 『고가 연구』에 수록된 양주동의 해독을 수록했다. 그런데 '천재[김종]'의 교과서(하:176)는 '吾隱去內如辭叱都'를 "나는 가는다 말ㅅ도"라고 표기하고 있다. 이에 비해 '비상'의 교과서(하:177)에는 "나는 가ᄂᆞ다 말ㅅ도"로 표기되어 있다. 참고 자료에 따르면 "나는 가ᄂᆞ다 말ㅅ도"가 맞는 표기이다.

2. 〈가시리〉 원문 내용

고려가요 〈가시리〉는 '비상', '천재[김종]', '천재[박]', '해냄' 등의 교과서에 수록되어 있다. 그런데 '해냄' 교과서(상:285)에서만 '위 증즐가 대평셩ᄃᆡ'에서

‘대평셩ᄃᆡ’의 한자어 표기를 ‘大平聖代’로 하고 있는데, ‘大平盛代’이다. 이 부분은 2012학년도용 ‘검정도서 수정·보완 대조표’에 의해 수정되었다.

3. 〈오우가(五友歌)〉 원문 내용 비교

윤선도의 〈오우가(五友歌)〉를 제재로 수록하고 있는 교과서는 다음과 같다.

| 표 1 | 검정 교과서 <오우가> 수록 현황

교과서 단원	내용 영역	구성
금성(상, 6단원)	문학	본문, 현대어 풀이
두산(하, 1단원)	문학	본문, 원문
미래(상, 4단원)	말하기, 문학	학습 활동, 현대어 풀이

‘두산’ 교과서는 원문을 표기하고 있으며, 그 출처는 『고교생이 알아야 할 시조』(신원문화사, 2003)라고 한다. 교과서에 실린 내용과 『국역 고산유고』(이형대:2004)와 『(原本)國語國文學叢林 제7권』(1985)을 비교해 보면 다음과 같다.

| 표 2 | ‘두산’ 교과서의 <오우가> 내용 비교

‘두산’ (하:16)	『국역 고산유고』, 『(原本)國語國文學叢林』
내 버디 몃치나 ᄒᆞ니 <u>수석</u>(水石)과 <u>송죽</u>(松竹)이라. 동산(東山)<u>에</u> ᄃᆞᆯ 오르니 긔 더옥 반갑고야. 두어라, 이 다ᄉᆞᆺ 밧긔 또 더ᄒᆞ야 머엇ᄒᆞ리.	내 버디 몃치나 ᄒᆞ니 <u>水슈石셕</u>과 <u>松숑竹듁</u>이라. 東동山산<u>의</u> ᄃᆞᆯ 오르니 긔 더옥 반갑고야. 두어라 이 다ᄉᆞᆺ 밧긔 또 더ᄒᆞ야 머엇ᄒᆞ리.
구룸 빗치 조타 ᄒᆞ나 검기를 ᄌᆞ로 ᄒᆞᆫ다. ᄇᆞ람 소ᄅᆡ ᄆᆞᆰ다 <u>하나</u> 그칠 적이 하노매라. 조코도 그츨 뉘 업기ᄂᆞᆫ ᄆᆞᆯ뿐인가 ᄒᆞ노라.	구룸 빗치 조타 ᄒᆞ나 검기를 ᄌᆞ로 ᄒᆞᆫ다. ᄇᆞ람 소ᄅᆡ ᄆᆞᆰ다 <u>ᄒᆞ나</u> 그칠 적이 하노매라. 조코도 그츨 뉘 업기ᄂᆞᆫ ᄆᆞᆯ뿐인가 ᄒᆞ노라.
고즌 므스 일로 퓌며셔 쉬이 디고 플은 어이ᄒᆞ야 프르ᄂᆞᆫ ᄃᆞᆺ 누르ᄂᆞ니 아마도 변티 아닐 ᄉᆞᆫ 바회뿐인가 ᄒᆞ노라.	고즌 므스 일로 퓌며셔 쉬이 디고 플은 어이ᄒᆞ야 프르ᄂᆞᆫ ᄃᆞᆺ 누르ᄂᆞ니 아마도 변티 아닐 ᄉᆞᆫ 바회뿐인가 ᄒᆞ노라.

더우면 곳 퓌고 치우면 닙 디거ᄂᆞᆯ 솔아 너ᄂᆞᆫ 얻디 눈서리ᄅᆞᆯ 모ᄅᆞᄂᆞᆫ다. 구천(九泉)의 불희 고ᄃᆞᆫ 줄을 글로 ᄒᆞ야 아노라.	더우면 곳 퓌고 치우면 닙 디거ᄂᆞᆯ 솔아 너ᄂᆞᆫ 얻디 눈서리ᄅᆞᆯ 모ᄅᆞᄂᆞᆫ다. 九구泉쳔의 불희 고ᄃᆞᆫ 줄을 글로 ᄒᆞ야 아노라.
나모도 아닌 거시 플도 아닌 거시 곳기ᄂᆞᆫ 뉘 시기며 속은 어이 뷔연ᄂᆞᆫ다. 뎌러코 사시(四時)예 프르니 그를 됴하ᄒᆞ노라.	나모도 아닌 거시 플도 아닌 거시 곳기ᄂᆞᆫ 뉘 시기며 속은 어이 뷔연ᄂᆞᆫ다. 뎌러코 四ᄉᆞ時시예 프르니 그를 됴하ᄒᆞ노라.
쟈근 거시 노피 떠서 만물(萬物)을 다 비취니 밤듕의 광명(光明)이 너만ᄒᆞ니 또 잇ᄂᆞ냐. 보고도 말 아니ᄒᆞ니 내 벋인가 ᄒᆞ노라.	쟈근 거시 노피 떠셔 萬만物믈을 다 비취니 밤듕의 광명(光明)이 너만ᄒᆞ니 또 잇ᄂᆞ냐. 보고도 말 아니ᄒᆞ니 내 벋인가 ᄒᆞ노라.

4. 〈어부사시사(漁父四時詞)〉 내용 비교

〈어부사시사(漁父四時詞)〉를 제재로 수록하고 있는 교과서는 '신사고'뿐이다. '신사고'에서는 〈어부사시사〉 중에서 '춘사(春詞) 5', '하사(夏詞) 2', '추사(秋詞) 3', '동사(冬詞) 4'를『국어(하)』에서 〈문학〉 영역의 제재로 수록하고 있다. 자료의 출처는『국역 고산유고』(소명출판, 2004)이다.

'신사고'(하, 50-51)

춘사(春詞) 5

고은 볃티 쬐얀ᄂᆞᆫᄃᆡ 믉결이 기름 ᄀᆞᆺ다
　이어라 이어라
그믈을 주어 두랴 낙시ᄅᆞᆯ 노흘일가
　지국총(至匊忩) 지국총(至匊忩) 어ᄉᆞ와(於思臥)
탁영가(濯纓歌)의 흥(興)이 나니 고기도 니즐로다

하사(夏詞) 2

년닙희 밥 싸두고 반찬으란 쟝만 마라
　닫 드러라 닫 드러나
청약립(靑蒻笠)은 써 잇노라 녹사의(綠蓑衣) 가져오냐
　지국총(至匊忩) 지국총(至匊忩) 어ᄉᆞ와(於思臥)
무심(無心)ᄒᆞᆫ ᄇᆡᆨ구(白鷗)ᄂᆞᆫ 내 좃ᄂᆞᆫ가 제 좃ᄂᆞᆫ가

추사(秋詞) 3
ᄇᆡᆨ운(白雲)이 니러나고 나모 긋티 흐느긴다
　돋 ᄃᆞ라라 돋 ᄃᆞ라라
밀믈의 셔호(西湖)ㅣ오 혈믈의 동호(東湖) 가쟈
　지국총(至匊悤) 지국총(至匊悤) 어사와(於思臥)
ᄇᆡᆨ빈홍료(白蘋紅蓼)ᄂᆞᆫ 곳마다 경(景)이로다

동사(冬詞) 4
간밤의 눈 갠 후(後)에 경믈(景物)이 달랃고야
　이어라 이어라
압희ᄂᆞᆫ 만경류리(萬頃琉璃) 듸희ᄂᆞᆫ 쳔텹옥산(千疊玉山)
　지국총(至匊悤) 지국총(至匊悤) 어ᄉᆞ와(於思臥)
선계(仙界)ㄴ가 블계(佛界)ㄴ가 인간(人間)이 아니로다

『국역 고산유고』(소명출판, 2004)
춘사(春詞) 5
고은 볃티 쬐얀ᄂᆞᆫᄃᆡ 믉결이 기름 ᄀᆞᆺ다
　이어라 이어리
그믈을 주어 두랴 낙시를 노흘일가
至지匊국悤총 至지匊국悤총 於어思ᄉᆞ臥와
濯탁纓영歌가의 興흥이 나니 고기도 니즐로다

하사(夏詞) 2
년닙희 밥 싸두고 반찬으란 쟝만 마라
　닫 드러라 닫 드러나
靑청蒻약笠립은 써 잇노라 綠녹蓑사衣의 가져오냐
至지匊국悤총 至지匊국悤총 於어思ᄉᆞ臥와
無무心심ᄒᆞᆫ 白ᄇᆡᆨ鷗구ᄂᆞᆫ 내 좃ᄂᆞᆫ가 제 좃ᄂᆞᆫ가

추사(秋詞) 3
白ᄇᆡᆨ雲운이 니러나고 나모 긋티 흐느긴다
　돋 ᄃᆞ라라 돋 ᄃᆞ라라
밀믈의 셔호(西湖)ㅣ오 혈믈의 동호(東湖) 가쟈
　至지匊국悤총 至지匊국悤총 於어思ᄉᆞ臥와
ᄇᆡᆨ빈홍료(白蘋紅蓼)ᄂᆞᆫ 곳마다 景경이로다

동사(冬詞) 4

간밤의 눈 갠 後후에 景경物믈이 달랃고야
　이어라 이어라
압희는 萬만頃경琉류璃리 뒤희는 千쳔疊텹玉옥山산
　至지匊국悤총 至지匊국悤총 於어思ᄉ臥와
션계(仙界)ㄴ가 불계(佛界)ㄴ가 人인間간이 아니로다

'춘사 5'의 '이어리'에 대해서 이형대(2004:321)에서는 '이어라'의 오각이라고 설명하는데 비해 '신사고'의 교과서는 아무런 설명이다. '하사 2'의 '綠녹蓑사衣'도 이형대(2004:323)에서는 '녹사의'의 오각이라고 설명한다. '추사 3'의 '어사와(於思臥)'는 2012학년도용 '검정도서 수정·보완 대조표'에서 수정했다.

5. 〈사미인곡(思美人曲)〉 내용 비교

송강 정철의 〈사미인곡(思美人曲)〉을 제재로 수록하고 있는 검정 교과서는 '두산' 교과서(상:183)와 '천재[김종]' 교과서(하:146)이다. '두산'의 교과서는 본문에서 전문(全文)을 다루고, 그 출처를 고등학교 『문학(상)』(두산동아, 2009)으로 밝힌다. '천재[김종]'의 교과서는 학습 활동에서 그 일부를 제시하고 있으며, 『송강가사(이선본)』를 출처 자료로 했다. 먼저 두 교과서의 내용을 비교해 보면 다음과 같다.

| 표 3 | '두산'과 '천재[김종]' 교과서의 <사미인곡> 내용 비교

두산	천재[김종]
ᄒᆞᆫ᠆ᄃᆡ **녜쟈** ᄒᆞ얏더니	ᄒᆞᆫᄃᆡ **녜자** ᄒᆞ얏더니
늙거야 므ᄉᆞ … **글이는고**	**늙어야** 므ᄉᆞ … **글이는고**
올 적의 … **얼킈연** 디 三삼年년**이라**	**올 적의** … **얼킈연** 디 三삼年년**이라**
ᄆᆞ**음의**	ᄆᆞ**음의**
인ᄉᆡᆼ(人生)은 유ᄒᆞᆫ(有限)ᄒᆞᆫᄃᆡ	人인生ᄉᆡᆼ은 有유限**한**ᄒᆞᆫᄃᆡ
젹**셜**(積雪)을 헤텨 내니	
원앙금(**鴛**鴦錦)	

쳔 리(千里) 만리(萬里) 길흘	
기러기 우러 녤 제	
수졍념(水晶簾) 거든말이	
님이신가 반기니	
눈믈	
청광을 쥐여 내여	
심산(深山) 궁곡(窮谷) 졈낫ᄀᆞ티	
ᄒᆞᆫ 빗친 제	
긋쳐 잇다~이러커든	
양츈(陽春)을 부쳐내여	
청등(靑燈) 거른 겻틔	
틱 밧고	
열히 오나	
되오리라	
곳나모	
향 므든 ᄂᆞᆯ애로	
오ᄉᆡᆨ 올므리라	
모ᄅᆞ셔도	

다음은 두 검정 교과서에서 표기 차이가 있는 내용과 『(原本) 松江歌辭, 孤山外 五人集, 歌曲源流』(대제각, 1985)에 수록된 〈송강가사〉의 판본인 〈성주본〉, 〈관서본〉, 〈이선본〉의 내용을 비교한 것이다.

| 표 4 | <송강가사> 수록 <사미인곡> 원문 비교

〈성주본〉	〈관서본〉	〈이선본〉
ᄒᆞᆫᄃᆡ 녜쟈 히얏더니	ᄒᆞᆫᄃᆡ 녜쟈 ᄒᆞ얏더니	ᄒᆞᆫᄃᆡ 녜쟈 ᄒᆞ얏더니
늙거야 므삼 …… 글이ᄂᆞᆫ고	늙거야 므ᄉᆞ… 그리ᄂᆞᆫ고	늙거야 므ᄉᆞ…… 그리ᄂᆞᆫ고
올적의…얼킈연디 三삼年년이라	올저긔…허틀언디 삼년일쇠	올 저긔…헛틀언디 삼년일쇠
ᄆᆞ음의 ᄆᆡ친	ᄆᆞᄋᆞᆷ의 ᄆᆡ친	ᄆᆞ음의 ᄆᆡ친
유ᄒᆞᆫ(有限)ᄒᆞᆫᄃᆡ	유ᄒᆞᆫ(有限)ᄒᆞᆫᄃᆡ	유ᄒᆞᆫ(有限)ᄒᆞᆫᄃᆡ
적셜(積雪)을 헤텨 내니	적셜(積雪)을 헤텨 내니	적셜(積雪)을 헤텨 내니
원앙금(鴛鴦錦)	원앙금(鴛鴦錦)	원앙금(鴛鴦錦)

千쳔里리萬만里리 길흘	千쳔里니萬만里니 길ᄒᆡ	千쳔里리萬만里리 길ᄒᆡ
기러기 우러 녤제	기러기 우러 녈ᄌᆡ	기러기 우러 녈제
슈졍념(水晶簾) 거든밀이	슈졍념(水晶簾)을 거든말리	슈졍념(水晶簾)을 거든마리
님이신가	님인가	님인가
눈믈	눈물	눈믈
청광(淸光)을 쥐여내여	청광(淸光)을 픠워내여	청광(淸光)을 픠워내여
深심山산窮궁谷곡 졈낫ᄀᆞ티	深심山산窮궁谷곡을 낫ᄀᆞ티	深심山산窮궁谷곡 졈낫ᄀᆞ티
ᄒᆞᆫ 빗친 제	ᄒᆞᆫ 비친 제	ᄒᆞᆫ 비친 제
긋쳐 잇다	긋처 잇다	긋처 잇다
이러커든	이렇커든	이러커든
양춘(陽春)을 부쳐내여	양츈(陽春)을 부처내여	양춘(陽春)을 부처내여
청등(靑燈) 거른	청등(靑燈) 거론	청등(靑燈) 거론
틱 밧고	특 밧고	특 밧고
열히 오나	열히 오다	열히 오다
되오리라	되올리라	되오리라
곳나모	ᄭᅩᆺ나모	곳나모
향 므든 ᄂᆞᆯ애로	향 므틴 ᄂᆞᆯ애로	향 므틴 ᄂᆞᆯ애로
오ᄉᆡ 올므리라	옷ᄉᆡ 올무리라	오ᄉᆡ 올므리라
모ᄅᆞ셔도	모로서도	모ᄅᆞ셔도

이를 볼 때 '두산' 교과서가 참고로 한 고등학교 『문학(상)』 (두산동아, 2009)의 표기는 〈성주본〉에 가깝기는 하지만 〈성주본〉과 일치하지는 않는다. 한편, '특'이라는 표기는 〈성주본〉에만 '틱'으로 되어 있다. '특'은 '턱'의 옛말로 〈훈민정음〉 〈용자례〉에 중성의 예로 나온다는 점을 고려한다면 '특'이 맞는 표기인 것 같다.

6. 〈속미인곡(續美人曲)〉 내용 비교

정철의 〈속미인곡〉을 제재로 수록하고 있는 검정 교과서를 정리하면 〈표 5〉와 같다. 〈표 5〉에서 알 수 있듯이 '지학[방]'의 교과서와 '해냄'의 교과서는 출처 자료가 같다.

| 표 5 | 검정 교과서 <속미인곡> 수록 현황 및 자료 출처

교과서	내용 영역	구성	제재 출처 자료
신사고	〈문학〉	본문	"고등학교 문학(하)"(대한교과서, 2002)
지학[방]	〈문학〉	본문	"송강가사"(신구문화사, 2006)
해냄	〈문학〉	본문	"송강가사"(신구문화사, 2006)

| 표 6 | 검정 교과서 수록 <속미인곡> 내용 비교

교과서	표기 내용
신사고	어와 네여이고 **이내** ᄉᆞ셜 드러 보오.
	나도 님을 미더 군ᄠᅳ디**전혀** 업서
	이ᄅᆡ야 교ᄐᆡ야 어ᄌᆞ러이 **구돗썬디**
	쥭조반(粥早飯) 죠셕(朝夕) 뫼 녜와 ᄀᆞᆺ티 셰시ᄂᆞᆫ가
	출하리 **믈ᄀᆞ의** 가 ᄇᆡ길히나 **보쟈** ᄒᆞ니
	샤공은 어ᄃᆡ 가고 븬 ᄇᆡ만 걸렷ᄂᆞ**니**
	강텬(江天)의 **혼쟈 셔서** 디ᄂᆞᆫ ᄒᆡ를 구버보니
	오ᄅᆞ며 ᄂᆞ리며 헤ᄯᅳ며 **바니니** 져근덧 **녁**진(力盡)ᄒᆞ야 **픗**ᄌᆞᆷ을 잠간 드니
	정셩(**精**誠)이 지극ᄒᆞ야
	옥(玉) ᄀᆞᄐᆞᆫ **얼굴이** 반(半)이나마 늘거셰라.
	눈믈이 바라 나니 **말**인들 어이ᄒᆞ며
지학[방]	어와 네여이고 **내** ᄉᆞ셜 드러 보오.
	나도 님을 미더 군ᄠᅳ디 **전혀** 업서
	이ᄅᆡ야 교ᄐᆡ야 어ᄌᆞ러이 **구돗썬디**
	쥭조반(粥早飯) 죠셕(朝夕) 뫼 녜와 ᄀᆞᆺ티 셰시ᄂᆞᆫ가.
	출하리 **물ᄀᆞ의** 가 ᄇᆡ길히나 **보쟈** ᄒᆞ니
	샤공은 어ᄃᆡ 가고 븬 ᄇᆡ만 걸렷ᄂᆞ**니,**
	강텬(江天)의 **혼쟈 셔셔** 디ᄂᆞᆫ ᄒᆡ를 구버보니
	오ᄅᆞ며 ᄂᆞ리며 헤ᄯᅳ며 **바니니** 져근덧 **역진**(力盡)ᄒᆞ야 **픗**ᄌᆞᆷ을 잠간 드니
	정셩(**精**誠)이 지극ᄒᆞ야
	옥(玉) ᄀᆞᄐᆞᆫ **얼굴이** 반(半)이나마 늘거셰라.
	눈믈이 바라 나니 **말**인들 어이ᄒᆞ며

해냄	어와 네여이고 **이내 ᄉᆞ셜** 드러 보오.
	나도 님을 미더 군ᄠᅳ디 **젼혀** 업서
	이ᄅᆡ야 교ᄐᆡ야 어ᄌᆞ러이 **ᄒᆞ돗쎤디**
	粥**쥭**早조飯반 朝죠夕셕뫼 녜와 ᄀᆞᆺ티 세시ᄂᆞᆫ가.
	출하리 **믈ᄀᆞ**의 가 ᄇᆡ 길히나 **보랴**ᄒᆞ니
	샤공은 어ᄃᆡ 가고 빈 ᄇᆡ만 걸렷**ᄂᆞᆫ고.**
	江강天텬의 **혼자 셔셔** 디ᄂᆞᆫ ᄒᆡ를 구버보니
	오ᄅᆞ며 ᄂᆞ리며 헤ᄠᅳ며 **바자니니** 져근덧 **力녁盡진**ᄒᆞ야 **픗**ᄌᆞᆷ을 잠간 드니
	情졍誠셩이 지극ᄒᆞ야
	玉옥 ᄀᆞᄐᆞᆫ **얼굴이** 半반이 나마 늘거세라.
	눈믈이 바라 나니 **말ᄉᆞᆷ**인들 어이 ᄒᆞ며

'지학[방]'의 교과서와 '해냄'의 교과서는 모두 『송강가사』(신구문화사, 2006)를 참고로 했는데도 표기에 차이가 있다. 이를 『송강가사』(신구문화사, 2006)와 비교하면 다음 표와 같다.

| 표 7 | '지학[방]' 교과서와 '해냄' 교과서의 <속미인곡> 표기 비교

'지학[방]' 교과서	'해냄' 교과서	『송강가사』 (신구문화사, 2006)
어와 네여이고 **내** ᄉᆞ셜	어와 네여이고 **이내** ᄉᆞ셜	어와 네여이고 **이내** ᄉᆞ셜
전혀	**젼혀**	**젼혀**
구돗쎤디	ᄒᆞ돗쎤디	ᄒᆞ돗쎤디
죽조반(粥早飯)	粥**쥭**早조飯반	粥**쥭**早조飯반
믈ᄀᆞ ~ 보쟈	**믈ᄀᆞ ~ 보랴**	**믈ᄀᆞ ~ 보랴**
빈 ᄇᆡ만 걸렷ᄂᆞ**니,**	빈 ᄇᆡ만 걸렷ᄂᆞᆫ고,	빈 ᄇᆡ만 걸렷ᄂᆞᆫ고,
혼쟈	혼자	혼자
바니니~역진(力盡)~픗ᄌᆞᆷ	**바자니니**~力녁盡진~**픗**ᄌᆞᆷ	**바자니니**~力녁盡진~**픗**ᄌᆞᆷ
졍셩(**精**誠)	**情**졍誠셩	졍셩(**精**誠)
얼굴이	**얼굴이**	**얼구리**
말인들 어이ᄒᆞ며	**말ᄉᆞᆷ**인들 어이ᄒᆞ며	**말ᄉᆞᆷ**인들 어이ᄒᆞ며

이렇게 볼 때, '지학[방]'의 교과서의 표기보다는 '해냄' 교과서의 표기가 맞다. 그러나 두 교과서 모두 "옥(玉) ᄀᆞᄐᆞᆫ **얼굴이** 반(半)이나마 늘거셰라"라고 표기하고 있지만 원문과 『송강가사』(신구문화사, 2006)에는 모두 '얼구리'로 되어 있다. 또한 『송강가사』(신구문화사, 2006)와 '해냄' 교과서의 표기에서 차이나는 것은 '정성'의 한자 표기이다. 『송강가사』(신구문화사, 2006)에서는 '졍셩(精誠)'으로 표기하고 있고, '해냄' 교과서에서는 '情졍誠'으로 표기하고 있다. 그러나 원문을 보면 '해냄' 교과서의 표기가 맞다.

이 외에도 차이가 나는 내용을 〈송강가사〉의 판본인 〈성주본〉, 〈관서본〉, 〈이선본〉과 비교해 보면 다음과 같다.

| 표 8 | <송강가사> 수록 <속미인곡> 원문 비교

〈성주본〉	〈관서본〉	〈이선본〉
히 다 **뎌** 져믄	히 다 **져** 져믄	히 다 **뎌** 져믄
어와 네여이고 **내** ᄉᆞ셜	어와 네여이고 **이내** ᄉᆞ셜	어와 네여이고 **이내** ᄉᆞ셜
ᄒᆞ**냐**마ᄂᆞᆫ	ᄒᆞᆫ**가**마ᄂᆞᆫ	ᄒᆞᆫ**가**마ᄂᆞᆫ
젼혀	**젼혀**	**젼혀**
구돗썬디	ᄒᆞ돗썬디	ᄒᆞ돗썬디
혜**어**ᄒᆞ니	혜**여**ᄒᆞ니	혜**여**ᄒᆞ니
粥**쥭**早**조**飯**반** 朝**죠**夕셕	粥**쥭**早**조**飯**반** 朝**됴**夕셕	粥**쥭**早**조**飯**반** 朝**죠**夕셕
셰**시**ᄂᆞᆫ가	셰**신**ᄂᆞᆫ가	셰**시**ᄂᆞᆫ가
므ᄉᆞ	**무**ᄉᆞ	**므**ᄉᆞ
千쳔里**리**ᄅᆞᆯ	千쳔里**니**ᄅᆞᆯ	千쳔里**리**ᄅᆞᆯ
믈ᄀᆞ ~ **보쟈**	**믈**ᄀᆞ ~ **보랴**	**믈**ᄀᆞ ~ **보랴**
어**둥**졍	어**동**졍	어**둥**졍
걸렷ᄂᆞ**니**,	걸렷ᄂᆞᆫ**고**,	걸렷ᄂᆞᆫ**고**,
혼**지** **셔**셔	혼**자** **서**셔	혼**자** **셔**셔
바니니~力녁盡진~**ᄑᆞᆺ**ᄌᆞᆷ	**바자니니**~力녁盡진~**ᄑᆞᆺ**ᄌᆞᆷ	**바자니니**~力녁盡진~**ᄑᆞᆺ**ᄌᆞᆷ
情졍誠셩	**情**졍誠셩	**情**졍誠셩
얼굴이	**얼구리**	**얼구리**
말인들 어이ᄒᆞ며	**말ᄉᆞᆷ**인들 어이ᄒᆞ며	**말ᄉᆞᆷ**인들 어이ᄒᆞ며
몌여	몌여ᄒᆞ**니**	몌여ᄒᆞ**니**
ᄇᆞ라보니	**바**라보니	ᄇᆞ라보니
	ᄎᆞᆯ하리 ~비최리다	ᄎᆞᆯ하리 ~비최리다

7. 〈관동별곡(關東別曲)〉 내용 비교

정철의 〈관동별곡〉은 모두 8종의 검정 교과서에 실려 있다. 이 중 '천재[김대]'의 교과서를 제외한 모든 검정 교과서는 "江강湖호애"처럼 한자를 먼저 쓰고 우리말을 적는 표기 방식으로 작품을 수록하고 있다. 그런데 '천재[박]'의 교과서(하:184)에서는 '노老룡龍'으로 표기하고 있지만 이 부분은 2012학년도용 '검정도서 수정·보완 대조표'에서 수정되었다.

검정 교과서 중에서 '디딤돌', '미래', '비상', '지학[박]', '천재[김대]' 등의 교과서는 제6차 고등학교 『국어』 교과서나 제7차 교육과정의 고등학교 『국어』 교과서를 출처 자료를 하고 있다. '교학'의 교과서는 〈송강가사 이선본〉을 자료로 했다고 한다. 한편, 제6차와 제7차 교육과정의 『국어』 교과서는 『송강가사』의 〈이선본〉을 바탕으로 했기에 위의 교과서에 실린 작품 내용은 같아야 한다. '천재[박]' 교과서는 『한국고전문학전집3-가사 I 』 (고려대학교 민족문학연구소, 1993)을 참고했다. 다음은 〈관동별곡〉을 수록하고 있는 검정 교과서의 내용 중 차이가 나는 부분을 〈관동별곡〉의 목판본 중 현전하는 〈성주본(星州本)〉, 〈관서본(關西本)〉, 〈이선본(李選本)〉과 비교한 것이다.

| 표 9 | 검정 교과서 수록 <관동별곡> 내용 비교

교과서	내용	성주본	관서본	이선본
교학	平평丘구驛역	平평丘구驛역	平평丘구驛역	平평丘구驛역
	體톄勢셰	體톄勢셰	體톄勢셰	體톄勢셰
	金금闌난窟굴	金금欄난窟굴	金금欄난窟굴	金금闌난窟굴
	工공倕슈	工공倕슈	工공倕슈	工공倕슈
	躑텩躅툑	躑텩躅툑	躑텩躅툑	躑텩躅툑
	闊활遠원ᄒᆞᆫ댜	濶활遠원ᄒᆞᆫ댜	濶활遠원ᄒᆞᆫ댜	濶활遠원ᄒᆞᆫ댜
	節졀孝효旌졍門문	節졀孝효旌졍門문	節졀孝효旌졍門문	節졀孝효旌졍門문
	有유限ᄒᆞᆫᄒᆞ고	有유限ᄒᆞᆫᄒᆞ고	有유限ᄒᆞᆫᄒᆞ고	有유限ᄒᆞᆫᄒᆞ고
	픗ᄌᆞᆷ	픗ᄌᆞᆷ	픗ᄌᆞᆷ	픗ᄌᆞᆷ
	내려와셔	내려와셔	내려와셔	내려와셔
	滄창海ᄒᆡ水슈	滄창海ᄒᆡ水슈	滄창海ᄒᆡ水슈	滄창海ᄒᆡ水슈

디딤돌	平평丘구驛역	平평丘구驛역	平평丘구驛역	平평丘구驛역
	體톄勢셰	軆톄勢셰	軆톄勢셰	軆톄勢셰
	金금闌난窟굴	金금幱난窟굴	金금幱난窟굴	金금闌난窟굴
	工공倕슈	工공倕슈	工공倕슈	工공倕슈
	躑텩躅툑	躑텩躅툑	躑텩躅툑	躑텩躅툑
	闊활遠원ᄒᆞᆫ댜	濶활遠원ᄒᆞᆫ댜	濶활遠원ᄒᆞᆫ댜	濶활遠원ᄒᆞᆫ댜
	節졀孝효旌정門문	節졀孝효旌정門문	節졀孝효旌정門문	節졀孝효旌정門문
	有유限ᄒᆞᆫᄒᆞ고	有유限ᄒᆞᆫᄒᆞ고	有유限ᄒᆞᆫᄒᆞ고	有유限ᄒᆞᆫᄒᆞ고
	픗즙	픗즘	픗즘	픗즘
	내려와셔	내려와셔	내려와셔	내려와셔
	滄창海ᄒᆡ水슈	滄창海ᄒᆡ水슈	滄창海ᄒᆡ水슈	滄창海ᄒᆡ水슈
미래	平평丘구驛역	平평丘구驛역	平평丘구驛역	平평丘구驛역
	體톄勢셰	軆톄勢셰	軆톄勢셰	軆톄勢셰
	金금闌난窟굴	金금幱난窟굴	金금幱난窟굴	金금闌난窟굴
	工공倕슈	工공倕슈	工공倕슈	工공倕슈
	躑텩躅툑	躑텩躅툑	躑텩躅툑	躑텩躅툑
	闊활遠원ᄒᆞᆫ댜	濶활遠원ᄒᆞᆫ댜	濶활遠원ᄒᆞᆫ댜	濶활遠원ᄒᆞᆫ댜
	節졀孝효旌정門문	節졀孝효旌정門문	節졀孝효旌정門문	節졀孝효旌정門문
	有유限ᄒᆞᆫᄒᆞ고	有유限ᄒᆞᆫᄒᆞ고	有유限ᄒᆞᆫᄒᆞ고	有유限ᄒᆞᆫᄒᆞ고
	픗즘	픗즘	픗즘	픗즘
	내려와셔	내려와셔	내려와셔	내려와셔
	滄창海ᄒᆡ水슈	滄창海ᄒᆡ水슈	滄창海ᄒᆡ水슈	滄창海ᄒᆡ水슈
비상	平평丘구驛역	平평丘구驛역	平평丘구驛역	平평丘구驛역
	軆톄勢셰	軆톄勢셰	軆톄勢셰	軆톄勢셰
	金금幱난窟굴	金금幱난窟굴	金금幱난窟굴	金금闌난窟굴
	工공倕슈	工공倕슈	工공倕슈	工공倕슈
	躑텩躅툑	躑텩躅툑	躑텩躅툑	躑텩躅툑
	闊활遠원ᄒᆞᆫ댜	濶활遠원ᄒᆞᆫ댜	濶활遠원ᄒᆞᆫ댜	濶활遠원ᄒᆞᆫ댜
	節졀孝효旌정門문	節졀孝효旌정門문	節졀孝효旌정門문	節졀孝효旌정門문
	有유限ᄒᆞᆫᄒᆞ고	有유限ᄒᆞᆫᄒᆞ고	有유限ᄒᆞᆫᄒᆞ고	有유限ᄒᆞᆫᄒᆞ고
	픗즘	픗즘	픗즘	픗즘
	내려와셔	내려와셔	내려와셔	내려와셔
	滄창海ᄒᆡ水슈	滄창海ᄒᆡ水슈	滄창海ᄒᆡ水슈	滄창海ᄒᆡ水슈

	平평丘구驛역	平평丘구驛역	平평丘구驛역	平평丘구驛역
	軆톄勢셰	軆톄勢셰	軆톄勢셰	軆톄勢셰
	金금闌난窟굴	金금爛난窟굴	金금爛난窟굴	金금闌난窟굴
	工공倕슈	工공倕슈	工공倕슈	工공倕슈
	躑텩躅툑	躑텩躅툑	躑텩躅툑	躑텩躅툑
지학[박]	闊활遠원ᄒᆞᆫ다	濶활遠원ᄒᆞᆫ댜	濶활遠원ᄒᆞᆫ댜	濶활遠원ᄒᆞᆫ댜
	節절孝효旌정門문	節절孝효旌정門문	節절孝효旌정門문	節절孝효旌정門문
	有유限ᄒᆞᆫᄒᆞ고	有유限ᄒᆞᆫᄒᆞ고	有유限ᄒᆞᆫᄒᆞ고	有유限ᄒᆞᆫᄒᆞ고
	픗즘	픗즘	픗즘	픗즘
	내려와셔	내려와셔	내려와셔	내려와셔
	滄챵海ᄒᆡ水슈	滄창海ᄒᆡ水슈	滄창海ᄒᆡ水슈	滄창海ᄒᆡ水슈
	평구역(平丘驛)	平평丘구驛역	平평丘구驛역	平평丘구驛역
	體톄勢셰	軆톄勢셰	軆톄勢셰	軆톄勢셰
	金금蘭난窟굴	金금爛난窟굴	金금爛난窟굴	金금闌난窟굴
	工공倕슈	工공倕슈	工공倕슈	工공倕슈
천재	躑텩躅툑	躑텩躅툑	躑텩躅툑	躑텩躅툑
[김대]	闊활遠원ᄒᆞᆫ다	濶활遠원ᄒᆞᆫ댜	濶활遠원ᄒᆞᆫ댜	濶활遠원ᄒᆞᆫ댜
	節절孝효旌정門문	節절孝효旌정門문	節절孝효旌정門문	節절孝효旌정門문
	有유限ᄒᆞᆫᄒᆞ고	有유限ᄒᆞᆫᄒᆞ고	有유限ᄒᆞᆫᄒᆞ고	有유限ᄒᆞᆫᄒᆞ고
	픗즘	픗즘	픗즘	픗즘
	내려와셔	내려와셔	내려와셔	내려와셔
	滄챵海ᄒᆡ水슈	滄창海ᄒᆡ水슈	滄창海ᄒᆡ水슈	滄창海ᄒᆡ水슈
	平평丘구驛역	平평丘구驛역	平평丘구驛역	平평丘구驛역
	軆톄勢셰	軆톄勢셰	軆톄勢셰	軆톄勢셰
	金금蘭난窟굴	金금爛난窟굴	金금爛난窟굴	金금闌난窟굴
	工공垂슈	工공倕슈	工공倕슈	工공倕슈
	躑텩躅툑	躑텩躅툑	躑텩躅툑	躑텩躅툑
천재[박]	闊활遠원ᄒᆞᆫ다	濶활遠원ᄒᆞᆫ댜	濶활遠원ᄒᆞᆫ댜	濶활遠원ᄒᆞᆫ댜
	節절孝효旌정門문	節절孝효旌정門문	節절孝효旌정門문	節절孝효旌정門문
	有유限ᄒᆞᆫᄒᆞ고	有유限ᄒᆞᆫᄒᆞ고	有유限ᄒᆞᆫᄒᆞ고	有유限ᄒᆞᆫᄒᆞ고
	픗즘	픗즘	픗즘	픗즘
	내려와셔	내려와셔	내려와셔	내려와셔
	滄챵海ᄒᆡ水슈	滄창海ᄒᆡ水슈	滄창海ᄒᆡ水슈	滄창海ᄒᆡ水슈

텍스트	平평九구驛역	平평丘구驛역	平평丘구驛역	平평丘구驛역
	體톄勢셰	軆톄勢셰	軆톄勢셰	體톄勢셰
	金금闌난窟굴	金금欄난窟굴	金금欄난窟굴	金금闌난窟굴
	工공倕슈	工공倕슈	工공倕슈	工공倕슈
	躑텩躅튝	躑텩躅튝	躑텩躅튝	躑텩躅튝
	濶활遠원ᄒᆞᆫ다	濶활遠원ᄒᆞᆫ댜	濶활遠원ᄒᆞᆫ다	濶활遠원ᄒᆞᆫ다
	節졀孝효旌정門문	節졀孝효旌정門문	節졀孝효旌정門문	節졀孝효旌정門문
	有유限한ᄒᆞ고	有유限ᄒᆞᆫᄒᆞ고	有유限ᄒᆞᆫᄒᆞ고	有유限ᄒᆞᆫᄒᆞ고
	픗ᄌᆞᆷ	픗ᄌᆞᆷ	픗ᄌᆞᆷ	픗ᄌᆞᆷ
	내려와서	내려와셔	내려와서	내려와셔
	滄창海ᄒᆡ水슈	滄창海ᄒᆡ水슈	滄창海ᄒᆡ水슈	滄창海ᄒᆡ水슈

위 표의 내용을 좀 더 알아보도록 하자. 첫째, '平평丘구驛역'의 경우는 '텍스트'의 교과서만이 '平평九구驛역'으로 표기하고 있다. 그러나 '텍스트' 교과서(상:133)의 '平평九구驛역'은 2012학년도용 '검정도서 수정·보완 대조표'에서 '平평丘구驛역'으로 수정되었다.

둘째, '體톄勢셰', '軆톄勢셰' 및 '闊활遠원ᄒᆞᆫ댜', '濶활遠원ᄒᆞᆫ댜'의 한자 표기이다. '濶'과 '闊', '體'와 '軆'는 각각 본자와 속자의 관계이기에 별 문제가 되지 않는다.

셋째, '금난굴'의 한자 표기이다. '교학', '디딤돌', '미래', '지학[박]', '텍스트' 교과서에서는 '金금闌난窟굴'로 표기한다. 이에 비해 '비상' 교과서는 '金금欄난窟굴'로 표기하고 '천재[박]' 교과서는 '金금蘭난窟굴'로 표기한다. '金금欄난窟굴'은 〈성주본〉과 〈관서본〉의 표기이며, '金금闌난窟굴'은 〈이선본〉의 표기이다. 〈표준국어대사전〉을 보면 '금란굴'은 "강원도 통천군 통천면에 있는 굴"이라고 하면서 '金欄窟'로 표기하고 있다. '교학' 교과서와 정재호·장정수(2006:77)에서도 '금난굴'을 통천에 있는 굴로 처리한다.

넷째, '천재[박]' 교과서에서만 '공수'를 '工공垂슈'로 표기하고 있고, 나머지 교과서는 모두 '工공倕슈'로 표기한다. 또한 '躑텩躅튝'의 한자 표기의 경우, '디딤돌' 교과서만이 '[虫+鄭]텩躅튝'으로 표기하고 있음을 알 수 있다. '節졀孝효旌정門문'의 한글 표기도 '디딤돌' 교과서만 '절'로 표기하고 나머지 교과서는

'졀'로 표기하고 있다.

다섯째, '有유限한ᄒᆞ고'와 '내려와서'의 표기인데, 이와 같은 형태의 표기는 '텍스트' 교과서에서만 나타난다. 〈송강가사〉의 다른 판본에도 '有유限ᄒᆞᆫᄒᆞ고'와 '人인間간의 내려와셔'로 되어 있다.

여섯째, '滄창海희水슈' 형태의 표기도 '텍스트' 교과서에서만 나타난다. 그러나 〈관동별곡〉의 세 가지 판본은 모두 '滄창海희水슈'로 표기하고 있다. 정재호·장정수(2006:82)에서도 '滄창海희水슈'로 표기하고 있다.

일곱째, '픗즙'의 표기이다. 이 표기는 '디딤돌' 교과서에만 나타나며, 다른 교과서에서는 '픗즘'으로 되어 있다.

한편, '천재[김대]' 교과서(하:198)의 학습 활동에는 '출하리 한강의 목멱의 다히고져'라는 구절이 수록되어 있는데, '한강'과 '목멱'에 대한 한자가 빠져 있다. '천재[박]' 교과서의 학습 활동(하:194)에서는 "들을 제는 우레더니 보니는 눈이로다."라고 되어 있는데, '우레더니'가 아니라 '우레러니'이다. 이 부분은 2012학년도용 '검정도서 수정·보완 대조표'에서 수정되었다

8. 〈조침문〉 내용 비교

〈조침문〉은 조선 순조 때에 '유씨(兪氏) 부인'이 바늘을 의인화하여 쓴 제문(祭文) 형식의 수필이다. 〈조침문〉은 주로 〈문학〉과 〈쓰기〉 영역의 언어 자료로 수록되어 있는데, 〈조침문〉을 수록하고 있는 검정 교과서는 다음과 같다.

| 표 10 | 검정 교과서 <조침문> 수록 현황과 자료 출처

교과서	수록 범위	내용 영역	자료 출처
금성	일부	〈쓰기〉	『문학 시간에 옛글 읽기』(나라말, 2008)
창비	일부	〈쓰기〉	없음
천재[김대]	전문	〈문학〉	고등학교 『국어(하)』(2009)
해냄	전문	〈문학〉, 〈쓰기〉	고등학교 『국어(하)』(2009)

다음은 검정 교과서에 수록된 〈조침문〉의 내용을 비교하여 정리한 것이다.

| 표 11 | <조침문> 내용 비교

천재[김대]	해냄	고등학교 『국어(하)』(2009)
바늘이로대	바늘이로되	바늘이로대
지닌 지	지닌지	지닌 지
나눠 주고 그중에	나누어 주고 그 중에	나눠 주고, 그 중에
어찌 인력(人力)이 미칠 바리오.	어찌 인력이 미칠 바리오.	어찌 인력(人力)이 미칠 바리요.
때일손가?	때일쏜가?	때일쏜가.
원(怨)하리요?	원(怨)하리오?	원(怨)하리요.
어찌 다시 바라리요?	어찌 다시 바라리오?	어찌 다시 바라리요.

9. '금성' 교과서의 〈결혼〉 내용 오류

'금성' 교과서의 작품의 내용 오류를 살펴보기 위해 다음과 같은 〈범례〉를 사용한다.

〈범 례〉

밑줄 : 교과서 내용이지만 원문에는 없는 내용
진하게 : 교과서와 원문이 다른 부분 '(　　)' 원문의 내용을 표시
이탤릭체 : 원문에는 있지만 교과서에는 없는 내용
// : 원문과 달리 행을 처리한 부분
띄어쓰기는 무시했으며, 맞춤법에 맞게 수정된 부분을 고려하지 않았음.

등장인물 : 남자, 여자, 하인
- 작가 노우트 - 부분 없음, 중략 표시도 없음.

남자: (의자에 앉아서 이야기 책을 낭독한다) 옛날에, 옛날에, 한 사기꾼이 살고 있었습니다. 그는 젊고 잘생겼으나 땡전 한 닢 없는 빈털터리였습니다. 어느날 그는 **외로워졌으므로** **갑자기** 결혼하고 **싶었습니다.**(싶어졌습니다) 누구

나 젊음의 한 시기엔 외로워지기 마련입니다. 그래서 그런지 누구나 결혼한다고들 합니다. 하지만 그 사기꾼에겐 엄청난 고민이 있었습니다. 그 고민은 이렇습니다. 이 세상의 어떤 처녀가, *자기 같*은 빈털터리 남자와 **결혼하겠습니까?**(결혼해 줄 리 있겠습니까?) 없습니다. **아무리 생각해도 없습니다.**(아무도 없다고 생각했습니다.) *그래서 그런지* 그는 몹시 절망적인 기분이 들었습니다. 그런 기분은 좋지 않습니다. *저절로 한숨이 나오구,* 정신에도, 몸에도, 해롭습니다. 빨리 심호흡을 해서 몰아내야 합니다. *그래서 그런지* 그 젊은 사기꾼은(도) 심호흡을 했습니다. 그리고는 벌떡 일어섰습니다.

한탄하지 말자!
근심걱정도 말고!
곤란하면 운명에 맡겨 버리자!
지금의 한때 푸짐히 즐기되
지나간 옛날은 생각지 말자.
슬프게 보여도 무슨 일이나
그대의 행복이 되거늘
모든 건 신(神)의 뜻
신의 뜻을 따라 해보자![26)]

그는 온종일 돌아다녔습니다. *정원을 갖춘* 근사한 집과 **멋진**(훌륭한) 옷과 그리고 그 밖에 부자로 보일 수 있는 여러 가지 물건들을 빌리러 다닌 것입니다.

아름다운 젊음에 행운 있어라!(젊은이의 아름다움에 행운이 있어라!)
부지런한 젊음에 행운 있어라!(신(神)께서 정하신 바에 행운 있어라!)

마침내 그 젊은 사기꾼의 소망은 이루어졌습니다. 정원이 **딸린**(있는) 최고급 저택, 모자와 넥타이, 호사스런 의복, 그리고 *이* 건장한 하인까지 빌렸던 것입니다. 단, 조건이 있었습니다. 빌린 물건마다엔 사용할 수 있는 시간적 제약이 붙었습니다.[27)] 이 저택은 45분(사십오 분) 동안만 그가 **사용하고**(주인이며) **주인에게**(다음엔) 되돌려줘야 합니다. 넥타이는 **19분 50초**(이십팔 분), 모자는 **28분**(십구 분 오십 초), 그 밖에 다른 물건에도 제각기 정해진 시간이 있었습니다.

〈중략〉

맞선을 볼 의향이 있다는 것입니다. *바로 그것은 이쪽이 바라는 바이기도 했*

26) 교과서에는 "슬픈 얼굴로 주저앉아 한숨만 쉬면/ 행운은 결코 오지 않으리!"라는 내용이 있다.
27) 초판에 있는 내용이다.

습니다. (혼잣말처럼) **그런데 왜 안 올까?**(왜 아직 안 온담?) (다시 책을 낭독한다) 오겠다고 약속한 시간이 벌써 지났습니다. (무뚝뚝하고 건장한 하인이 쟁반만큼 커다란 시계를 들고 곁에 서 있다. 하인, 시계를 **보면서**(본 채) 손가락 다섯 개를 펼친다.) **벌써**(딱) 오 분 지났습니다. 그는 초조해졌습니다. 책을 읽어 마음을 달래 보려 하였으나 초조해지기만 했습니다.

(하인, 아무 말없이 책을 빼앗아 버린다. *감정이 전혀 나타나지 않는 사무적인 동작이다.* 남자가 **항의하자**[항의하려 하자] 하인은 **무표정하게**[무뚝뚝하게] 자기의 회중시계를 내밀어 **보인다.**[보일 뿐이다.] 그리고는 남자가 미처 수긍하기도 전에 돌아서더니 빼앗은 **책**[물건]을 가지고 나간다. 잠시 후, 하인은 돌아와 남자 곁에 서서 부동자세**로 선다.**[를 취한다.])

남자: 여봐, 자네는 인정사정도 없는[긴]가?
하인: (묵묵부답)
남자: 그래? 아 참, 자넨 말을 않는다며? 자네 주인께서도 그러시더군. 「빌려는 드리지요. 하지만 아무 것도 묻지는 마십시요. 이 하인은 절대 대답하지 않습니다.」 난 그걸 잊을 뻔했네. 그러나 저러나 웬일이야? (하인의 *회중시계*를 들여다 본다.) 이제 10[십 분째 지나가구 있어. 황금 같은 내 인생이 *이 꼴로 그냥* 허무하게 지나가다니 안타깝지 뭔가?

(남자, **관객석을 바라본다. 한 여성 관객과 시선이 마주친다. 남자는 미소를 짓고 여성 관객에게 다가간다.**[어떻게 했으면 좋은지 모르겠다는 듯 낭패한 표정으로 관객석 사이를 어슬렁거리며 왔다갔다 한다. 남자, 한 여성 관객에게 말을 건다. 언뜻 무슨 생각이 떠오르는 듯 미소를 짓고 있다.])

남자: 하긴……그럴지도 몰라요. 여자란 그렇다면서요? **예쁘게**[이쁘게] 보이려**고**[구], 일부러 약속시간보다 5[오] 분쯤은 늦는다죠? 하지만 이건 너무 심합니다. 굉장히 미인인가? 그러니까 두 곱이나 시간을 낭비하는 것 아니겠어요? 만약 온다는 그 여자가 당신처럼 어여쁘시다면*야 이야긴 퍽 달라지죠.* 나는 10[십] 분 아니라 난 20[이십] 분도 기다릴 수 **있습니다.**[있다, 이겁니다.]

(남자, 다시 자기 의자에 돌아와 앉는다. 그는 마음을 안정 못하고 *초조해서 옷을 매만지고* 모자를 썼다 벗었다를 한다.[반복한다.] *결국 그는 모자를 벗어 탁자 위에 놓고 벌떡 일어선다. 힐끔 하인의 시계를 본다. 마른 침을 꿀꺽 삼킨다. 그는 남자관객에게 다가간다.*[28])

"원문의 206쪽 16행에서 207쪽 9행에 해당하는 부분인 남자가 관객에게 말을 건네는 부분과 (문 두드리는 소리가 들린다)라는 지문이 〈중략〉 표시 없이 수록"

남자: 들었지?
하인: (묵묵부답)
남자: 여봐, 누가 문 두드리잖나?
하인: (쳐다보려고도 않는다.)
남자: 어서 문 좀 열어드리게.
하인: (침묵)
남자: 할 수 없군, 내가 여는 도리밖엔.

(남자, 문을 연다. 여자, 들어온다.)

남자: 하인은 저쪽입니다. 난 주인이구요.

(여자, 하인 쪽으로 달려가 인사를 한다.)

여자: 안녕하세요!
남자: 주인은 이쪽이에요. 이쪽.

(여자 당황해서 남자 쪽으로 되돌아온다. *미술품을 감상하듯이 남자는 여자를 주시하며 그 둘레를 두어 바퀴 돈다.*)

남자: 그러실 줄은 미리 짐작했었습니다.
여자: …… 짐작하시다니요?
남자: 네 아름다우시리라, 그걸 말입니다. 다 아는 수가 있죠. 기다리는 시간을 많이 낭비할수록 오시는 님은 아름답다. **그런 점에서**[그렇지요.] *시간이란* 그런 점에서 매우 정확한 측량도구입니다. 물론 결과가 나쁠 때는 아무 쓸모없는 도구입니다. 자, 보세요!(팔을 높이 들고 손목시계를 보여 주면 자랑한다.) 내 손목시계, 최고급품입니다. 금으로 만들었고, 수십 개 다이아몬드가 박혀 있습니다. *저어, 담배 피워도 괜찮겠지요?*

(남자, 담배를 입에 물고 라이터를 꺼내 든다. 슬그머니 자랑하고 싶은 기분이 든다. 그는 라이터를 공기 놀이 하듯 허공에 던졌다간 받고 한다.)

28) 교과서에는 "문 두드리는 소리가 들린다. 남자, 모자를 탁상 위에 올려놓고 일어선다."라는 내용이다.

남자: 라이터, 최고품입니다. 금제, 그리고 진주가 박힌.

하인: (허공에 올라간 라이터를 툭 채어간다.)[29]

남자: 이리 줘.

하인: (자기의 시계를 가리킨다.)

남자: 그렇게 됐나? **벌써? 시간 참 빨리 지나간다.**(벌써 사 분마저 지났어?) *시간 하나 빨리 간다.* (여자에게) 어디 두셨습니까?

여자: (어리둥절한 표정으로) 네?

남자: 내 라이터.

여자: 라이터?

남자: **날개요. 날개.**[아, 아니구, 날개 말입니다.]

여자: 날개……?

남자: 네, *날개.* 물론 집에 두고 나오셨겠지요. *요즈음의* 천사들이란 겸손하셔서 외출할 때그 우아한 날개를 살짝 집에 두고 **나온다더군요.**[나오는 걸 유행으로 삼고 있다더군요.] *당신도 역시 그러시겠지요!* 당신은 날개만 없다 뿐이지 **천사입니다.[천사시다 이겁니다.]** 더욱 나아가서는 소유권 문제인데 **누구의 천사냐고 묻는다면 오지가 나의 천사라고 대답하겠습니다!**[나의 천사시다, 내 것이다, 이런 겁니다.][30]

(여자가 무어라고 하기 전에 재빨리 말을 잇는다.)

여자: 벌써 그런 결론이 나왔어요?

남자: (단호하게) 네 방금 들으셨듯이.

여자: 너무 빨라요.

남자: 왜요? 내 결론이 혹시 마음에 안 드시기라도?

여자: 아뇨. 하지만요, 우린 아직 인사도 않은 걸요. 처음 뵙겠어요.

남자: **안녕하십니까?**[(더 재빠르게) 더 처음 뵙겠습니다.]

여자: 안녕하세요?

남자: 더 안녕하십니까?

여자: 제 이름은……

남자: 아, 우리 **소갠**[소개는] 나중에 하십시다. 요즈음의 인간관계는 **결론을 먼저, 소개는 맨 끝에 하는 것이 유행입니다.**[결론이 시작이 되구, 서로의 신상 소개는 맨 끝으로 돌리는 걸 새로운 관습으로 삼고 있으니까요.]

29) 이 부분에서는 소재가 '담배'이기에 내용을 바꾸었을 가능성은 있다. 그러나 1982판을 토대로 한 '천재[박]'과 2001년판을 토대로 한 '해냄'의 교과서에서는 '담배'라는 소재를 그대로 살리고 있다.

30) 원래는 다음 행에 나오는 '남자'의 대사이다.

여자: 그런 **유행이**[관습도] <u>새로</u>[31] 생겼군요!
남자: 네. 그건 별로 자랑거리 없는 남자가 첫눈에 반할 만한 여자를 만났을 때 응용하는 방법입니다. 왜냐하면 그 남자가 *별* 신통찮은 자길 소개할 경우 상대편 여자는 몹시 실망하게 됩니다.

〈중략〉

남자: 결혼하십시다.
여자: 결혼? 누가 누구하구요?
남자: 그야 **나와**[내가] 당신**이지요.**[하구지요.]
여자: 만난 지 몇 분 됐다**고**[구] 그러시죠?
남자: 시간을 따진다면야 나도 할 말이 **많죠.**[없죠.][32] 내가 얼마나 오래 기다린 지 아십니까? 짐작이 안 가시면 여기 계신 분들께 물어 보십시오. 내 인생의 황금 같은 시간을 그 삼분지 일이나 덧없이 보내고서야……

(하인, 느닷없이 덤벼들어서 남자의 구두를 벗겨간다. 여자는 몹시 당황한다. 남자는 만류하지만 하인은 <u>자기</u>[33] 행동의 정당성을 과시하려는 듯 시계를 가리킨다. 남자는 구두를 빼앗기고 하인은 **그**[벗겨낸] 구두를 가져간다.)

남자: 내 하인의 무례함을 용서하십시오.
여자: 뭐죠?
남자: 구두가 내 발에서 떠나갔습니다. 시간이 지났기 때문입니다.
여자: 전 뭐가 뭔지 모르겠어요.
남자: 어찌 아시겠습니까? 인생이 그런 거리라곤……
여자: 인생이 그런 거라뇨?
남자: 아, 아니요. 제발 알려고는 마십시오. 여자는 그걸 모르기 때문에 남자를 **사랑하고**[사랑게 되고], 남자는 그걸 알기 때문에 여자를 **사랑합니다.**[사랑하게 되는 겁니다.]
여자: (현기증이 나서) 뭐가 뭔지……
남자: 부디 모르십시오.
여자: 물 한 잔 주시겠어요?
남자: *그러십시다.* (하인에게) 자네 물 한 잔만 주게.
하인: (부동자세)

〈중략〉

남자: 정신 좀 드십니까?

---

31) 초판에 있는 내용이다.
32) 초판에는 '많죠'이다. 문맥상으로는 '많죠'가 맞는 것 같다.
33) 초판에 있는 내용이다.

여자: 여전해요.
남자: (미소를 짓고) 익숙해지며는 좀 나을 겁니다.
여자: 저는요, 솔직히 말씀드려서…… 당신이 이렇게 **부자일 줄은**[부자리라곤] 꿈도 못꿨죠. *전보에 알려 주신 대로 찾아 왔더니…… 이건* 너무 어마어마한 **저택 앞에서,**[저택이잖겠어요? 문앞에서] 저는요, 한참이나 망설였어요.

〈중략〉

여자: 네. **당신을 만나러 간다니까**[당신의 전보를 받았을 때요], **저의**[저희][34] 어머닌 말씀하셨답니다. 얘야, 어서 가 봐라, 가봐서 빈털터리 같거든 **되돌아 오고, 부자거든 꼭 붙잡아야 한다.**[아예 되돌아 오렴. 그러나 부자거든 꼭 붙들어야 한다.][35]
남자: *그래* 당신은 뭐라 했습니까?
여자: 알았어요, 어머니. 오른손을 **들고서**[들구서] 그렇게 대답했죠.
남자: 내 원 참! 오른손을 들다, 그러니까 맹세를 하셨군요?

〈중략〉

(하인, 느닷없이 남자에게 달려들어서 넥타이를 풀어낸다. 남자는 *빼앗기지 않으려* 힘껏 저항하지만 하인의 억센 힘을 당해내지 못한다. 결국은 빼앗기고 하인은 *무뚝뚝한 동작으로 빼앗은*[36] 넥타이를 가지고 나간다. 여자는 두 남자의 다툼에 놀란다.)

여자: 왜들 그러시죠?
남자: (*씩씩거리면서* 계면쩍게 웃고 있다.) 이번엔 넥타이가 내 목에서 떠나갔습니다.
여자: (이해하지 못 하겠다는 듯이) 네에?
남자: 뭐, 놀랄 게 못됩니다. 그저 시간이 지난 것뿐이니까요. 안심**하십시오.**[안심하십쇼.] 만약 내 목이 떠나가고 넥타이만 남았다면…… 이해 못하겠다는 바라보고 있는 여자의 관심을 돌리려고) 그건 그렇구요, 당신 어머니 퍽 재미난 분이시군요. 나는 깊은 관심을 갖게 됐어요. 당신의 어머니에 대해서, 그 맹세를 시키셨다는 <u>어머니. 어머니의 성품이 어떠신지 알고 싶습니다.</u> *어떤 분인지 더 듣고 싶습니다. 어떠신가요? 어머니 성품이 너그러우시다든가……* 왜 그렇게 쳐다만 보십니까?
여자: 넥타이를……
남자: 그것엔 관심없습니다.
여자: 왜 빼앗기셨죠? (옆에 와 부동자세로 서있는 하인을 훔쳐보며) 그것**도**

34) 초판에는 '저의'로 되어 있다.
35) 초판에는 "아예 되돌아오구 부자거든 꼭 붙들어야 한다."로 되어 있다.
36) 초판에는 "하인은 기계적인 동작으로 넥타이를 가지고 나간다."이다.

[두] 난폭하게!

남자: 그렇지요. **행동이 난폭한**[난폭하게 주인을 덮치는] *그런* 하인에겐 난 전혀 관심 없어요. 오히려 당신 어머니의 성품이 너그러우신지……

여자: 하지만요. 저는……. (입을 다물어버린다.)

남자: 알았어요. 문제는 빼앗긴 물건인가 본데, 그야 되돌려 받기 어렵진 않습니다.(하인에게 큰 소리로) 여봐, 가져 와!(묵묵부답인 하인에게 다가가서 그의 귀에 속삭인다.) 여봐! 그 가져간 것 5[오] 분만 더 빌려 주게.

하인: (대답이 없다.)

남자: 딱 5[오] 분만 더. 사정해도 안 되겠나, 응?

하인: (반응이 없다.)

남자: 좋아, 좋다구.

여자: 뭐래요, 하인이?

남자: 네. 날더러 잘 해 보라**고**[구] 그럽니다.

(남자, 관객석을 *투덕투덕* **돌아다니다가**[걸어다니다가] 넥타이를 맨 남성 관객 앞에 **멈춘다.**[앉는다.]

남자: 지금 내 심정을 잘 아시겠죠? 당신도 속상한 일을 많이 당했을 테니까요.(남성 관객의 넥타이를 살펴보며) *물론 그래요. (속상하다는 듯 담배를 피워 물고, 상대방에게도 권하며) 저 인정 사정도 없는 하인이 날더러 잘 해보라구 그런 말 한마디 하진 않았어요. 하지만 말입니다. 나도 그래요, 기죽을 필요야 없는 겁니다. 그렇잖아요? 도대체 지가 뭐라고 겨우 심부름이나 하는 주제에…… 속 좀 상합니다만, 그야 뭐 그건 당신에게도 마찬가지니까 말해보나마나겠구……* 저어, 당신 넥타이 참 좋습니다. 정말 좋아요. 아름다운 색깔, 기막히게 멋진 무늬, 딱 5[오] 분만 빌립시다. 정확하게 5[오] 분만. 더 이상은 어기지 않겠습니다. 빌려주시렵니까? (남성 관객으로부터 넥타이를 빌려 착용하며) 고맙습니다. 빌린 동안에는 소중히 **다루렵니다.**[다룰 겁니다.] 사실 이건 내 것이 아니라 당신 것인데…

〈중략〉

(남자, 급한 걸음으로 여자에게 돌아간다.)

남자: 어때요, **내 모습이?**[이 넥타이?]

여자: 네, 당신은 멋진 분이셔요.

남자: (웃으며) 뭘요…….

여자: 아니, 정말 그래요!

〈중략〉

남자: 당신의 어머니에 대해서, 아직은 거기까지 입니다.

여자: (작게 한숨을 쉬고) 그럼 저 자신에 대한 건 *아직* 멀었군요.

남자: 그렇죠. 나도 직접 당신 자신의 **이야기를**[이야길] 듣고 싶습니다만, 어머니 다음 딸, 이런 순서니까 계속 진행해 봅시다. 의무적으로 묻겠습니다. 당신 어머니의 성품은 어떻습니까? 난폭하십니까? 상냥하십니까?

여자: 글쎄요…….[37]

남자: **빨리**[정확히] 대답하십시오.

여자: (잠시, 생각하더니) 난폭에다 상냥을 겸하신 분이예요.

남자: (자기 이마에 손을 얹는다.)

여자: 왜 그러시죠?

남자: 뭐, *별 건 아닙니다.* 단단한 벽에 부딪혔다고나 할까요, 뭔가 복잡하고 어려워서요. 하긴 당신을 얻는다는 것이 그렇게 쉽지는 않지요. 첫눈에 반한 사람들도 결혼에 이르기**까지는**[까진] 험난한 과정을 겪는다고들 합디다만……. 그런데 우리는, 겨우 처음에서 서성거리고 있는 것 같거든요. 아직 이야기도 당신의 어머니에게*서* **머물러 있고**[머물구 있구]……

여자: 용기를 내셔야 해요.

남자: 네, **힘껏 내겠습니다.**[어디 힘 좀 내보겠습니다.]

〈중략〉

여자: 네. 태어난다는 건 어제나 갑자기죠. 그래서요, 저는 태어날 때 제 기분이 어떠했는지 그걸 모르겠어요. 아무튼 그냥 그렇게 이 세상에 나온 거죠. 그리**고**[구], 어렸을 때 제 별명이 뭔지 아시겠어요? 덤이에요, 덤.

남자: 덤?

여자: 네. 왜 조금 더 주는 것 있잖아요. 그거래요, 제가. 아버진 어머니에게 사랑을 주고, 그리고 또 덤으로 저를 주었죠. 그러니까 덤 아니겠어요? 덤, 이 말 속엔 뭔가 그리운 게 있어요. 덤, 덤, 덤…… 아버진 덤이 태어나자 달아나셨대요. 말하자면 뺑소닐 치신 거죠. 나중에 알고 보니 사기꾼이었**고**[구], 어머니에게 보여줬던 그 많은 재산은 모두 다 잠시 빌렸던 거래요.

남자: 덤, 덤, 덤…….

여자: 하지만요, 저는 **아버질**[아버지를] 미워 안 해요. 덤, 혹시 그분도 그렇게 이 세상에 **태어나신**[태어나셨던] 건 아닐지……. 안 그래요?

남자: 덤, 덤, 덤…….

여자: 어머니에겐 안됐지만요, 덤이라는 그 점이 저에겐 좋아요. 시장이나 가게에서 덤을 받으면 기분이 좋거든요. 이런 말을 하면 어머닌 화를 내시곤 한답니다. 하긴 그렇죠. 고생 많으셨어요. 홀로 덤을 낳아 키운다는 건. 그만둘

---

37) 초판에는 말줄임표가 있다.

까요, 제 이야기?
남자: 덤, 더 해 주세요.
여자: 그래서 어머니는요, 단단히 벼르시는 거예요. 이 덤을 키워서는 결코 사기꾼**에게**[에겐] 주지 않겠다구요. **저는**[전] 어머니 말을 이해해요.
남자: 나**도**[두] 알만합니다.
여자: 고마워요.
남자: 뭘요, 고맙기는요.
여자: 사실 이런 덤 **이야기는**[이야긴] **처음하는 거예요**.[처음인 걸요.] **그 누구한테도**[남자한테는] 말하지 않았답니다. 그냥 가슴속에 덮어 두었었죠. *그러고 보면 당신은 참 친절하신 분이에요.*
남자: 덤.
여자: 네?
남자: 아, 아뇨. 그저 불러본 겁니다.
여자: 그 목소린 그저 불러본 건 아닌데요?
남자: 저어, 아닙니다.

(남자는 **관객석으로 간다**.[일어나] 넥타이를 풀어 그것을 빌렸던 남성 관객에게 *가서* 되돌려 준다.)

〈중략〉

남자: (계속 혼잣말처럼) 덤, 난 당신을 사랑해……

(여자, 남자에게 다가온다)

여자: 뭘 하**고**[구] 계세요?

〈중략〉

(**남자, 여자의 손을 잡는다**.[여자, 남자의 어깨에 기댄다.] *사이.*
하인, 위압적으로 한 걸음씩 남자에게 다가온다.
두려워지는 남자, 그 꼴을 여자에겐 보이고 싶지 않다.)

〈중략〉

여자: 저**도**[두] 행복해요.

(남자, 여자를 껴안는다. 하인, 남자에게 덤벼든다. 호주머니를 뒤져서 소지품들을 몽땅 털어간다)

〈중략〉

남자: 그렇습니다, 덤. 여러 가지 것들, 헤아릴 수 없이 많은 것들이 떠나갔습니다. 뭐, 놀랄 건 못 되지요. 그저 시간이 지난 것뿐이니까요. 덤, 과수원의 나무들을 보세요. 가을이 되면 무르익은 열매들을 몽땅 주인에게 되돌려 줍니다. *어떤 나무는요, 수천 개의 이파리들을 몽땅 되돌려 주고도 아무 소리 없습니다.* 덤, 나는 고양이를 **길렀었지요**.[한 마리를 길러 봤었습니다.] **어린 고양이는 차츰차츰 나이 들더니**,[고양이는 차츰 늙어지고,] *그래서* 시간이 다 지나가자 그 생명을 돌려주고**는**[도] 태연했습니다. 덤, 덤, 덤…… 난 **이제 진실을**[뭔가 진실한 걸] 안 것 같습니다. 덤, 덤. 그래요. 난 이제 자랑거리 하나가 생겼습니다. *그런* 진실을 알았다는 것, 나에게는 어쩌면 그게 유일한 **자랑입니다**.[자랑이 될 겁니다.]

여자: 너무 겸손하신 자랑이에요.

남자: 뭘요. 그런데 덤, 당신에겐 뭐 자랑거리가 없으십니까?

여자: 있**고**[구] 말구요? 보시겠어요?

남자: 봅시다, 어디.

(여자, 남자와 함께 의자로 돌아간다. *의자 위에 놓여 있는* 핸드백을 열고 그 속에서 얼굴만을 커다랗게 찍은 사진 석 장을 꺼낸다. //하인, 시계를 보더니 탁상 위에 놓였던 남자의 모자를 냉큼 집어 간다.)

남자: 이번엔 모자가 의자에서 떠나갔습니다. 여간 다행이군요. 모자는 작습니다, 의자는 크**고**[구]요. 만약 의자가 모자에게서 떠나갔더라면 얼마나 큰 손실이겠습니까?

〈중략〉

(남자, 사진들을 바라본다.//하인, 모자를 가져가다가 **멈춰서더니**[멈춰선다.] *그의 시선이 아래로 움직여서* 사진을 들여다본다.//남자, 하인을 밀어낸다)

〈중략〉

(남자, *사진 중에서* 여자 본인의 **사진**[것]을 들어서 여자의 얼굴에 대고 한참 동안 바라본다.)

남자: 그러니까, **이 아름다운 얼굴이**[이게] 지금의 당신이군요?

〈중략〉

(남자, 다음**에는**[엔] *여자* 어머니의 사진을 얼굴에 대어 준다.)

〈중략〉

(남자, 얼굴에 **댔던**[대었던] 사진들을 탁상위에 내려놓는다)

남자: 재미난 놀이를 해봤지요?

여자: 네, 재미있었어요.

남자: 짐작 하셨겠지만, 이 놀이의 재미는 시간이 지나간다는 데 있습니다.

여자: (*사진들을 가리키며*) **진짜 미인들은요, 젊어도 아름답고 늙어도 아름다워요.**[그래두요, 이렇게 곱잖아요? 늙어서도 어여뻐야 정말 미인이래요.]

남자: 그렇지요. 잘 말씀했습니다. 정말 **진실과 아름다움은**[재미라는 거는요] 시간을 초월하는 데 있습니다. 시간, 흥, 지나가라지요. *우리는 그저 재미있음 그만입니다.* 아, 덤! 당신은 어여쁘고, 거기에다 또 참된 재미가 뭔지 그걸 아십니다! 덤, 난 완전히 당신에게 매혹되었습니다. 아, 지금 나는 내 정신이 아닙니다!

여자: 저**도**[두] 그래요!

남자: 난 너무 황홀합니다!

여자: 그렇다니까요, 저**도**[두]!

〈중략〉

남자: 그러니까 만약입니다. 만약에 내 옷을 벗겨 간다면 당신은 어찌 하시겠습니까? 지금의 가지고 있는 그 참된 **의미**[재미]를, 그 행복을, 그 황홀을, **순식간에 포기하시렵니까?**[따악 깨셔야 하겠습니까?]

여자: (어리둥절해지며) …… 글쎄요. ……

〈중략〉

(남자는 이미 **웃옷**[저고리]를 하인에게 빼앗기고 있다. 당황한 여자는 「…… 글쎄요」 만 연발하고 있다.//하인, 벗겨 낸 **웃옷**[저고리]를 들고 나간다.)

남자: 얼마나 다행입니까? 아직 바지가 남았습니다.

여자: 바지가…….

남자: 네. 비록 맨발에다 **웃옷**[윗저고리]는 안 입었습니다만 당신을 사랑하기에 전혀 부끄럽지 않은 모습입니다. 정식으로 청혼하겠습니다. 결혼해 주시겠습니까?

〈중략〉

남자: 글쎄요, 내가 착한지 어쩐지는 잘 모르겠습니다만, 내 태도 하나만은 분명히 좋다구 봅니다. 이렇게 하나 둘씩 되돌려 주면서도 당신에 대한 사랑은 줄어들지 않았습니다. 아니, 줄기는커녕 오히려 불어나고 있습니다. 아, 나의 천사님, 아니 덤이여! 구두와 넥타이와 모자와 자질구레한 소지품과 그리고

옷에 대해서 내 사랑은 분산되어 있었습니다. 그런데 지금은 어떤지 아십니까? 오로지 당신 하나로[에로만] 모아지고 있습니다.[있는 겁니다!] 내 청혼을 **받아 주십시오.**[받아주지 않으시겠습니까?]

(하인, 돌아와서 **남자 앞에**[두 남녀에게] 우뚝 선다.)

〈중략〉

(하인, 남자에게 봉투를 하나 내민다. //남자는 봉투에서 쪽지를 꺼내 읽더니 아무 말 없이 여자에게 건네준다.)

여자: 「나가라!」 나가라**가**[라][38] 뭐예요?

〈중략〉

남자: 모두 빌린 것들뿐이었지요. 저 하늘의 햇님도 **은빛의 달님도**[저기 두둥실 떠있는 달님도], *저 은빛의 구름도,* 이 하늬바람도, 그리고 어쩌면 여기 있는 나마저도, 또 당신마저도…… (미소를 짓고) 잠시 빌린 겁니다.

〈중략〉

(하인, 엄청나게 큰 구두 한 짝을 가져오더니 *주저앉아 자기* 발에 신는다. 그 구두 발로 차낼 듯한 험악한 분위기가 조성된다.)

남자: 결혼해 주십시오. 당신을 빌린 동안에 오직 사랑만을 하겠습니다.
여자: …… 아, 어쩌면 좋아?

(하인, 구두를 거의 다 신는다.)

여자: 맹세는요, 맹세는 어떻게 하죠? 어머니께 오른손을 든…….
남자: 글쎄 그건……. (탁상 위의 사진들을 쓸어 모아 여자에게 주면서) 이것을 보여 드립시다. 시간이 **지나가고**[가고] 남자에게 남는 건 사랑이라면, 여자에게 남는 건 무엇이겠습니까? 그건 사진 석 장입니다. 젊을 때 한 장, 그 다음에 한 장, 늙**고**[구] 나서 한 장. 당신 어머니도 이해하실 겁니다.
여자: 이해 못 하실 걸요, 어머닌. (*천천히* 슬프고 낙담해서 사진들을 핸드백 속에 담는다.) 오늘 즐거웠어요. 정말이에요……. 그럼, 안녕히 계세요.

---

38) 원문의 오타인 것 같다.

(여자, 작별 인사를 하고 **문 앞까지**[문전까지] 걸어 나간다.)

〈중략〉

여자: (*악의적인 느낌이 없이*) 당신은 사기꾼이에요.

남자: 그래요, 난 사기꾼입니다. 이 세상 것을 잠시 빌렸었죠. 그리고 시간이 되니까 하나 둘씩 되돌려 줘야 했습니다. 이제 난 본색이 드러나 이렇게 빈털터리입니다. 그러나 덤, 여기 있는 사람들에게 물어봐요. 누구 하나 자신 있게 이건 내 것이다, 말할 수 있는가를. 아무도 없을 겁니다. 없다니까요. 모두들 덤으로 빌렸지요. *언제까지나 영원한 것이 아닌, 잠시 빌려 가진 거예요.* (**관객석으로 가서 관객들이 갖고 있는**[누구든 관객석의 사람을 붙들고 그가 가지고 있는] 물건을 가리키며) 이게 당신 겁니까? 정해진 시간이 얼마지요? 잘 아꼈다가 그 시간이 되면 꼭[39] 돌려주십시오. 덤, 이젠 알겠어요.

(여자 얼굴을 외면한 채 걸어 나간다.//하인, 서서히 *그 무서운 구둣발을 이끌고* 남자에게 다가온다. 남자는 뒷걸음질을 친다. 그는 마지막으로 절규하듯이 여자에게 말한다.)

남자: 덤, 난 가진 것 하나 없습니다. 〈중략〉 그럼 당신은 나를 이해할 **겁니다.**[거요.] 내가 당신에게서 넥타이를 빌렸을 때, *그때* 내가 당신 물건을 어떻게 **다루었던가요?**[다뤘었소?] 마구 험하게 **했습니까?**[했었소?] 어딜 **망가뜨렸습니까?**[망가뜨렸소?] **아닙니다.**[아니요.] *그렇진 않았습니다.* 〈중략〉

(남자, 하인의 구둣발에 걷어차인다.//여자, 더 이상 참을 수 없다는 듯 다급하게 되돌아와서 남자를 *부축해 일으키고* 포옹한다.)

여자: 그만해요!
남자: 이제야 날 사랑합니까?
여자: 그래요! 당신 아니**고**[구] 또 누굴 사랑하겠어요!
남자: 어서 결혼하러 갑시다, 구둣발에 차이기 전에!
여자: 이래서요, 어머니도 말짱한 사기꾼과 결혼했었다던데…….
남자: 자아, 빨리 갑시다!
여자: 네, 어서 가요! -막

39) 초판에 있는 내용이다.

부 록

2. 검정 교과서의 띄어쓰기

여기서는 2007 개정 교육과정에 따른 16종 검정 교과서에서 띄어쓰기가 다른 것을 정리했다.

거듭 적기	금성(하:66), 지학[방](하:25), 천재[김종](하:86), 천재[박](상:127), 텍스트(하:104)
거듭적기	비상(상:182), 지학[박](하:230)
고유 명사	교학(상:100), 두산(상:230), 디딤돌(상:234), 미래(하:117), 비상(하:251), 신사고(상:205) 등
고유명사	텍스트(하:66)
국립국어원	교학(상:109), 금성(하:261)
국립 국어원	금성(상:247), 두산(상:280), 신사고(상:209), 지학[박](상:253)
국어 식	지학[박](상:241), 지학[방](하:13)
국어식	교학(상:100), 천재[김종](하:79), 천재[박](하:120), 제7차 국어(하:18)
그(이)뿐만 아니라	신사고(하:255), 천재[김대](상:186), 천재[김종](하:96), 해냄(상:222)
뿐만 아니라	디딤돌(상:150), 제7차 '문법' 교사용 지도서(262)
그다음	천재[박](하:135)
그달	창비(상:173)
그사이	디딤돌(하:239)
그 중	교학(하:54), 비상(상:253), 천재[김대](상:160), 천재[김종](상:108)
그중	금성(하:63, 상:243), 디딤돌(상:218), 미래(하:107), 지학[박](하:223), 천재[김종](상:94, 108), 천재[박](하:263), 텍스트(하:92)
끊어 적기	두산(하:163), 신사고(하:250), 천재[김종](하:86), 천재[박](상:125), 텍스트(하:104)

끊어적기	교학(하:28), 금성(상:66), 비상(상:182), 신사고(하:247), 지학[박](하:230), 지학[방](하:25)
더욱더	해냄(하:246)
뒤 음절	교학(상:91), 두산(상:213), 지학[박](상:229), 지학[방](상:141), 천재[김종](상:103), 텍스트(상:105)
뒷 체언, 뒷말	텍스트(하:70)
뒷말	금성(상:250), 지학[방](상:145), 천재[김종](상:110), 텍스트(상:111), 해냄(상:208)
뒷모음	지학[방](상:145)
라틴어	교학(상:100)
라틴 어	신사고(상:197), 중앙(상:187), 텍스트(하:58)
러시아 어	교학(상:249)
말하는 이	두산(하:191), 중앙(하:261), 천재[김종](하:171), 천재[박](하:103), 텍스트(상:282), 해냄(하:10)
말하는이	교학(상:265, 294), 비상(하:13), 지학[박](상:104)
몇백	텍스트(하:55)
몇 십	천재[김대](상:192)
몇십	두산(상:221)
몇천	창비(하:98), 텍스트(하:55)
몽고어	금성(하:64)
몽골 어	교학사(하:16), 디딤돌(하:243), 미래(상:89), 천재[김종](하:74)
몽골어	지학[방](하:16, 25)
문제되다	천재[김대](상:190)
문제 되다	해냄(상:224)
번역 노걸대	신사고(하:251)
번역노걸대	미래(상:96), 천재[김대](하:278)
세종 대왕	교학(하:41), 금성(상:102), 디딤돌(상:213), 미래(상:108), 비상(상:175), 신사고(하:225), 지학[박](하:211), 지학[방](하:16), 창비(하:72), 천재[김대](상:195), 천재[김종](하:96), 텍스트(하:78), 해냄(하:227), 제7차 국어(하:41)
세종대왕	신사고(하:219), 중앙(하:181), 천재[김대](하:266), 천재[박](하:148)
세종 대왕 문맹 퇴치상	창비(하:47)
세종 대왕 문해상	비상(상:199)
세종 대왕 상	지학[박](하:241), 천재[박](하:148), 텍스트(하:84)
세종 대왕상	금성(상:110), 비상(상:199)
세종대왕상	미래(상:118)
세종 어제 훈민정음	교학(하:22), 두산(하:154), 미래(상:112), 지학[방](하:11), 창비(하:80), 천재[김종](하:80), 텍스트(하:79)

세종어제훈민정음	디딤돌(상:208), 천재[박](하:122), 신사고(하:225)
소리 나다	교학(하:41), 금성(상:104), 두산(상:209), 디딤돌(상:225), 미래(상:117), 비상(상:192), 지학[박](상:230), 지학[방](하:19), 창비(하:68), 천재[김대](상:167), 천재[김종](하:92), 천재[박](하:256), 텍스트(상:106), 해냄(하:220)
소리나다	교학(상:90), 신사고(하:227), 천재[김대](상:183), 텍스트(상:101), 제7차 국어(하:26),
시집 가다	지학[박](하:212)
써넣다	교학(하:27), 천재[김대](상:155)
써 넣다	해냄(상:220)
씌어진	텍스트(하:164)
알아 두기	비상(상:5), 신사고(미리 알아 두기), 천재[김종](하:4), 해냄(하:238)
알아두기	교학, 디딤돌, 지학[방]
앞말	금성(상:250), 디딤돌(하:237), 지학[방](하:145), 창비(상:178), 천재[김종](상:111), 텍스트(상:11)
앞 말	텍스트(하:70)
양성 모음	천재[김대](상:168)
양성모음	천재[김대](상:168)
언어생활	교학(상:88), 금성(상:236), 두산(하:190), 지학[방](하:160), 창비(하:34), 천재[김대](상:152, 174), 천재[박](상:142), 텍스트(하:61)
언어 생활	천재[김대](상:154), 제7차 국어(하:44)
여진 어	디딤돌(하:243)
여진어	교학(하:16), 금성(하:64), 미래(상:97)
예를들어	금성(하:12)
예를 들어	지학[박](상:104)
예스런	신사고(하:247)
원순 모음	미래(상:103), 두산(상:207), 비상(상:193), 중앙(하:190), 천재[김종](상:93)
원순모음	신사고(하:231)
비원순 모음	비상(상:193)
비원순모음	신사고(하:231)
음절 말	두산(상:215)
이달	해냄(하:219)
이 중	교학(하:22), 금성(하:104), 미래(하:102), 중앙(하:167), 지학[방](상:137), 천재[김대](하:54), 천재[박](하:125)
이중	두산(하:170), 중앙(하:167)
이어 적기	두산(하:163), 천재[김종](하:86), 천재[박](상:125), 텍스트(하:104), 해냄(하:238)
이어적기	교학(하:28), 금성(상:65), 비상(상:182), 신사고(하:247), 지학[박](하:230)

이외	비상(상:242), 천재[박](하:254)
이 외	중앙(상:163)
이중 모음	교학(상:101), 금성(하:69), 두산(상:214), 신사고(상:183), 중앙(하:172), 지학[박](상:228), 창비(상:192), 천재[김대](상:162), 천재[김종](상:93), 천재[박](하:255), 해냄(하:221)
이중모음	지학[방](상:157), 텍스트(하:105)
인도네시아 어	금성(상:115)
인도네시아어	디딤돌(상:227)
일 대 일	천재[김종](하:92), 천재[박](하:253)
일대일	금성(상:112), 신사고(하:232), 미래(하:114), 중앙(상:187), 천재[김종](하:92), 텍스트(하:165)
일상 생활	천재[김대](상:178), 제7차 '문법' (332)
일상생활	교학(상:67), 금성(하:14), 두산(하:191), 미래(하:121), 중앙(상:161), 지학[박](상:129), 창비(하:10), 천재[김종](상:90), 텍스트(하:146), 해냄(하:10)
일자 일음	금성(상:111)
일자일음	비상(상:202), 천재[박](상:150)
입술 가벼운 소리	텍스트(하:72)
입술가벼운소리	중앙(하:184), 텍스트(하:75)
입 안	두산(상:211), 지학[박](상:230)
입안	디딤돌(상:220), 비상(하:241), 신사고(상:203), 창비(상:177), 천재[김대](상:157), 천재[김종](상:97), 천재[박](하:139), 해냄(상:205)
있는 데다가	교학(하:42)
자리 잡다	두산(하:147), 중앙(하:167), 창비(하:96)
자리잡다	금성(하:63), 제7차 국어(하:19)
자연스런	천재[김종](하:85)
자연스러운	중앙(상:165), 천재[박](하:112)
적어보다	천재[김종](상:103)
적어 보다	두산(상:218), 중앙(상:160), 천재[박](하:109), 해냄(상:210)
지구상	금성(상:100), 천재[김대](상:187), 텍스트(하:82)
지구 상	지학[박](하:238)
찌아찌아 어(족)	금성(상:115), 비상(상:204), 신사고(하:233), 중앙(하:202), 지학[방](하:37), 천재[김대](하:365), 천재[박](하:145), 텍스트(하:102)
찌아찌아어	디딤돌(상:227)
찌아찌아족	텍스트(하:102)
첫 소리	지학[박](상:229)
첫소리	교학(상:90), 지학[박](상:229)
첫 음절	교학(상:95), 디딤돌(하:252), 신사고(상:192), 중앙(상:162), 지학[방](하:17), 천재[김대](상:186), 천재[김종](하:87), 텍스트(상:109), 해냄(상:209), 제7차 국어(하:38)

첫음절		미래(하:104), 중앙(상:301), 지학[박](상:236)
코안		비상(하:241), 신사고(상:189), 천재[김대](상:157), 천재[박](하:106), 해냄(상:206)
코 안		두산(상:211), 지학[방](상:138), 천재[박](하:106)
풀어 쓰다		천재[박](상:141)
풀어쓰다		창비(하:70)
프랑스 어		교학(상:106), 금성(상:249), 두산(상:235), 미래(하:115), 신사고(상:199), 중앙(상:179), 지학[박](상:245), 지학[방](상:153), 창비(상:191), 천재[김대](상:189), 천재[김종](상:121), 텍스트(하: 173), 해냄(상:223)
프랑스어		천재[김대](상:188)
한 가지		텍스트(하:173)
한 겨레		천재[김대](상:194)
한쪽		교학(상:239), 비상(하:241), 중앙(상:198), 지학[박](상:230), 지학[방](상:140), 창비(상:178), 천재[김종](상:94), 천재[박](하:110), 텍스트(상:107), 해냄(하:227)
한 쪽		디딤돌(상:222)
훈민정음 언해		비상(상:191)
훈민정음 언해본		중앙(하:181), 지학[박](하:233), 천재[박](상:142)
훈민정음 예의		천재[김종](하:102)
훈민정음 해례본		금성(상:102), 두산(하:168), 미래(상:108), 중앙(하:181), 중앙(하:181), 지학[박](하:234), 창비(하:67), 천재[박](상:115), 텍스트(하:77), 해냄(하: 219)
훈민정음언해		창비(하:90), 미래(상:112), 천재[박](하:122)
훈민정음해례		디딤돌(상:209), 미래(상:108), 창비(하:68), 천재[김대](하:265), 해냄(상:230)
'-ㄹ뿐더러'	붙여 쓰기	창비(하:35)
'-ㄹ뿐더러'	띄어쓰기	디딤돌(하:234), 신사고(하:232), 중앙(하:72)
'-(으)로써		디딤돌(상:165) "우리말의 높임법으로서 의례적인 표현에 잘 쓰이는 표현으로는, 가장 높임으로써 … 가장 낮춤으로써 '해라체'까지 네 등급이 있다.
'밖에' 의 띄어쓰기	띄어쓰기	금성(상:111), 신사고(하:27)
'밖에' 의 띄어쓰기	붙여 쓰기	"택할 수밖에 없었을 것이다."(디딤돌, 상:212) "늘어날 수밖에 없다는 단점"(미래:116) 해냄(하, 227)
'下' 의 띄어쓰기		창비(하:100): 우리 민족 문화의 근본을 이루는 국어가 중국어와 다름을 세종은 분명히 인식하고 있었고 이 인식하에서 훈민정음을 창제하였던 것이다.
'下' 의 띄어쓰기		'텍스트'(하:147): '합의 하'

'고유 명사'의 띄어쓰기에 대해서는 참고할 만한 것이 있다. '신사고'의 『국어(상)』에 대한 〈수정보완권고서에 의한 수정사항〉(일련 번호 128)에서는 '고유명사'를 '고유 명사'로 띄어 쓸 것을 권고했고, 출판사는 받아들였다.

'국립 국어원'의 띄어쓰기는 '두산'의 『국어(상)』에 대한 〈검정 본심사 적합본 수정·보완 대조표〉(일련 번호 91, 92), '미래'의 『국어(상)』에 대한 〈수정보완권고서에 의한 수정사항〉 '표기·표현 조사'에서는 띄어 쓸 것을 권고했고, 출판사는 이를 받아들였다.

'그중'의 띄어쓰기도 '천재[김대]'의 『국어(상)』에 대한 '자체 수정에 의한 수정사항'(일련 번호 6)을 참조할 수 있다. 여기서는 214쪽의 '그 중에'를 '그중에'로 수정했다고 하는데, 이 부분은 수정하지 않았다. '천재[김종]'의 '그중'은 2012학년도용 '검정도서 수정·대조표'에서 '그 중'으로 수정했다. 〈표준국어대사전〉에는 '그중'은 한 단어로 처리하지만 '이중'은 한 단어가 아니기에 띄어 써야 한다.

'뒷말'이라는 표기는 제7차 교육과정의 고등학교 『문법』(2010:105)에서도 발견된다. 그러나 '뒷말'은 〈표준국어대사전〉에 등재되어 있지만 이때는 "계속되는 이야기의 뒤를 이음. 또는 그런 말", "일이 끝난 뒤에 뒷공론으로 하는 말", "글 뒤에 덧붙이는 글"이라는 의미이기에 '뒤의 말' 또는 '뒤 말'로 표기해야 한다.

외래어 뒤에 결합하는 '어(語)'나 '족(族)'은 띄어 쓰는 것이 원칙이지만 붙여 쓰는 것도 허용한다. 그런데 '교학' 교과서는 '라틴어'로 붙여 쓰고, '디딤돌' 교과서도 '인도네시아어', '찌아찌아어'로 붙여 쓴다. '지학[방]'의 교과서는 '몽골어'로 붙여 쓰고, '텍스트' 교과서는 '찌아찌아족'을 붙여 쓴다. 그리고 '천재[김대]'의 교과서에서는 '프랑스어'로 붙여 쓴다. 그런데 '디딤돌' 교과서의 '인도네시아어', '찌아찌아어'는 2012학년도용 '검정도서 수정·대조표'에서는 띄어 쓰고 있다. '몽골 어'의 띄어쓰기는 '미래'의 『국어(상)』에 대한 〈수정보완권고서에 의한 수정사항〉 '표기·표현 조사'(일련 번호 34)를 참고할 수 있다. 여기서는 '몽골어가'를 '몽골 어가'로 수정할 것을 권고했고, 출판사도 이를 받아들였다. 한편, '디딤돌' 교과서에서는 '여진 어'라고 표기하고 있다. '여진어'는

〈표준국어대사전〉에 등재되어 있지는 않다. 그러나 '여진(女眞)'이 한자어이기에 '어'는 붙여 써야 할 것이다.

'문제되다'와 '문제 되다'의 경우 〈표준국어대사전〉을 따르면 '문제 되다'로 띄어 쓰는 것이 맞다.

'세종 대왕'의 띄어쓰기는 '천재[박]' 교과서의 2012학년도용 '검정도서 수정·대조표'에 의해 '세종 대왕'으로 수정된 것을 참조할 수 있다.

'국어식/국어 식'에서 '식(式)'은 명사 또는 의존 명사, 접미사로 쓰인다. 명사로 쓰일 때에는 '일정한 전례, 표준 또는 규정', '의식04(儀式)', '숫자, 문자, 기호를 써서 이들 사이의 수학적 관계를 나타낸 것' 또는 '수법', '수식'을 나타내는 말이다. 의존 명사일 때는 '일정하게 굳어진 말투나 본새, 방식'이라는 의미이다. 이에 비해 접미사로 쓰일 때에는 일부 명사 뒤에 붙어 '방식'이나 '의식'의 뜻을 더한다. 따라서 '국어식'으로 붙여 써야 한다.

'소리나다'와 '소리 나다'는 검정 교과서나 제7차 교육과정의 국정 교과서, 어문 규정에도 붙여 쓰는 경우가 있다. '국립국어원' 홈페이지의 한글 맞춤법 제6항에 '소리나더라도'라고 되어 있다. 그리고 이것을 〈표준국어대사전〉에서는 띄어 쓴다고 설명한다. 이에 비해 2000년 개정 고시된 국어의 로마자 표기법 제2장 제1항의 [붙임 1]에는 '소리 나다'로 띄어 쓰고 있다.

'지학[박]' 교과서의 '시집 가다'의 경우는 〈표준국어대사전〉에 따르면 '시집가다'는 한 단어이므로 붙여 쓰는 것이 맞다.

'써 넣다'의 띄어쓰기는 '디딤돌' 『국어(하)』에 대한 〈검정 본심사 적합본 수정·보완 대조표〉 '수정보완권고서에 의한 수정사항'을 참고할 수 있다.

일련번호	쪽	심사본 내용	수정·보완 권고사항	수정·보완 결과	비 고 (정정요구자)
49	18	써 넣어	써넣어	1(2) 문제 전체를 수정하였음. (자체수정)	검정심의회

즉, '수정보완권고서에 의한 수정사항'에 따르면 '써넣다'로 붙여 써야 한다. 〈표준국어대사전〉에서도 "일정한 자리에 글씨를 써서 채우다."의 의미로 '써넣다'는 붙여 쓴다.

'예를들어'는 '금성' 교과서의 2012학년도용 '검정도서 수정· 대조표'에 의해 '예를 들어'로 수정되었다.

'이어적기', '끊어적기', '거듭적기' 등의 띄어쓰기는 제7차 교육과정 『문법』 교과서(2010:64)와 『국어(하)』의 교사용 지도서(2010:78)도 붙여 쓰고 있다.

'이중 모음'의 띄어쓰기는 '신사고' 『국어(상)』의 〈수정보완권고서에 의한 수정사항〉(일련 번호 126, 127)에서 '이중모음'으로 붙여 쓴 것을 띄어 써야 한다고 권고했으며, 출판사는 이를 받아들였다.

'일대일'은 〈표준국어대사전〉에서는 한 단어로 처리한다. 제7차 교육과정의 고등학교 『문법』(2010:142-143) 교과서에서도 '일대일', '일대다'로 표기한다.

'일자일음'은 〈표준국어대사전〉에는 단어로 등재되지 않았다. 그런데 '천재[박]' 교과서의 2012학년도용 '검정도서 수정· 대조표'에서 '일자 일음'으로 띄어 썼다.

'입안'은 〈표준국어대사전〉에서는 한 단어로 붙여 쓴다. '입안'의 띄어쓰기와 관련해서 참고할 만한 부분이 있다. '천재[김대]'의 『국어(상)』에 대한 〈검정본심사 적합본 수정·보완 대조표〉(일련 번호 68)를 보면 "자음은 입안의 특정 부위에서 ……나는데"를 "자음은 입안의 특정 부위에서 ……소리가 나는데"로 수정할 것을 권고하고 있고, 출판사도 이를 반영했다. 여기에 '입안'이라는 단어에 대한 띄어쓰기에 대한 지적은 없다. '코안' 역시 〈표준국어대사전〉에서는 한 단어로 처리한다. '천재[박]' 교과서의 발음 기관을 나타내는 그림에는 '코안'으로 표기되어 있고, 학습 활동에는 '코 안'으로 표기되어 있다 '천재[박]' 교과서(하:106)에 대한 2013학년도용 '검정도서 수정·대조표'를 보면 '코 안이'로 된 것을 '코안이'로 수정할 예정이다.

본용언과 보조 용언은 띄어 쓰는 것이 원칙이지만 붙여 쓰는 것도 허용한다. 따라서 '천재[김종]' 교과서의 '적어보다'는 틀렸다고는 할 수 없다. 그러나 다른 교과서에서는 원칙에 따라 '적어 보다'로 띄어 쓴다. '적어보다'는 '천재[김종]' 교과서에 대한 2012학년도용 '검정도서 수정·대조표'에서는 '적어 보다'로 수정했다.

다음으로 '상(上)'의 띄어쓰기에 대해 살펴보자. 〈표준국어대사전〉에 따르면

'상(上)'은 명사와 접미사로 쓰인다. '상'이 명사로 쓰일 때는 '임금'의 높임말, "품질이나 등급을 나눌 때, 비교적 뛰어나고 좋은 부분" 또는 "물체의 위나 위쪽을 이르는 말"이다. 이에 비해 '그것과 관계된 입장' 또는 '그것에 따름'이라는 뜻을 더하거나 '구체적인 또는 추상적인 공간에서의 한 위치'의 뜻을 더할 때는 접미사이다. 그리고 명사로 쓰인 용례로 '지구 상의 생물'을 들고 있다. 따라서 '금성'(하:100), '천재[김대]' (상:187), '텍스트'(하:82) 등의 교과서 표기는 틀렸다. 이와 함께 '하(下)'의 띄어쓰기에 대해서도 살펴보자. '하'는 〈표준국어대사전〉에 따르면 "그것과 관련된 조건이나 환경의 뜻을 더하는 접미사"이다. 명사 '하'는 "아래 또는 아래쪽이나 밑"이나 "품질이나 등급을 둘 또는 셋으로 나눌 때의 맨 끝"이라는 의미이다. '하(下)'의 띄어쓰기와 관련해서 '두산' 『국어(상)』에 대한 〈검정 본심사 적합본 수정·보완 대조표〉 '자체 수정에 의한 수정 사항'(일련 번호 51, 64)에서 '일제 강점기 하의'와 '쌍방의 동의 하에'를 각각 '일제 강점기하의'와 '쌍방의 동의하에'로 자체 수정했다. 한편, '지학[방]' 교과서(상:99)의 2012학년도용 '검정도서 수정·보완 대조표'에서는 "면담이란 면담자가 일정한 목적하에 피면담자를 질문을 하면……대화 방식이다."의 '목적하에'를 '목적 하에'로 띄어 쓰고 있다. 그러나 이때 '하'는 접미사로 붙여 쓰는 것이 맞다. 제7차 『문법』 교사용 지도서의 부록의 '국어 규범 학습 자료' (2010:345)에도 '상(上)', '하(下)'의 띄어쓰기에 대한 설명이 있다. 교사용 지도서에서는 " '상'은 붙여 쓰고, '하'는 띄어" 쓴다고 한다.

'첫소리'의 경우 〈표준국어대사전〉에서는 '초성'의 동의어로 보고 붙여 쓴다. 또한 '첫음절'도 한 단어로 처리한다. '첫음절'의 띄어쓰기는 '중앙' 『국어(상)』의 301쪽에 대한 〈자체 수정에 의한 수정사항〉(일련 번호 31, 32)을 참조할 수 있다. 여기서는 '첫 음절'로 띄어 쓴 것을 '첫음절'로 수정했다.

'풀어쓰다'가 "한글의 현행 자형을 풀어서 초성, 중성, 종성의 차례대로 늘어놓아 쓰다."의 의미일 때는 〈표준국어대사전〉에서는 한 단어로 처리한다. '천재[박]' 교과서(상:141)는 "우리말을 적을 때는 반드시 초·중·종성을 가로로 나란히 풀어 쓰지 말고"에서 '풀어 쓰다'로 띄어 쓰고 있는데, 붙여 써야 한다.

'한 가지/한가지'의 경우 "형태, 성질, 동작 따위가 서로 같은 것."이라는 의미일 때는 한 단어로 처리한다. '한'이 관형사로 쓰일 때는 '대략', '하나의', '어떤'의 의미이다. '텍스트' 교과서의 문맥은 "된소리처럼 들린다고 하더라도 한 가지 소리로 통일하여 표기하는 것이다."이므로 붙여 쓰는 것이 맞다. '한쪽/한 쪽'의 경우도 "어느 하나의 편이나 방향"의 의미일 때는 붙여 쓴다. '디딤돌' 교과서에서 '한 쪽'이 쓰인 문맥은 "두 음운이 만났을 때 어느 한 쪽이 탈락하는 현상"이다. 이때는 '어느 하나의 편'이기에 붙여 써야 한다. 한편, '쪽'은 "쪼개진 물건의 한 부분"이나 "쪼개진 물건의 부분을 세는 단위"로도 쓰이는데, 이때는 '한 쪽'으로 띄어 쓴다.

'-(으)로서'는 '~가 되어서', '~의 입장에서', '~의 자격으로', '~로 인정하고'의 뜻으로 쓰이며, '-(으)로써'는 '~를 가지고', '~때문에'라는 뜻이다. '디딤돌' 교과서의 "가장 낮춤으로써 '해라체'까지 네 등급이 있다."는 자격의 의미를 나타내기에 '-으로서'가 되어야 한다. 그런데 2012학년도용 '검정도서 수정·대조표'에서는 '-으로서'로 수정되었다.

'밖에'는 명사 '밖(外)'과 조사 '-에'가 결합한 형태일 때도 있고, 보조사로 쓰일 때도 있다. 즉, '외부'의 뜻이 유지될 경우에는 명사 '밖'과 조사 '-에'의 구성이다. 그러나 '-밖에'가 조사로 쓰일 때에는 주로 체언이나 명사형 어미 뒤에 붙어 '그것 말고는', '그것 이외에는'의 뜻을 나타내는 말이다. 이때는 반드시 뒤에 부정을 나타내는 말이 따른다. 따라서 '신사고' 교과서의 '물이 반 밖에 없어'는 '물이 반밖에 없어'가 되어야 한다. 그런데 '신사고' 교과서는 2012학년도용 '검정도서 수정·보완 대조표'에서 붙여 쓰는 것으로 수정했다.

참고문헌

[전시본 교과서 및 교사용 지도서]

김대행 외(2010), 고등학교 "국어(상)", (주) 천재교육

김대행 외(2010), 고등학교 "국어(하)", (주) 천재교육

김병권 외(2010), 고등학교 "국어(상)", (주) 더 텍스트

김병권 외(2010), 고등학교 "국어(하)", (주) 더 텍스트

김종철 외(2010), 고등학교 "국어(상)", (주) 천재교육

김종철 외(2010), 고등학교 "국어(하)", (주) 천재교육

문영진 외(2010), 고등학교 "국어(상)", (주) 창비

문영진 외(2011), 고등학교 "국어(상) 교사용 지도서", (주) 창비

문영진 외(2010), 고등학교 "국어(하)", (주) 창비

문영진 외(2011), 고등학교 "국어(하) 교사용 지도서", (주) 창비

민현식 외(2010), 고등학교 "국어(상)", (주) 좋은책 신사고

민현식 외(2011), 고등학교 "국어(상) 교사용 지도서", (주) 좋은책 신사고

민현식 외(2010), 고등학교 "국어(하)", (주) 좋은책 신사고

민현식 외(2011), 고등학교 "국어(하) 교사용 지도서", (주) 좋은책 신사고

박갑수 외(2010), 고등학교 "국어(상)", (주) 지학사

박갑수 외(2010), 고등학교 "국어(하)", (주) 지학사

박영목 외(2010), 고등학교 "국어(상)", (주) 천재교육

박영목 외(2011), 고등학교 "국어(상) 교사용 지도서", (주) 천재교육

박영목 외(2010), 고등학교 "국어(하)", (주) 천재교육

박영목 외(2011), 고등학교 "국어(하) 교사용 지도서", (주) 천재교육

박호영 외(2010), 고등학교 "국어(상)", (주) 유웨이 중앙교육

박호영 외(2010), 고등학교 "국어(하)", (주) 유웨이 중앙교육

방민호 외(2010), 고등학교 "국어(상)", (주) 지학사

방민호 외(2010), 고등학교 "국어(하)", (주) 지학사

오세영 외(2010), 고등학교 “국어(상)”, (주) 해냄에듀
오세영 외(2010), 고등학교 “국어(하)”, (주) 해냄에듀
우한용 외(2010), 고등학교 “국어(상)”, 두산 동아 (주)
우한용 외(2010), 고등학교 “국어(하)”, 두산 동아 (주)
윤여탁 외(2010), 고등학교 “국어(상)”, (주) 미래엔컬처그룹
윤여탁 외(2010), 고등학교 “국어(하)”, (주) 미래엔컬처그룹
윤희원 외(2010), 고등학교 “국어(상)”, (주) 금성 출판사
윤희원 외(2010), 고등학교 “국어(하)”, (주) 금성 출판사
이삼형 외(2010), 고등학교 “국어(상)”, (주) 도서출판 디딤돌
이삼형 외(2010), 고등학교 “국어(하)”, (주) 도서출판 디딤돌
조남현 외(2010), 고등학교 “국어(상)”, (주) 교학사
조남현 외(2010), 고등학교 “국어(하)”, (주) 교학사
한철우 외(2010), 고등학교 “국어(상)”, (주) 비상교육
한철우 외(2011), 고등학교 “국어(상) 교사용 지도서”, (주) 비상교육
한철우 외(2010), 고등학교 “국어(하)”, (주) 비상교육
한철우 외(2011), 고등학교 “국어(하) 교사용 지도서”, (주) 비상교육

[단행본 및 논문]

강규선(1998), “주해 월인석보”(권 1, 2), 보고사
강신항(2003), “수정 증보 훈민정음 연구”, 성균관대학교 출판부
강한영 교주(1974), “의유당 일기·화성일기”, 신구문화사
고영근(1996), “표준국어문법론”, 집문당
고영근(2000), “표준중세국어문법론”, 집문당
교육과학기술부(2008), “2007 개정 국어과 교육과정 해설”
교육과학기술부(2010ㄱ), “고등학교 문법”, (주) 두산
교육과학기술부(2010ㄴ), “고등학교 문법 교사용 지도서”, (주) 두산
교육과학기술부(2010ㄱ), “국어(상)”, 두산동아 (주)
교육과학기술부(2010ㄴ), “국어(하)”, 두산동아 (주)
교육과학기술부(2010ㄷ), “교사용 지도서 국어(상)”, 두산동아 (주)
교육과학기술부(2010ㄹ), “교사용 지도서 국어(하)”, 두산동아 (주)
교육부(1990ㄱ), 고등학교 “국어(상)”, 대한교과서 주식회사
교육부(1990ㄴ), 고등학교 “국어(하)”, 대한교과서 주식회사
교육부(1993), 고등학교 “문법”, 대한교과서 주식회사

교육부(1995), 중학교 "국어 3-1", 대한교과서 주식회사
교육부(1996ㄱ), "국어(상)", 대한교과서 주식회사
교육부(1996ㄴ), "국어(하)", 대한교과서 주식회사
교육부(1998), 고등학교 "문법", 대한교과서 주식회사
교육인적자원부(2001), "고등학교 교육과정 해설-2.국어-", 대한교과서 주식회사
교육과학기술부(2002ㄱ), 고등학교 "국어(상)", (주) 두산
교육과학기술부(2010ㄴ), 고등학교 "국어(하)", (주) 두산
교육인적자원부(2007), "국어과 교육과정", 대한교과서 주식회사
교육인적자원부(2007), "국어과 교육과정 해설", 대한교과서 주식회사
국립국어연구원, "표준국어대사전"
국립국어연구원, "새국어생활", 2000 여름호
국립국어연구원(2001), "우리말 우리글 바로 쓰기", 문화관광부
국립국어연구원(2002) "우리 문화 길라잡이", 학고재
국어학회 편(1978), "국어학자료선집"Ⅲ·Ⅳ, 일조각
국어학회 편(1982), "국어학자료선집"Ⅱ, 일조각
김동소(2005ㄱ), "한국어 변천사", 형설출판사
김동소(2005ㄴ), "한국어 특질론", 정림사
김무림·김옥영(2009), "국어 음운론", 새문사
김완진(1993), "향가해독법 연구", 서울대학교 출판부
김일근(1972), "이조어필언간집", 경인문화사
김일근(1982), "친필언간총람", 경인문화사
김일근(1988), 증정 "언간의 연구", 건국대학교 출판부
김창원(2007), "국어교육론-관점과 체계", 삼지원
김형배(2005), '한글, 모든 언어의 꿈', 말과 글 제104호
나찬연(2010ㄱ), "중세 국어 문법의 이해-강독편", 교학연구사
나찬연(2009ㄴ), "중세 국어 문법의 이해-이론편", 교학연구사
나찬연(2010ㄷ), "중세 국어 문법의 이해-주해편", 교학연구사
도수희(1973), '두시언해(초간본) 14권에 대하여', 한글 제152호, 한글학회
류연석(2006), "시조와 가사의 해석", 역락
류준경(2008), "의유당관북유람일기", 신구문화사
안귀남(1999), '固城李氏 李應台墓 出土 편지', 문헌과 해석 제6호, 문헌과 해석사
민병도 편(1949), "조선역대여류문집", 을유문화사

박덕유(2009), “학교 문법론의 이해”, 역락

박정규·이종덕(2007), ‘7차 교육과정 문법 교과서에 대한 비판적 검토’, 국어교육연구 제19집

박창원(2005), “훈민정음”, 신구문화사

박형우(2008), ‘문법교육 연구와 교과서 제작’, 한말연구 제22호

배주채(2003), “한국어의 발음”, 삼경문화사

빙허각 허씨 저, 이경선 교주(1974), “규합총서”-가정백과의 고전, 신구문고5, 신구문화사

빙허각 허씨 저, 정양완 주(2008), “규합총서”, 보진재

서울대학교 국어교육연구소(2007), “국어교육학 사전”, 대교 출판

서울대학교 奎章閣 편(2003), “老乞大 : 老乞大諺解” 奎章閣資料叢書, 語學篇 : 1

서울대학교 奎章閣 편(2003), “老乞大新釋 : 重刊老乞大 : 重刊老乞大諺解” 奎章閣資料叢書, 語學篇 : 2

서정수(1994), “국어 문법”, 뿌리깊은나무

세종대왕기념사업회 편(1991), “역주 월인석보 13, 19”, 세종대왕기념사업회

세종대왕기념사업회 편(1992), “역주 월인석보 1, 2”, 세종대왕기념사업회

세종대왕기념사업회 편(2010), “역주 월인석보21(하권)”, 세종대왕기념사업회

송현정(2004), ‘문법교육의 개선 방안 연구’, 문법 교육 제1호, 한국문법교육학회

안동대학교 박물관(2000), “안동 정상동 일선문씨와 이응태묘 발굴조사 보고서”, 안동대학교

안병희·이광호(1996), “중세국어문법론”, 학연사

양순임(2011), “말소리”, 박이정

연규동(1999), “「통일시대」의 한글 맞춤법 ”, 박이정

유길준(1895), 영인본 “서유견문”, 경인문화사

윤원호(2001), “근세 일기문의 성격 연구”, 국학자료원

이강백(1982), “이강백 희곡 전집 1”, 평민사

이강백(1991), “이강백 희곡 전집 1”, 평민사

이강백(2001), “이강백 희곡 전집 1”, 평민사

이기문(1997), “개정판 國語學槪說”, 탑출판사

이기문(1998), ‘한글’, 한국사 시민강좌 제23집, 일조각

이기문(2010), “신정판 國語學槪說”, 탑출판사

이관규(2007), “학교 문법론”, 월인

이관규(2008), “학교 문법 교육론”, 월인

이문규(2011), “국어 교육을 위한 현대 국어 음운론”, 한국문화사
이삼형 외(2007), “국어교육학과 사고”, 역락
이상억(1993), “용비어천가(龍飛御天歌)”, 을유문화사
이정자(2004), “시와 시조 창작론”, 국학 자료원
이진호(2005), “국어음운론 강의”, 삼경문화사
이진호(2009), “국어음운교육 변천사”, 박이정
이현희 외(1997ㄱ), “두시와 두시언해 6”, 신구문화사
이현희 외(1997ㄴ), “두시와 두시언해 7”, 신구문화사
이형대 외 역주(2004), “국역 고산유고”, 소명출판
임지룡 외(2006), “학교 문법과 문법 교육”, 박이정
임지룡 외(2010), 개정 국어과 교육과정에 따라 새롭게 집필한 “문법 교육론”, 역락
전국국어교사모임 엮음(2008), “문학 시간에 옛글 읽기”, 나라말
정광(2006), “역주 번역노걸대와 노걸대언해”, 신구문화사
정재호·장정수(2006), “송강가사”, 신구문화사
정주리(2009), ‘〈문법〉 교과서 개발을 위한 제안’, 문법 교육 제11집, 한국문법교육학회,
조규태(2007), “수정판 번역하고 풀이한 훈민정음”, 한국문화사
조규태(2010), “용비어천가”, 한국문화사
조의성(2002) “월인석보(권일) 어휘색인(옛말뭉치 자료연구 총서;7)”, 박이정
주세형(2006), ‘문법 교재 개발의 모형’, 문법 교육 제5집, 한국문법교육학회,
최영환(2005), “국어교육학의 지향”, 삼지원
최지현 외(2007), “국어과 교수·학습 방법”, 역락
최현섭 외(2005), “[제2증보판] 국어 교육학 개론”, 삼지원
최호철 외(2010), “국어 문법 교과서 연구”, 제이앤씨
한국어학연구회 편(1994), “국어사 자료선집”, 박이정
한국학중앙연구원 편(2005), “조선 후기 한글 간찰(언간)의 역주 연구” 3, 태학사
한글 학회, “우리말 큰사전”, 어문각
허웅(1956), “용비어천가”, 정음사
허웅(1975), “우리 옛말본-15세기 국어 형태론”, 샘문화사
허웅(1984), “국어학-우리말의 오늘·어제”, 샘문화사
허웅(1986), “국어음운학”, 샘문화사
허재영(2004), ‘문법 교육과정 변천’, 문법 교육 제1호, 한국문법교육학회

[영인본]

"독립신문", 갑을출판사, 1981

"독립신문", LG상남언론재단, 1996

"(原本) 國語國文學叢林" 제2권 杜詩諺解, 대제각, 1985

"(原本) 國語國文學叢林" 제7권 松江歌辭, 孤山 外 五人集, 歌曲源流, 대제각, 1985

"(原本) 國語國文學叢林" 제9권 樂章歌詞, 樂學軌範, 時用鄕樂譜, 대제각, 1985

"(原本) 國語國文學叢林" 제12권 老乞大 · 朴通事 · 小學諺解, 대제각, 1985

"(原本) 國語國文學叢林" 제17권 倭語類解 · 蒙語類解 · 捷解新語, 대제각, 1985

"(原本) 國語國文學叢林" 제37권 三國史記 · 三國遺事, 대제각, 1985

"동국신속삼강행실도" 1, 홍문각, 1992

"동국신속삼강행실도" 8, 홍문각, 1992

"분류두공부시언해", 홍문각, 1988

"음식디미방", 경북대학교 고전총서10, 2003

"중간본 두시언해" 1-5, 태영

"한국개화기교과서총서"〈국어편 Ⅰ〉, 한국학문헌연구회 편, 아세아문화사, 1977

[홈페이지](마지막 검색일 : 2013년 2월 5일)

교육과정평가원 홈페이지(http://www.kice.re.kr)

교육과학기술부 교육과정 · 교과서 정보 서비스(http://cutis.mest.go.kr)

국가교육과정정보센터(http://www.ncic.re.kr)

국립 국어원 홈페이지(http://www.korean.go.kr)

국립 중앙 도서관 홈페이지(http://www.nl.go.kr)

디지털 한글 박물관(http://www.hangeulmuseum.org)

한국검정교과서 홈페이지(http://www.ktbook.com)